Berchtesgadener Land

Gebietsführer für Natur, Kultur, Freizeit und Sport

Albert Hirschbichler

VERLAG PLENK
BERCHTESGADEN

Titelbild	Der Watzmann, das Wahrzeichen von Berchtesgaden
Autor	Hirschbichler Albert, Bad Reichenhall
Herausgeber und Verlag	Verlag Anton Plenk Koch-Sternfeld-Straße 5 83471 Berchtesgaden Tel.: (0 86 52) 44 74 Fax: (0 86 52) 6 62 77 Plenk-Verlag@t-online.de www.plenk-verlag.com
Lektorat	Stefanie Zweckl, Bischofswiesen
Layout	Firma MSC, Berchtesgaden
Umschlaggestaltung	Verena Schroeder
Bildnachweis	S. Seite 255
Gesamtherstellung	Druckerei A. Plenk KG, Berchtesgaden
1. Auflage	Sommer 2006
ISBN	3-927957-69-0

VORWORT

Seit der Entdeckung des Berchtesgadener Landes durch Naturforscher, Maler und Bergsteiger im ausklingenden 18. Jahrhundert ist das Interesse an den landschaftlichen und kulturellen Sehenswürdigkeiten des südöstlichsten Winkels Bayerns ungebrochen. Der Anschluss Berchtesgadens an das Eisenbahnnetz 1888 markiert den Aufschwung des Fremdenverkehrs in einer Region, die heute zu den beliebtesten Urlaubszielen Deutschlands zählt. Bekannt ist das Berchtesgadener Land in erster Linie wegen seiner außergewöhnlichen landschaftlichen Reize. „Festspiele der Natur“ lautet ein Slogan der Fremdenverkehrswerbung. Man könnte wahrlich keinen besseren finden!

Vier Gemeinden gruppieren sich um den Markt Berchtesgaden, den geografischen und kulturellen Mittelpunkt des inneren Landkreises, von wo die Besiedlung des Talkessels unterm Watzmann vor 900 Jahren ihren Anfang nahm. Ganz im Süden und Südosten bietet Deutschlands einziger Hochgebirgs-Nationalpark ein Reservat für die Natur.

Der Gebietsführer informiert über klimatische und geologische Aspekte ebenso wie über die Geschichte des Landes, seine Ortschaften, die Einwohner und ihr Brauchtum. Vorgestellt werden die umliegenden Gebirgsstöcke der Berchtesgadener Alpen, die fast alle dem Nationalpark Berchtesgaden zugehören, mit ihrer reichen Pflanzen- und Tierwelt. Ein Kapitel ist den landschaftlichen und kulturellen Sehenswürdigkeiten gewidmet, ein weiteres umfangreiches den Freizeitmöglichkeiten zu allen Jahreszeiten. Hier finden sich detaillierte Wander- und Tourenvorschläge (auch mit Seilbahnhilfe), empfehlenswerte Radtouren, Wintersportmöglichkeiten sowie Anregungen für Ausflüge in die nähere und weitere Umgebung. Zu allen Sehenswürdigkeiten (Museen etc.) und Beförderungshilfen (Seilbahnen, Schifffahrt etc.) werden jeweils genaue Angaben über Öffnungszeiten bzw. Betriebszeiten und nähere Informationsmöglichkeiten (Telefon, Internet) mitgeteilt (Stand Februar 2006).

Der Gebietsführer beinhaltet nützliche Informationen von A–Z für einen Aufenthalt im Berchtesgadener Land. Ein umfangreiches Register erleichtert die Suche nach bestimmten Inhalten.

Möge der Führer Gästen wie Einheimischen viele Anregungen für gelungene Unternehmungen im Berchtesgadener Land liefern!

Gewidmet meiner Mutter.

Bad Reichenhall, im Februar 2006

Albert Hirschbichler

INHALTSVERZEICHNIS

NATUR UND KULTUR SEHENSWÜRDIGKEITEN IN BERCHTESGADEN

Landschaft

Kultur

FREIZEIT UND SPORT

Spaziergänge im Ortsbereich

Wandern und Bergsteigen

Wanderungen in den Tallagen

ALLGEMEINES

Geografischer Überblick

Der Landkreis Berchtesgadener Land liegt – 150 km von der Landeshauptstadt München entfernt – in der äußersten südöstlichen Ecke des Freistaates Bayern. Auf drei Seiten (im Osten, Süden und Südwesten) ist er von Österreich umgeben, in das er herzförmig hineinragt. Im Westen grenzt er an den Landkreis Traunstein. Für viele ist das Berchtesgadener Land gleichbedeutend mit dem „inneren Landkreis", dem Talkessel unterm Watzmann, was nicht ganz richtig ist.

Im Zuge der Landkreisreform 1972 entstand aus drei bis dahin selbständigen Gebietskörperschaften – Berchtesgaden, Bad Reichenhall und Laufen – der neue Landkreis Berchtesgadener Land. Mit 848 km² und etwa 100 000 Einwohnern zählt er zu den mittelgroßen Landkreisen in Bayern. Ein Viertel davon, etwa 25 000 Menschen, bewohnen den „inneren Landkreis", das eigentliche Berchtesgadener Land, von den Einheimischen liebevoll „Landl" genannt. In einem ringsum von Bergen umgebenen Talkessel liegen in einer Höhenlage von 550–670 Meter die einzelnen Siedlungen. Es sind im ganzen fünf Gemeinden: Berchtesgaden, Bischofswiesen, Marktschellenberg, Schönau am Königssee und Ramsau. Vielfach greifen die Gemeinden ineinander, klare Grenzen sind schwer zu ziehen. Die Bauernlehen und Landhäuser liegen überall verstreut in Höhen bis über 1 000 Meter. Der höchste Hof, das Pechhäusl an der Rossfeldstraße, liegt 1 100 Meter hoch. Im Norden wird der innere Landkreis vom Untersberg mit seinen steilen Südwänden begrenzt. Im Nordwesten trennt ihn das Lattengebirge vom Reichenhaller Talbecken. Westlich ans Lattengebirge schließt sich der Gebirgsstock der Reiteralm an. Die Hochkaltergruppe im Südwesten wird schließlich überragt vom Wahrzeichen Berchtesgadens,

dem Watzmann. Das einsame Hagengebirge und Steinerne Meer im Süden und der Hohe Göll im Osten vervollständigen den Kranz der Berchtesgadener Berge. Höchster Punkt ist die Mittelspitze des Watzmanns (2713 m), am tiefsten liegt Marktschellenberg auf 479 Meter.

Zugänge in den „inneren Landkreis“

Von Bad Reichenhall über den Pass Hallthurm

Diesen Namen trägt der Taleinschnitt zwischen Untersberg und Lattengebirge jenseits von Bayerisch Gmain. Ganz nah rücken am höchsten Punkt (693 m) die Berge aneinander, bevor sich das Tal in Richtung Bischofswiesen wieder weitet und den Blick auf den Watzmann in seiner ganzen Größe freigibt. Die Engstelle an der Passhöhe war früher befestigt und stellte die Grenze der Fürstpropstei Berchtesgaden dar.

Durch das Schellenberger Tal

Das Tal der Berchtesgadener Ache ermöglicht den Zugang von Norden, von Salzburg her. Auf diesem Weg kamen die Erschließer zu Beginn des 12. Jahrhunderts in das damals unerschlossene Gebirgstal.

Heute zweigt man auf der gemeinsamen Ausfahrt Salzburg-Süd/Berchtesgaden von der Tauernautobahn ab, gelangt in wenigen Minuten zum Grenzübergang Hangendenstein und durch das weiträumige Tal nach Berchtesgaden.

Über Schwarzbachwacht

Ein verkehrstechnisch weniger bedeutsamer, landschaftlich umso schönerer Zugang führt zwischen Lattengebirge und Reiteralm über die Passhöhe der Schwarzbachwacht (870 m) am nahen Hintersee vorbei ins Ramsauer Tal.

Über den Hirschbichlpass

Von Weißbach bei Lofer führt eine Straße über den Hirschbichlpass (1153 m) ins Ramsauer Tal. Die Straße ist allerdings für den öffentlichen Verkehr gesperrt (Schranke auf der Passhöhe).

Anreise

Mit dem Auto

Autobahn München – Salzburg (A 8)

- Ausfahrt Bad Reichenhall (Anfahrt über Pass Hallthurm) oder
- Ausfahrt Salzburg Süd / Berchtesgaden (Anfahrt durch das Schellenberger Tal) oder
- Ausfahrt Traunstein / Siegsdorf: Wer es nicht eilig hat, dem ist die etwas längere aber landschaftlich sehr reizvolle Variante über die B 306 bis Inzell und weiter über die Deutsche Alpenstraße (B 305) über Schwarzbachwacht ins Ramsauer Tal zu empfehlen (44 km ab Autobahnausfahrt bis Berchtesgaden).

Mit der Bahn

Die internationale Schnellzugstrecke München – Salzburg – Wien bedient die Region umweltfreundlich auf der Schiene.

Mit dem Flugzeug

Der Flughafen München ist 185 km entfernt, zum internationalen Flughafen Salzburg sind es von Berchtesgaden nur 25 km. Beide Airports werden von Shuttlebussen angefahren.

Klima

Das Klima im Berchtesgadener Land ist sehr kontrastreich. Höhenunterschiede von über 2000 Meter (Königssee 603 m – Watzmann 2713 m) sind für ein Gebirgsklima mit kleinräumig stark wechselnden Bedingungen verantwortlich. Über das Jahr aber auch schon über einen Tag können beträchtliche Schwankungen auftreten. Wesentlich tragen dazu die Gebirgszüge bei, die auf die Luftmassen ablenkend oder gar sperrend wirken und sich dadurch beträchtlich auf das Wettergeschehen (Temperatur, Luftfeuchte, Niederschlag etc.) auswirken. Was den Wind betrifft, so ist der Berchtesgadener Talkessel aufgrund der abschirmenden Wirkung der umliegenden Berge durch Windarmut gekennzeichnet.

Die Jahresmitteltemperaturen gehen mit zunehmender Höhenlage deutlich zurück, so von 6,9 °C in Berchtesgaden (560 m) über 2,3 °C an der Jenner Bergstation (1800 m) bis auf unter -2 °C in den Gipfelregionen des Watzmanns und Hochkalters.

Die jährlichen Niederschläge (als Regen oder Schnee) steigen dagegen mit zunehmender Höhe: von 1500 mm in Berchtesgaden und 1750 mm am Jennergipfel bis auf über 2500 mm in den Hochlagen.

Die maximalen Schneehöhen werden unterhalb von 1000 Meter ü.NN im Februar, in höheren Lagen im März erreicht, wobei die Mittelwerte zwischen 50 cm in den Tallagen und drei bis fünf Metern im Hochgebirge schwanken. In den Hochlagen kann auch im Sommer Schnee fallen. In der heißen Jahreszeit sollte bei Bergtouren die Gefahr von Gewittern beachtet werden.

In den Herbst- und Wintermonaten treten häufig sogenannte Inversionswetterlagen auf. Kaltluft sinkt von den

Hochlagen in die Täler und bildet Kaltluftseen, die sich trotz nachfolgender Erwärmung der oberen Luftschichten dort halten. Durch Kondensation entsteht in den Tälern dann oftmals Nebel, während auf den Bergen Wärme und beste Fernsicht herrschen. Derartige Inversionswetterlagen bleiben meist tage-, gelegentlich wochenlang stabil, bis Wind für eine Durchmischung der Luftschichten sorgt.

Eine Besonderheit des Alpenraumes stellt der hauptsächlich im Frühjahr und Herbst auftretende Föhn dar. Er sorgt häufig für das Hinauszögern von Schlechtwettereinbrüchen. Im Winter kann er über Nacht für Frühlingswetter mit Schneeschmelze sorgen. Weniger erfreulich sind besonders im Sommer die gelegentlichen Nordstauwetterlagen der Nordalpen, die für hohe Niederschlagsmengen (sprichwörtlich: „Salzburger Schnürlregen") sorgen. Die Monate Juni, Juli und August sind die niederschlagsreichsten des Jahres, wobei Gewitterregen eine bedeutsame Rolle spielen.

Wegen der relativ geringen Niederschläge sind die Herbstmonate September und Oktober aber auch schon der Mai für Wanderer und Bergsteiger besonders zu empfehlen.

Aus der folgenden Tabelle sind die langjährigen Durchschnittswerte der monatlichen Temperaturen, Sonnenscheindauer und Niederschlagsmengen, bezogen auf Talhöhe Berchtesgaden (560 m), ersichtlich.

	Lufttemperatur (°C)	Monatl. Sonnenscheindauer (Stunden)	Monatl. Niederschlagsmenge (mm)
Januar	-2,9	67	119
Februar	-1,7	79	95
März	2,0	136	104
April	7,1	146	112
Mai	11,1	184	142
Juni	14,8	176	187
Juli	16,2	200	211
August	15,3	190	192
September	12,8	155	119
Oktober	7,5	126	93
November	2,7	63	108
Dezember	-1,6	53	119
Jahr	6,9		

Quelle: Nationalparkverwaltung Berchtesgaden

Gründung eines Augustiner Chorherrenstifts

Die umliegenden Flusstäler von Saalach und Salzach waren schon lange besiedelt, als sich am Anfang des 12. Jahrhunderts vier Augustinerchorherren aus dem Kloster Rottenbuch im Ammergau aufmachten, um im Auftrag des Grafen Berengar von Sulzbach (nähe Nürnberg) in dem unerschlossenen Gebirgstal unter dem Watzmann ein Kloster zu gründen.

Zuvor hatten Jäger und Hirten den Talkessel nur gelegentlich aufgesucht, Hinweise auf feste Siedlungen fand man bisher nicht. Nach großen Anfangsschwierigkeiten in der „wüsten Einöde, die kurz zuvor noch ein Wald voll von wilden Tieren und ein Schlafgemach der Drachen war…“ (so der Gründungsbericht), entstanden schließlich als Urzelle Berchtesgadens ein Klostergebäude mit einer kleinen Kirche. Die Mönche riefen Siedler ins Land, denen Grund und Boden gegen Abgabe eines erheblichen Teils der erwirtschafteten Erträge als „Lehen“ (=geliehen) zur Verfügung gestellt wurde.

Der Name Berchtesgaden

Die Ortsbezeichnung Berchtesgaden geht zurück auf einen „Gaden“ (mittelhochdeutsch: „Haus von nur einem Gemach“) und den germanischen Namen „Per(c)htger“. Der Ortsname erklärt sich demnach als einräumiges Haus, das von einem gewissen Perchtger wahrscheinlich in der Nähe des Zusammenflusses der Achen errichtet wurde und diesem als Jagdstützpunkt diente, und zwar lange vor der Klostergründung im 12. Jahrhundert, die heute als Ursprung Berchtesgadens angesehen wird.

Aufstieg zum eigenständigen Kirchenstaat

Nach der Gründung dauerte es nur weniger als zwei Jahrhunderte, bis sich das winzige Klosterland zu einem eigenständigen Kirchenstaat („Fürstpropstei Berchtesgaden“) entwickelt hatte, dessen Landesherr (der „Propst“) alle denkbaren Befugnisse, die sonst nur dem Kaiser zukamen (Forst-, Jagd-, Fischerei- und Weiderecht sowie das Recht zur freien Vogtwahl), innehatte. Wegbereitend war ein Dokument („Goldene Bulle“), das Kaiser Friedrich Barbarossa 1156 dem Stift ausgestellt hatte. Sein Sohn Kaiser Heinrich VI. bestätigte Berchtesgaden 1194 das Salz- und Bergrecht und legitimierte so eine bereits vorliegende, von den Klosterleuten selbst verfasste Fälschung. Die Übertragung der niederen (Streithändel, Diebstahl, Beleidigung etc.) und später auch der höheren Gerichtsbarkeit (Raub, Totschlag, Notzucht), die Verleihung der Immunität 1194 und endlich das Recht zur Blutgerichtsbarkeit (Recht, Todesurteile selbst zu vollstrecken) durch König Adolf von Nassau 1294 waren Marksteine auf dem Weg zu einem eigenständigen, von weltlichen und geistlichen Machthabern unabhängigen Kirchenstaat. Ab 1577 vertrat der Berchtesgadener Propst offiziell als Reichsfürst das kleinste Fürstentum des „Heiligen Römischen Reiches Deutscher Nation" im Reichstag.

Besiedlung

Die Besiedlung des inneren Landkreises hängt unmittelbar mit der Geschichte der Fürstpropstei Berchtesgaden zusammen. Vorwiegend aus den umliegenden Gebieten, wie Pinzgau, Chiemgau und Salzburger Raum stammten die Siedler, die nach der Klostergründung im 12. Jahrhundert zur Gründung einer eigenen Existenz in das unwirtliche Waldgebiet kamen. Die Bauern als Leibeigene des Klosters erhielten Grund und Boden nur geliehen und mussten festgelegte Abgaben entrichten. Zahlreiche Hofnamen mit dem Bestandteil „Lehen" (geliehen) weisen noch heute auf diese frühen Besitz- und Eigentumsverhältnisse hin. Erst ab 1377 konnten sich die Bauern das Erbrecht für die Höfe erkaufen. Bis zum Ende des 14. Jahrhunderts war die Erschließung durch zahlreiche verstreut liegende Einzelhöfe im Wesentlichen abgeschlossen. Als einzige geschlossene Ortschaften hatten sich schon früh Berchtesgaden und Marktschellenberg entwickelt, außerhalb lebten die Menschen in weit verstreuten Einödhöfen. Eine Besonderheit des Berchtesgadener Landes ist das Gnotschaftswesen. Da es zu einem Zusammenschluss in Dörfer nicht kam, schlossen sich die Einzelhöfe auf andere Weise zu größeren Einheiten zusammen: den Gnotschaften (= Genossenschaften). Diese verwirklichten (und verwirklichen heute

Motiv einer alten Postkarte: Die Gründermönche überblicken ihr Klosterland

noch) wichtige gesellschaftliche Funktionen der Nachbarschaftshilfe. Wann immer Not am Mann war, man half sich gegenseitig aus. Bis ins 19. Jahrhundert hinein wies die Einwohnerzahl nur langsame Zuwächse auf. Um 1840 lebten etwa 8900 Menschen im Talkessel unter dem Watzmann. Heute sind es 25000. Die Bebauung konzentrierte sich vorwiegend auf die Talgründe und die unteren Hanglagen. In den mittleren Höhenlagen dagegen bewahrten die Siedlungen ihren ländlichen Charakter. U. a. in Loipl, Maria Gern, Ettenberg oder in der Scheffau blieb die traditionelle Streusiedlungsstruktur mit einer Vielzahl von Einzelhöfen und Weilern erhalten.

Streit ums Salz

Die 700-jährige Geschichte des Klosterstaates ist geprägt einerseits durch das dauernde Gerangel seiner großen Nachbarn Salzburg und Bayern um das Berchtesgadener Salz, andererseits durch die andauernde Armut und Isoliertheit seiner Einwohner.

Schon gegen Ende des 12. Jahrhunderts waren Reichenhaller Bürger im Stiftsland eingefallen und hatten die Salzproduktionsstätten der unliebsamen Konkurrenz zerstört.

Im 14. Jahrhundert geriet die Propstei Berchtesgaden wegen der dauernden Streitigkeiten und nicht zuletzt infolge Misswirtschaft in immer größere finanzielle Schwierigkeiten mit der Folge einer zunehmenden Anlehnung an Salzburg. Die Abhängigkeit wurde schließlich so groß, dass sich Berchtesgaden nicht mehr anders zu helfen wusste, als die Verwaltung der Propstei auf sechs Jahre dem Salzburger Erzbischof zu übertragen. 1393 erfolgte die völlige Inkorporation, was Berchtesgadens zweitem Nachbarn, dem mächtigen Bayern, überhaupt nicht gefiel. Die Sache ging bis vor den Papst, der die Inkorporation 1403 für ungültig erklärte, was aber die fälligen Zahlungen an Salzburg nicht minderte. Es dauerte noch bis 1556, bis sich Berchtesgaden nach Rückzahlung der letzten Schulden aus der Abhängigkeit befreien konnte.

Als nächster hatte es der Salzburger Erzbischof Wolf Dietrich von Raitenau auf das Berchtesgadener Salz abgesehen. Als seine Pressionen und Bemühungen um Einflussnahme nicht im erwünschten Maße fruchteten, ließ er 1611 das Stiftsland kurzerhand in einer Nacht-und-Nebel-Aktion besetzen. Da man in Bayern auf einen Anlass, gegen den unliebsamen Bischof vorzugehen, nur gewartet hatte, eskalierte der Übergriff sofort zum „Salzkrieg“. Von Raitenau floh vor den Truppen des Bayernherzogs Maximilian I., wurde aber aufgegriffen und in seiner eigenen Festung Hohensalzburg bis zu seinem Tod (1617) gefangengehalten. Ein wenig rühmlicher Abschnitt in der Geschichte Berchtesgadens gipfelt im Jahr 1733. Etwa 800 Personen (etwa 10 % der Gesamtbevölkerung), die sich zum evangelischen Glauben bekannt hatten, wurden des Landes verwiesen. Jahrelang schnüffelten danach eigens dafür abgestellte Patres in einer „Volksmission“ glaubensverdächtigen Personen nach. Erst 1788 vermerkt ein pfarramtlicher Bericht, dass nun „jede Spur verdächtigen Glaubens“ in Berchtesgaden verschwunden sei.

Das Ende der Fürstpropstei

In Folge der Napoleonischen Kriege kam es zu tiefgreifenden Erschütterungen in der europäischen Staatenwelt, denen sich auch die Fürstpropstei Berchtesgaden nicht entziehen konnte. Der Zusammenbruch des tausendjährigen „Heiligen Römischen Reiches Deutscher Nation“ bedeutete für Berchtesgaden 1803 die Aufhebung seiner Eigenstaatlichkeit. Harte Zeiten und vier Herrschaftswechsel – nacheinander fiel es an Salzburg, Österreich, Frankreich und Bayern – musste Berchtesgaden in den folgenden sieben Jahren hinnehmen, bis es 1810 endgültig zu Bayern kam. Zu Beginn des 19. Jahrhunderts erlebte Berchtesgaden einen Wandel wie nie zuvor in seiner jahrhundertelangen Geschichte.

Das Ende des Klosterstaates durch die Säkularisation 1803 schuf die Voraussetzungen zu einer längst überfälligen Entwicklung in dem bis dahin beinahe völlig isolierten Land: der Öffnung nach außen.

Bergsteigende Naturwissenschaftler und Maler waren die ersten, die von Salzburg her den weitgehend unbekannten, von Bergen umgebenen Talkessel aufsuchten. Ihre Berichte und Bilder von wunderbaren Landschaften machten Berchtesgaden bald weithin bekannt. In der ersten Hälfte des 19. Jahrhunderts erfolgte im Wesentlichen die alpine Erschließung der Berchtesgadener Berge.

Lebensgrundlagen der Bevölkerung

Ackerbau und Viehzucht

Die Berchtesgadener Landwirtschaft war von Anfang an von ungünstigen natürlichen Voraussetzungen geprägt. Vielfach stark hängige Lagen, Böden mit geringer Ertragsfähigkeit und vergleichsweise niedrige Jahrestemperaturen bedingen, dass noch heute nur ein kleiner Teil (15 %) der landwirtschaftlichen Nutzflächen durchschnittliche, der weitaus größere Teil (80 %) ungünstige Erzeugungsbedingungen aufweist.

Viel bedeutender als der Ackerbau war immer schon die Viehzucht. In Berchtesgaden überwiegen kleine landwirtschaftliche Betriebe mit einer Fläche von 1 bis 10 ha. Ab 1377 bestand für die Bauern die Möglichkeit, den ihnen zur Verfügung gestellten Grund und Boden durch Entrichtung eines Geldbetrages in „Erblehen“, also immerwährendes Eigentum umzuwandeln. Mit zunehmender Zahl der Kinder wurden die Lehen immer weiter aufgeteilt, worauf heute noch viele Zusätze zu den Lehennamen („Ober...“, „Unter...“, „Vorder...“, „Hinter...“ etc.) hinweisen. Da sich mit zunehmender Aufteilung natürlich auch die Verdientsmöglichkeiten reduzierten, waren die meisten Berchtesgadener Bauern früher dringend auf Nebenerwerbe in der Salzproduktion oder Holzwirtschaft angewiesen. Bereits ab dem 19. Jahrhundert und verstärkt in den letzten Jahrzehnten kam es zu einer Verringerung der landwirtschaftlich genutzten Flächen. Gleichzeitig ging die Milchviehhaltung zurück, während man die Jungviehhaltung ausweitete. Weder die Erträge des Ackerbaues noch die der Viehzucht reichten jemals aus, die Bewohner des Berchtesgadener Landes zu ernähren. Meist gegen Salzlieferungen mussten jahrhundertelang Getreide und Vieh ins Stiftsland eingeführt werden.

Almwirtschaft

Zu berücksichtigen bei den landwirtschaftlich genutzten Flächen sind noch die Weideflächen, die sich nicht im Eigentum der Landwirte befinden. Es handelt sich um Weideflächen im Gebirge, Almen genannt. Da man die Wiesen der Tallagen dringend zur Winterfütterung benötigte, wurde auf den Bergen jede kleinste Weidefläche zur sommerlichen Ernährung des Viehs genutzt. Almwirtschaft wurde in den Berchtesgadener Bergen schon sehr früh betrieben. Wissenschaftliche Untersuchungen verfallener Almen im Steinernen Meer ergaben ein bis ins Jahr 1340 zurückreichendes Holzalter. Ehemals reichten die Almen bis zu Hö-

Urtümlicher Kaser im Nationalpark Berchtesgaden

henlagen von über 2000 Metern. Über schmale und steile Steige erreichbar, war die Beweidung nur mit einer besonderen Rinderrasse, den „Berchtesgadener Katzen“ möglich.

Die abgelegensten Almen im Hagengebirge und im Steinernen Meer konnten mit dem Vieh nur in mehrtägigen Märschen mit Nächtigungen auf eigenen Rastweiden erreicht werden.

Während eines Sommers wurden je nach Vegetationsentwicklung nacheinander bis zu drei Almstufen in unterschiedlichen Höhenlagen (Nieder-, Mittel- und Hochleger) aufgesucht. Auf den Mittel- und Hochlegern betrug die Weidezeit jeweils nur wenige Wochen. Mindestens bis Ende Juli dauerte es, bis die höchst gelegenen Almflächen weidefähig wurden, und nicht selten trieben Schneefälle, wie sie im Hochgebirge auch im Sommer vorkommen, die Senner auf die niedrigeren Almen zurück.

Schwer erreichbare ehemalige Hochleger sind heute so gut wie nicht mehr bewirtschaftet. Die Zahl der Almen war früher um ein mehrfaches größer, viele wurden schon im 19. Jahrhundert aufgelassen. Die höchst gelegene Alm im Berchtesgadener Land ist heute die Gotzenalm (1680–1800 m). Sechs Almbauern treiben jährlich über den Sommer 18–20 Kühe und 75–80 Kälber auf.

In der Regel sind die Almen im Berchtesgadener Land so genannte Berechtigungsalmen. Grund und Boden gehören dem Freistaat Bayern, der Almbauer besitzt ein eigentumsähnliches Weiderecht, das die Weidefläche, die Tierart und -zahl sowie die Weidezeit festlegt. Nebenrechte betreffen Wassernutzung und Bezug von Brennholz etc. Sämtliche Almrechte sind an den Talbetrieb gebunden und gehen mit dessen Verkauf an den neuen Eigentümer über.

Salzproduktion

Salinen in Schellenberg und Berchtesgaden

Zur Aufnahme einer eigenen Salzproduktion in Berchtesgaden kam es in den Jahren um 1190. Zu dieser Zeit wird von einem Abbau am Tuval, einem Ausläufer des Hohen Gölls über Marktschellenberg, berichtet. Der Ort verdankt seine Entstehung dem Salz, schon 1211 wurde ein erstes Sudhaus erwähnt. Hier wie in Reichenhall war das Salz einerseits Quelle für Wohlstand und Reichtum, andererseits Grund für jahrhundertelange Streitigkeiten bis hin zu kriegerischen Auseinandersetzungen.

Salz hatte früher eine immense Bedeutung nicht nur als Würzmittel, sondern – vor der Erfindung des Kühlschranks – zur Konservierung von Lebensmitteln („Einpökeln“). 1517 begann mit dem Petersbergstollen der erste Salzabbau im heutigen Bergwerk. Weitere Stollen wurden 1559 im Frauenberg, 1628 im Ferdinandsberg eröffnet. 1564 nahm eine zweite Saline „Frohnreuth“ in der Nähe des heutigen Berchtesgadener Bahnhofes ihren Betrieb auf.

Die Salzproduktion der Saline in Schellenberg lag in ihrer besten Zeit (während der Hochkonjunktur in der ersten Hälfte des 16. Jahrhunderts) bei 5000 Tonnen pro Jahr, verringerte sich später aber auf weniger als die Hälfte. Die Saline Frohnreuth kam bei 20 jährlichen Betriebswochen auf 2500 Tonnen. Erstere stand bis 1805, Frohnreuth bis 1928 in Betrieb.

Nasser Abbau

Gewonnen wurde das Salz, hier wie in Reichenhall von jeher auf dem Umweg über die Sole.

Anders als im benachbarten Reichenhall, wo unter dem Brunnhaus der alten Saline heute noch natürliche Solequellen sprudeln, findet sich im Berchtesgadener Salzbergwerk nur salzhaltiges Gestein. Schon sehr früh, ab dem 13. Jahrhundert, kam eine in perfektionierter Form heute noch gültige Technik zum Einsatz: der „nasse Abbau". Dabei gilt es, den im Haselgebirge (= so lautet der Name der unterirdischen Salzlagerstätten) enthaltenen Salzanteil mittels Süßwasser herauszulösen. Zunächst ist es nötig, Stollen zu den Salzlagerstätten im Berg zu treiben. In „Laugkammern" geleitetes Süßwasser verwandelt sich im Verlauf von 25 bis 30 Tagen in künstliche Sole mit einem Salzanteil von bis zu 26,5 Prozent (= 320 kg Salz/m^3 Sole). Ist der Sättigungsgrad erreicht, wird die Sole abgepumpt und der Hohlraum erneut vollständig mit Wasser aufgefüllt. Heute gelangt die Sole über eine Rohrleitung in die Saline Bad Reichenhall, wo sie versiedet und zu gebrauchsfertigen Produkten weiterverarbeitet wird.

Brennholz für die Salinen

Zum Versieden der Sole wurden riesige Mengen Brennholz benötigt. Der Jahresverbrauch der beiden Salinen entsprach einem Stapel von 1,8 Meter Höhe, 1,4 Meter Breite und 10 km Länge! Über Jahrhunderte wurden die Wälder zunächst in der näheren Umgebung Berchtesgadens, später auch im schwer zugänglichen Gebirgsgelände immer wieder kahl geschlägert. Der Transport des Holzes zu den Salinen war eine mühsame und gefährliche Arbeit. Auf den Achen und auf vielen Gebirgsbächen – zum Teil durch enge Schluchten – wurde das Holz getriftet. Oberhalb der Schluchten wurden Klausen errichtet, deren angestautes Wasser nach dem „Schlagen der Klause" als mächtiger Schwall das unterhalb abgelegte Holz talwärts schwemmte. Verkeilte Stämme mussten jeweils von den Holzknechten wieder freigemacht werden. Auch der Königssee wurde zur Holztrift genutzt. Teilweise wurden die Baumstämme über hunderte Meter hohe Steilwände in den See gestürzt („trockener Holzsturz"). Derartige Holzstürze wurden vorher angekündigt und lockten regelmäßig viele Zuschauer an, die das Ereignis aus sicherer Entfernung von Booten aus mitverfolgten. Im Winter kamen Schlitten und Pferdefuhrwerke zum Einsatz. Alle Formen des Holztransports waren sehr gefährlich, nicht selten kam es zu Unfällen mit tödlichem Ausgang. Der jahrhundertelange Holzeinschlag hat Auswirkungen bis heute. Um 1600 lag das Verhältnis von Fichten zu Tannen in den Bergwäldern bei 5:1, heute liegt es bei 30:1. Der Waldanteil insgesamt schrumpfte im Berchtesgadener Land von ursprünglich 75 % auf derzeit etwa 45 %.

Soleleitungen

Als das Holz um Berchtesgaden immer knapper wurde und der Nachschub für die Sudpfannen zunehmend ein Problem darstellte, kam man auf den Gedanken, dass es vorteilhaft wäre, „die Sole zum Holz statt das Holz zur Sole" zu befördern. Unter Vernachlässigung der immerhin 8 km langen offenen Holzrinne, über die Sole aus Berchtesgaden schon im 13. Jahrhundert nach Schellenberg geleitet wurde, kam es 1617–19 zum Bau der ersten bayerischen Soleleitung. 8400 „Deicheln" (ausgehöhlte Holzstämme) wurden auf der 31 km langen Strecke von Reichenhall nach Traunstein verlegt. Zwischen 1807 und 1810 wurde gar eine 81 km lange Leitung nach Rosenheim gebaut.

Den Bau der dritten bayerischen Soleleitung beschloss der Bayernkönig Max I. unmittelbar nachdem Berchtesgaden infolge des Münchner Vertrages 1816 endgültig zu Bayern gekommen war. Sie sollte von Berchtesgaden nach Reichenhall führen. Da der kürzeste Weg über den Pass Hallthurm wegen der umstrittenen Grenzverhältnisse zwischen Bayern und Österreich nicht in Frage kam, blieb nur die Möglichkeit, die Leitung über Ilsank im Ramsauer Tal und über Schwarzbachwacht zu verlegen.

Am Soleleitungsweg über den Dächern von Berchtesgaden

Obwohl große Höhenunterschiede und die Steilheit des weitgehend unerschlossenen Geländes von Anfang an kaum lösbare technische Probleme mit sich brachten, konnte das Projekt unter Leitung des genialen Ingenieurs Georg von Reichenbach bereits nach nur zweijähriger Bauzeit (1816/17) fertig gestellt werden. Eine technische Meisterleistung war jene Pumpenkonstruktion („Wunder von Ilsank"), welche die Sole in einem Zug zum 358 Meter höheren Söldenköpfl hinaufzuheben vermochte, von wo sie dem natürlichen Gefälle folgend weiter in Richtung Schwarzbachwacht floss.

Die Ilsanker Solehebemaschine

Von 1817 bis 1927 verrichtete die Ilsanker Solehebemaschine ohne Unterbrechung ihre Dienste, bis sie durch eine modernere ersetzt wurde. 1960 wurde die letzte Soleleitung wegen Unwirtschaftlichkeit stillgelegt. In dem Jahr (1960) begann man auch mit dem Bau einer modernen Soleleitung über den Pass Hallthurm nach Bad Reichenhall. Die Förderleistung von 60 000 Litern pro Stunde reicht für eine Jahresproduktion der Saline Bad Reichenhall von 200 000 Tonnen Salz. Die Anlage zählt zu den modernsten in Europa.

Holzhandwerk

„Berchtesgadener War": bemalte Spanholzschachteln

Bemalte Spanholzschachteln und geschnitzte Spielzeugfiguren, die heute fast nur noch als Geschenkartikel oder Ziergegenstände verkauft werden, sind die spärlichen Überbleibsel eines längst untergegangenen, ehemals lebenswichtigen Produktionszweiges: das Berchtesgadener Holzhandwerk. Als Hausindustrie organisiert, hatte dieses für den Großteil der Bevölkerung eine viel größere wirtschaftliche Bedeutung als die Salzproduktion oder die Landwirtschaft. Hölzerne Gebrauchsgegenstände und Spielzeug („Berchtesgadener War") wurden zu Markenartikeln und fanden in ganz Europa Abnehmer. Den Vertrieb in großem Stil besorgten so genannte Verleger, die dadurch zu enormem Wohlstand kamen.

Neue Materialien und maschinelle Massenproduktion bedeuteten im 19. Jahrhundert das Aus dieser traditionsreichen Handwerkskunst, von der gegen Ende des 16. Jahrhunderts die Hälfte der damals 5 000 Einwohner Berchtesgadens ganz oder teilweise lebten.

Fremdenverkehr

Der Fremdenverkehr ist heute die mit Abstand wichtigste Erwerbsquelle. 85 % der Bevölkerung leben direkt oder indirekt davon. Die touristische Erschließung der Region begann in der zweiten Hälfte des 19. Jahrhunderts. Als die Wittelsbacher, nachdem Berchtesgaden endgültig zu Bayern gehörte, den Ort zu ihrer Sommerresidenz erwählten, folgten ihnen viele wohlhabende Bürger nach. In landschaftlich besonders ansprechenden Gegenden entstanden Landhäuser und Villen. 1878 eröffnete Mauritia Mayer ihre berühmte „Pension Moritz“ am Obersalzberg, die von zahlreichen Prominenten besucht wurde. Als erster Verein zur Förderung des Tourismus wurde 1871 der „Verschönerungsverein Berchtesgaden“ gegrün-

Marketenderin des Bischofswiesener Gebirgstrachtenerhaltungsvereins d´Watzmanner bei einem Umzug

det, seine Zielsetzung bestand u. a. in Parkverschönerungen, Markierung von Wanderwegen sowie Herausgabe von Fremdenführern.

Den Königen und Reichen folgte – vor allem nach dem Anschluss Berchtesgadens an das bayerische Eisenbahnnetz im Jahr 1888 – auch das einfache Volk zur Sommerfrische ins Berchtesgadener Land. Einheimische, die vorher mangels Broterwerb abwandern mussten, fanden nun im Tourismussektor Arbeit. Gästehäuser, Pensionen, Hotels und Restaurants schossen nur so aus dem Boden. Touristisch erschlossen wurde auch das Gebirge. Bereits 1875 wurde die Sektion Berchtesgaden des damals Deutsch-Österreichischen Alpenvereins gegründet, 1881 verbanden sich 22 Berchtesgadener Bergführer zum ersten Bergführerverein Deutschlands. In der Folge baute man auch in den Bergen Wege und Hütten, die erste alpine Unterkunft war 1879 ein Vorläufer des Kärlingerhauses am Funtensee. Das 1888 eröffnete Watzmannhaus bot den bürgerlichen Bergsteigern bereits Betten mit Federkernmatratzen, Münchner Bier vom Fass und eine Auswahl guter Weine.

Nachdem im Ersten Weltkrieg der Fremdenverkehr praktisch zum Erliegen gekommen war, ging es nach Kriegsende bis zur großen Depression 1929/32 wieder steil nach oben mit den Übernachtungszahlen. Eine weitere Steigerung erfolgte nach der Machtergreifung Hitlers, der sich ja bekanntlich am Obersalzberg eine Art Nebenresidenz und Zweitwohnsitz einrichten ließ. Nach dem Motto „wir wollen unsern Führer sehn“ pilgerten Tausende dorthin. Der Kult ging so weit, dass manche Besucher Steine, auf die „der Führer“ angeblich seinen Fuß gesetzt hatte, mit nach Hause nahmen. Im Zweiten Weltkrieg kam der Fremdenverkehr erneut fast völlig zum Erliegen. Nach der Kapitulation beschlagnahmten die Amerikaner den Obersalzberg und zunächst auch einige der besten Hotels und Privathäuser.

Wie im übrigen Deutschland waren die Nachkriegsjahre hart und entbehrungsreich. Ein Wiederaufleben des Fremdenverkehrs scheiterte allein schon an Platzgründen. 1946 waren 35 % der Landkreisbevölkerung Heimatvertriebene! Aber gleich nach der Währungsreform setzte eine rege Bautätigkeit ein und schon 1953 überschritt die Zahl der Übernachtungen die Millionengrenze. Keine zehn Jahre später, 1962, waren es schon zwei Millionen! Den vorläufigen Höhepunkt brachte das Jahr 1991 mit 3,1 Millionen Übernachtungen. Mit ca. 4,7 Millionen Übernachtungen jährlich steht der Landkreis Berchtesgadener Land an erster Stelle unter den Urlaubsgebieten in Deutschland. 2,7 Millionen davon entfallen auf den inneren Landkreis, dessen fünf Gemeinden Berchtesgaden, Bischofswiesen, Marktschellenberg, Ramsau und Schönau am Königssee zur Tourismusregion Berchtesgaden-Königssee zusammengefasst sind.

KLEINE CHRONIK VON BERCHTESGADEN

Vor 1100 Jäger und Hirten durchstreifen gelegentlich den Talkessel, feste Siedlungen gibt es nicht.

Um 1100 Vier Mönche aus Rottenbuch im Ammergau gründen im Auftrag des Grafen Berengar von Sulzbach ein Augustiner Chorherrenstift (heutiges „Schloss") mit einer dazugehörigen Kirche (nach heutigem Wissensstand ist ein Vorläufer der St. Andreaskirche und nicht – wie lange angenommen – die Stiftskirche als Urkirche Berchtesgadens anzusehen). In der Folgezeit kommen Siedler und Bauern ins Land, denen von den Klosterleuten Grund und Boden als Lehen (= geliehen) zur Bewirtschaftung überlassen wird. Als Gegenleistung muss von ihnen ein erheblicher Teil der Erträge abgeliefert werden.

1134 Auf der Halbinsel von St. Bartholomä steht bereits eine Kapelle („Basilika Chunigesee").

Nach 1150 Gründungsbau der Stiftskirche.

1156 Kaiser Friedrich Barbarossa stellt jenes für die Zukunft Berchtesgadens wegweisende Dokument („Goldene Bulle") aus, in dem er das Stift Berchtesgaden unter seinen Schutz stellt und ihm weit reichende, sonst nur dem Kaiser zukommende Befugnisse („Regalien") verleiht (so das Forst-, Jagd- und Weiderecht, die Berechtigung zur Anlage von Siedlungen und zur Wahl des Landesherrn).

Um 1190 Beginn der Salzproduktion am Berg „Tuval" über Marktschellenberg.

1194 Heinrich VI., Sohn und Nachfolger Barbarossas, bestätigt dem Stift das Bergregal (das Recht, Bergbau zu betreiben) und legitimiert dadurch eine zuvor von den Klosterleuten angefertigte Fälschung.

1211 Erste Erwähnung der Saline Schellenberg, die bis 1805 in Betrieb stand.

1294 König Adolf von Nassau verleiht dem Berchtesgadener Landesherrn (dem „Fürstpropst") die vollständige Blutgerichtsbarkeit (das Recht, Verbrecher nicht nur zu verurteilen, sondern die Urteile auch zu vollstrecken). Nach nur 200 Jahren ist die Entwicklung Berchtesgadens zu einem eigenständigen Kirchenstaat, der in weltlichen Dingen allein dem Kaiser, in geistlichen nur dem Papst unterstellt ist, abgeschlossen.

1306 und 1332 Grenzstreitigkeiten zwischen Berchtesgaden und Salzburg, die Halleiner überfallen die Schellenberger Saline.

Ab ca. 1375 Dauernde Streitigkeiten um das Salz und Misswirtschaft führen zu immer größeren finanziellen

Problemen Berchtesgadens. Die Hilfe Salzburgs führt 1389 zur Verpfändung der Saline Schellenberg und 1393 zur vollständigen Inkorporation des Stiftslandes. Die Übernahme wird 1409 aufgehoben, die Saline Schellenberg bleibt bis 1556 verpfändet.

1377 Die Bauern erhalten gegen Bezahlung das Recht der Weitervererbung ihrer Lehen an ihre Kinder. Die drückenden Abgaben bleiben unverändert. Da die Erträge aus Ackerbau und Viehzucht zum Überleben nicht ausreichten, waren die Berchtesgadener Bauern über Jahrhunderte auf Nebenerwerb angewiesen. Verdienstmöglichkeiten bestanden in der Salzproduktion, Holzwirtschaft, später aus der Fertigung hölzerner Gebrauchsgegenstände.

Um 1400 Die Fertigung hölzerner Gebrauchsgegenstände (Holzhandwerk) wird als Nebenerwerb bedeutsam. Gegen Ende des 16. Jahrhunderts lebt die Hälfte der 5000 Einwohner Berchtesgadens teilweise oder ganz von der Herstellung der „Berchtesgadener War". Verleger organisieren den Vertrieb von in Heimarbeit gefertigten Gegenständen (besonders Spanholzschachteln und Spielsachen) in ganz Europa. Neue Materialien bedeuten im 19. Jahrhundert das Aus des Gewerbes, weite Teile der Bevölkerung verarmen.

1506 Die sich ausgebeutet fühlenden Bauern erheben sich gegen das Stift. Ein Schiedsspruch von höchster Stelle („Fuchsbrief") gibt den Landesherren Recht. Die Lage der Bauern bleibt unverändert schlecht.

1517 Eröffnung des ersten Stollens („Petersbergstollen") im heutigen Salzbergwerk, es folgen Stollen im Frauenberg (1559) und Ferdinandsberg (1628).

1559 Der Propst von Berchtesgaden gelangt in den Rang eines Reichsfürsten mit Sitz und Stimme beim Reichstag in Regensburg.

1564 Fertigstellung der Berchtesgadener Saline Frohnreuth (in der Nähe des heutigen Bahnhofs), die bis 1928 in Betrieb stand.

1594–1723 Über einen Zeitraum von 130 Jahren regieren nacheinander drei Pröpste aus dem Hause Wittelsbach das Berchtesgadener Land. Persönlich anwesend sind sie so gut wie nie.

1611 Der „Berchtesgadener Salzkrieg" zwischen Bayern und Salzburg endet mit der Inhaftierung des Erzbischofes Wolf-Dietrich von Raitenau in seiner eigenen Feste Hohensalzburg.

1617–1619 Bau der ersten bayerischen Soleleitung. Zum Versieden der Sole benötigen die Salinen enorme Mengen Brennholz, das auf Gewässern von weither getriftet wird. Holzmangel führt schließlich zur Notwendigkeit, „die Sole zum Holz, statt das Holz zur Sole" zu befördern. Mehrere Soleleitungen werden gebaut. Die erste bayerische Soleleitung führt von Reichenhall nach Traunstein (31 km). Die zweite (erbaut 1807–10) von Reichenhall nach Rosenheim (81 km), die dritte (erbaut 1817) von Berchtesgaden nach Reichenhall über Schwarzbachwacht (29 km). Die Verlegung von tausenden ausgehöhlten Baumstämmen (Deicheln) in dem alpinen Gelände und die Installation von Pumpen zur Überwindung der Höhenunterschiede waren technische Meisterleistungen.

1732/33 Langjährig bestehende Konflikte mit Anhängern der Lehre Luthers eskalieren und führen im April des Jahres 1733 zur Ausweisung von ca. 800 Evangelischen (ca 10 % der Bevölkerung) aus dem Stiftsland.

Erste Hälfte 18. Jh. Barockzeit: Aufschwung des Bauwesens trotz hoher Verschuldung des Stifts. Neu gebaut bzw. großzügig umgebaut werden die Wallfahrtskirchen in Maria Gern, Ettenberg, am Kunterweg in der Ramsau sowie in St. Bartholomä.

1800 Erstersteigung der Watzmann-Mittelspitze (2713 m), des höchsten Gipfels der Berchtesgadener Alpen, durch Valentin Stanig. In der Folgezeit weitere Erschließung der Berchtesgadener Berge.

1803 Säkularisation und Auflösung der Fürstpropstei Berchtesgaden. Nachdem die Schlacht am Walser Feld vor den Toren Salzburgs dem tausendjährigen „Heiligen Römischen Reich Deutscher Nation" ein Ende bereitet hatte, gerät auch Berchtesgaden in die Mühlen der Weltpolitik. Die Säkularisation bedeutet das Ende der Eigenstaatlichkeit Berchtesgadens. Der letzte Berchtesgadener Fürstpropst Joseph Konrad von Schroffenberg (der 46. Propst) stirbt wenige Wochen nach Unterzeichnung der Abdankungsurkunde in seinem Schlösschen Adelsheim, dem heutigen Heimatmuseum.

1803–1810 Berchtesgaden fällt nacheinander an Salzburg, Österreich, Frankreich und Bayern, wo es endgültig verbleibt.

Beginn 19. Jh. Öffnung Berchtesgadens nach außen. Forscher, Bergsteiger, Maler und Schriftsteller besuchen den bis dahin weitgehend unbekannten Talkessel unterm Watzmann und machen das Land weithin bekannt.

1818 Die bayerischen Könige erwählen das Klostergebäude der Augustiner Chorherren (das heutige „Schloss") zu ihrer Sommerresidenz.

Ende 19. Jh. Die alpine Erschließung der Berchtesgadener Alpen ist weitgehend abgeschlossen. 1875 wird die Sektion Berchtesgaden des (damaligen) Deutsch-Österreichischen Alpenvereins gegründet. Bau von Berghütten: 1879 am Funtensee, Watzmannhaus 1888, 1900 Purtschellerhaus,

1901 Stöhrhaus. 1881 erste Besteigung der 1800 Meter hohen Watzmann Ostwand durch den Ramsauer Johann Grill („Kederbacher").

1888 Bahnverbindung Bad Reichenhall - Berchtesgaden. Der Tourismus, der in der zweiten Hälfte des 19. Jahrhunderts mit Pferdefuhrwerken zögerlich eingesetzt hatte, erfährt eine rasche Zunahme. 1886 fährt die Bahn von Salzburg her bis zur Staatsgrenze am Hangendenstein bei Marktschellenberg, 1907 bis Berchtesgaden, 1909 bis zum Königssee.

1933 Hitler kauft das Haus Wachenfeld am Obersalzberg, hohe Parteifunktionäre der NSDAP folgen. Nach Enteignung der ortsansässigen Bevölkerung entsteht in einem großen Sperrgebiet eine Macht- und Schaltzentrale des Dritten Reiches.

1945 25. April: Bombardierung des Obersalzberges, wo die Alliierten eine „Alpenfestung" Hitlers vermuteten. Die Gebäude im Führersperrgebiet werden weitgehend zerstört, das Kehlsteinhaus bleibt unversehrt. Auch in Berchtesgaden gibt es keine Schäden. Nach der Kapitulation beschlagnahmen die Amerikaner die Überreste des Obersalzbergs, wo sie später ein Erholungsgebiet für Armeeangehörige („Recreation Area") einrichten.

1947 Neben den vielen Heimatvertriebenen, die schon während des Krieges nach Berchtesgaden gekommen waren, strömen nun viele Menschen aus den zerstörten Städten hierher. Im Tal gibt es keine Unterkünfte, sie ziehen weiter in die Berge. Kärlingerhaus und Purtscheller Haus verzeichnen jeweils 19 000 Übernachtungen. Genau durch das Purtscheller Haus verläuft die damals streng geschlossene Grenze zu Österreich. So bot die Berghütte getrennten Familienangehörigen oder Liebespaaren die Möglichkeit des Wiedersehens.

Nach der Bombardierung des Obersalzbergs im April 1945

Ab 1950 Rasche Erholung des völlig darniederliegenden Fremdenverkehrs. Die Millionengrenze an Übernachtungen wird 1953 erreicht, die Zwei-Millionengrenze 1962.

1960 Als letzte bis heute in Betrieb stehende Soleleitung wird ein Doppelrohrstrang vom Berchtesgadener Salzbergwerk über Hallthurm nach Bad Reichenhall verlegt (20 km).

1972 Große Landkreisreform: Aus drei bis dahin selbstständigen Gebietskörperschaften Bad Reichenhall, Laufen und Berchtesgaden entsteht der neue Landkreis Berchtesgadener Land.

1973 Das Kur- und Kongresshaus, das Veranstaltungszentrum des Berchtesgadener Landes mit vielfältigen kulturellen Angeboten bis zu internationalen Kongressen entsteht.

1978 Rechtsverordnung über den Alpen- und Nationalpark Berchtesgaden.

2002 900-Jahrfeier Berchtesgadens.

2005 850-Jahrfeier Bischofswiesens.

Festlicher Umzug anlässlich der 850-Jahrfeier Bischofswiesens

MENSCHEN UND BRAUCHTUM

Einwohner

Ausgenommen bei den Klosterleuten, die durchwegs aus wohlhabenden Verhältnissen stammten, prägte Armut über Jahrhunderte das Leben der Menschen in Berchtesgaden. Eine nachhaltige Besserung der Lage brachte erst der zunehmende Fremdenverkehr gegen Ende des 19. Jahrhunderts. Die Abgeschiedenheit in dem von Bergen umgebenen Talkessel in Verbindung mit dem harten Leben führte zu einer Verbundenheit der Bevölkerung, die heute noch spürbar ist. Ebenfalls bis in die heutige Zeit erhalten geblieben ist eine starke religiöse Grundhaltung der Menschen dem Leben gegenüber, die sich nicht zuletzt im Brauchtum äußert. Mehrere Wallfahrtskirchen, aber auch Bildstöcke und Votivtafeln, Feldkreuze und kleine Kapellen, die überall im Land zu finden sind, zeugen von der Volksfrömmigkeit. Wenn Schöner (2001) über die Berchtesgadener schreibt: „Die Abgeschiedenheit des Berchtesgadener Landes formte einen besonderen Menschenschlag, der viel von seiner Eigenart bis auf den heutigen Tag bewahrt hat", so kann man ihm ebenso Recht geben wie Max Zeller, der bereits 1925 in seinem Gebietsführer vermerkte: „In der Mundart finden sich manche im benachbarten Chiemgau und Salzburg nicht bekannte Ausdrücke". Originale unter den Menschen und Ausdrücke, die man nur hier versteht, gibt es in Berchtesgaden heute noch. In den fünf Gemeinden des inneren Landkreises leben heute etwa 25 000 Menschen.

Brauchtum

Der innere Landkreis hat sich bis heute eine bemerkenswerte Eigenständigkeit, eigenes Kulturgut und ein Zusammengehörigkeitsgefühl der angestammten Bevölkerung bewahrt. Brauchtum prägt den Lebenslauf von der Geburt bis zum Tod. Kleidung, Sprache, Musik und Bauweise der Heimat sollen erhalten bleiben. Besonders gehört dazu das Tragen der Tracht. Manchen Bräuchen werden heidnische, keltische oder germanische Ursprünge zugeschrieben. Die meisten aber stehen in Zusammenhang mit dem Kirchenjahr.

Die Buttnmandl

Nikolaus und Buttnmandl

Weit bekannt sind die Buttnmandl, die in Loipl, Winkl und Berchtesgaden jeweils an verschiedenen Tagen der Vorweihnachtszeit laufen. Die Buttnmandl sind junge, unverheiratete Burschen, wilde Gesellen, die in langes Stroh gehüllt sind, mit schweren Kuhglocken am Rücken, Felllarven über Kopf und Gesicht gezogen, mit Ruten in der Hand.

Die Glocken machen einen Höllenlärm, wenn sie von Haus zu Haus ziehen. Schon ihr Näherkommen in der Dunkelheit ist für die zahlreichen Zuschauer ein unheimliches Erlebnis.

Weihnachts- und Neujahrsschießen

Eine charakteristische Eigentümlichkeit des Berchtesgadener Landes ist der jahrhundertealte Brauch des Weihnachts- und Neujahrsschießens. Gegenwärtig sind mehr als 3 000 Weihnachtsschützen (davon 1/3 aktive) in 17 Vereinen organisiert. Das Schießen mit den Handböllern soll den Klang der Kirchenglocken verstärken, die von Christi Geburt und vom Beginn des Neuen Jahres künden. Die Täler und Höhen hallen dann wider vom Einzelfeuer, Schnellfeuer und von den mächtigen Salven.

Christkindlmarkt und Klöcklsingen

Christkindlmarkt am Schlossplatz in Berchtesgaden

In der Adventszeit wird am Berchtesgadener Schlossplatz ein Christkindlmarkt abgehalten. Adventsbläser, die vom Turm der Stiftskirche blasen und andere musikalische Rahmendarbietungen verstärken die vorweihnachtliche Stimmung. Beim Klöcklsingen bzw. Klöcklbeten, einem alten Bettelbrauch, ziehen hirtenmäßig verkleidete Jugendliche von Haus zu Haus.

Dreikönigstag

Ein wichtiger Tag im Brauchtumsjahr ist der Dreikönigstag. Hintergrund sind die drei Weisen aus dem Morgenland, die Könige Caspar, Melchior und Balthasar, die dem Stern von Bethlehem nachzogen. In den Kirchen wird Wasser geweiht, dem das ganze Jahr über segnende Kräfte zugeschrieben wird. Bereits am Vorabend wird „geräuchert", das heißt der Bauer zieht mit Weihrauch und Weihwasser durchs Haus und segnet die einzelnen Räume, wobei auch der Stall und die Scheune miteinbezogen werden. Zum Schluss wird über der Haustüre mit geweihter Kreide das Dreikönigszeichen „20 C + M + B 06" (bzw. die jeweilige Jahreszahl) angebracht.

Palmsonntag

An diesem Tag werden zum Andenken an den Einzug Christi in Jerusalem die Palmbäume geweiht. Ein Palmbaum ist ein bis zu 150 cm großer, möglichst stark verästelter Weidenzweig, der mit bunten „G'schabert-Bandeln" (gefärbten Hobelspänen) geschmückt ist.

Jüngere Buben („Palmtragerbuam") tragen diese zur Kirche, wo sie geweiht werden. Bei jedem Hof wird dann üblicherweise ein Palmbaum auf das Feld, ein anderer unter den Dachfirst, Buschen und Zweige in den Herrgottswinkel der Stube gesteckt.

Maibaumaufstellen

Am ersten Sonntag im Mai werden die Maibäume aufgestellt. In den Kirchen werden Maiandachten abgehalten und ein Bittgang nach Maria Gern findet statt.

Bergfest der Bergknappen am Pfingstmontag

Umzug der Bergknappen

Seit dem 16. Jahrhundert feiern die Bergknappen des Berchtesgadener Salzbergwerks ein großes Bergfest. Die Ankündigung des Festes beginnt am Abend des Pfingstsonntags. Pioniere, Trommler und die Knappschaftskapelle marschieren mit Marschmusik durch den Markt und geben am Schlossplatz ein Standkonzert. Am nächsten Morgen um 6.30 Uhr beginnen die eigentlichen Feierlichkeiten. Nach einem großen Festzug durch den Markt findet für die Werksangehörigen im riesigen Grubenraum des Kaiser-Franz-Sinkwerkes 200 Meter unter Tag ein Festakt statt. Nach der Ausfahrt stellt sich die Belegschaft zum Kirchenzug auf und marschiert zur Stiftskirche zur Lob- und Dankesmesse. Mit einem Festessen und Tanz klingt der Tag aus.

Fronleichnam

Fronleichnamsprozession im Markt

Ein Höhepunkt des Kirchenjahres und Hauptfesttag des Sommers ist Fronleichnam, zehn Tage nach Pfingsten. Der Tag beginnt um 6.00 Uhr mit dem „Wetteranschießen", wobei von schweren Böllern 20 Schuss abgegeben werden. Ab 7.00 Uhr wird das Hochamt von weiteren Schüssen begleitet. Bei der anschließenden großen Prozession ziehen Musikvereine, Fahnenabordnungen und andere Repräsentanten des öffentlichen Lebens mit den Berchtesgadener Bürgern hinter der blumengeschmückten Monstranz betend durch die Straßen.

Sonnwend

Am Vorabend von St. Johanni (24. Juni) oder je nach Wetter an einem anderen Wochenendtag zu der Zeit werden zahllose Sonnwendfeuer abgebrannt. Auf den verschiedenen Berggipfeln auflodernd, am Jenner, Hohen Brett, Untersberg und vielen anderen, sind sie vom Tal aus sichtbar. Der Brauch des Feuerbrennens an den Wendepunkten des Sonnenjahres ist uralt und galt der Stärkung des Wärme und Leben spendenden Gestirns.

Sonnwendfeuer am Brandkopf

Almabtrieb

Als Stichtag für den traditionellen Almabtrieb im Berchtesgadener Land gilt der Tag des Heiligen Michael, der 29. September. Das Ereignis ist jedoch an keinen festen Termin gebunden, je nach Wetterverhältnissen – manchmal schneit es auf den Hochalmen schon vorher – wird das Vieh ins Tal getrieben. Wenn kein „Unreim" (Unglück) geschehen ist, insbesondere kein Tier zu Schaden kam, darf das Vieh zum Almabtrieb „gekranzt" werden. Das heißt, es wird geputzt, gestriegelt und mit dem Kranzzeug – den „Fuikln" – als Kopfschmuck festlich geschmückt.

Mit „Fuikl" geschmückte Kuh

Ist das Vieh sauber hergerichtet und gekranzt, zieht die Sennerin, meist begleitet vom Almbauern und einigen Helfern, mit ihrer Herde von der Alm ins Tal und weiter zum heimatlichen Lehen. Der ganze Weg wird zu Fuß zurückgelegt, auch wenn es im Tal über vielbefahrene Straßen geht. Der Anblick einer solchen festlich geschmückten Viehprozession, womöglich an einem freundlich-sonnigen Herbsttag, ist eine Augenweide und zieht regelmäßig viele Zuschauer an. Eine besondere Attraktion ist der Almabtrieb auf Schiffen über den Königssee.

FÜNF ORTSCHAFTEN

Um Berchtesgaden verstreut liegen die vier weiteren Gemeinden des inneren Landkreises: Schönau am Königssee, Ramsau, Bischofswiesen und Marktschellenberg. Der innere Landkreis entspricht in seinen Abgrenzungen ziemlich genau dem bis 1803 bestehenden Klosterstaat („Fürstpropstei") Berchtesgaden. Von allen Seiten umgrenzen Berge den weiträumigen Talkessel.

Berchtesgaden (540–600 m)

Geschichtlicher und kultureller Mittelpunkt der Region

Berchtesgaden vor dem Watzmann

Im Zentrum des inneren Landkreises liegt in einer Höhenlage zwischen 540 bis 600 Meter der alte Marktort mit den dazugehörigen Ortsteilen Au, Maria Gern und Salzberg.

Gleich neben der Stiftskirche, im damals wilden Gebirgstal, gründeten die Augustinermönche vor 900 Jahren ihr Kloster, von hier regierten und verwalteten sie den Klosterstaat über beinahe sieben Jahrhunderte. Weltberühmt ist die Kulisse der Berchtesgadener Alpen mit dem Watzmann, dem Wahrzeichen der ganzen Region. In der langen Geschichte des Berchtesgadener Landes hat der Ort seine Tradition als Mittelpunkt bewahrt und das schöne Ortsbild weitgehend erhalten. Das autofreie Ortszentrum wartet mit schmucken alten Häusern, Straßen und Plätzen ebenso wie großzügigen Bürgerhäusern und prunkvollen Kirchen auf. Der Ort an der Ache mit seinen ca. 8 000 Einwohnern und dem nach wie vor ergiebigen Salzstock ist nicht nur Touristenmagnet, sondern auch heilklimatischer Kurort. Die zentrale Lage Berchtesgadens im „Landl" zeigt sich nebenbei darin, dass hier, unmittelbar neben dem Bahnhof, alle Wasserläufe des inneren Landkreises (Königsseer-, Ramsauer- und Bischofswiesener Ache) zusammenfließen, um vereint als „Berchtesgadener Ache" in Richtung Marktschellenberg der Salzach zuzufließen. Die meisten Sehenswürdigkeiten des Ortes liegen so nah beieinander, dass eine Besichtigung zu Fuß auch für weniger Konditionsstarke leicht möglich ist.

Schönau am Königssee (570 m)

Im Vorfeld des Nationalparks

Das Gemeindegebiet der Schönau ist uraltes Bauernland. Aus den ehemaligen Gemeinden Schönau und Königssee entstand im Vollzug der Gemeindegebietsreform 1972 die Gemeinde Schönau am Königssee, wobei der Ortsteil Schönau („schöne Au“) sich über die weiten Wiesenflächen zwischen der Ramsauer und Königsseer Ache bis nach Berchtesgaden erstreckt und Königssee am nördlichen Seeufer und an den Hängen des Faselsbergs angelegt ist. Die neue Einheitsgemeinde, zu der auch der Königssee gehört, bildet mit ca. 8 000 Gästebetten (bei nur 5 600 Einwohnern) und ca. 1 Million Übernachtungen pro Jahr den Mittelpunkt des Fremdenverkehrs im Berchtesgadener Land. Über 80 % der südöstlichsten Gemeinde Bayerns liegen bereits innerhalb der Grenzen des Nationalparks Berchtesgaden. Ganz nah ragen in einem gewaltigen Halbrund die Felsmassive des Hohen Göll, des Hagengebirges und Steinernen Meeres bis zum Watzmann auf. Das weitläufige Gemeindegebiet in einer Höhenlage von 570 bis 1 000 Metern bietet zahlreiche Wandermöglichkeiten. Im Winter sind Langlaufloipen angelegt. Sehenswert ist die 1795–96 erbaute Holztrift (mit Triftklause) am Nordende des Königssees. Ausgangspunkt für eine Bootsfahrt über den See ist die Seelände, wo auch das renommierte Hotel Schiffmeister erbaut ist, in dem sich schon Ganghofer inspirieren ließ. Ganz in der Nähe stehen die schindelgedeckten silbergrauen Walmdach-Bootshäuser, die, 1918 abgebrannt, nach den alten Plänen wieder aufgebaut wurden. Weltbekannt wie der fjordartige Königssee ist die Halbinsel von St. Bartholomä mit dem Kirchlein und seinen charakteristischen roten Zwiebeltürmen. 19 Schiffe mit leisen und sauberen Elektromotoren stehen für den Personentransport bereit. Trotz der vielen Besucher kann dem See bis heute Trinkwasserqualität bescheinigt werden. In unmittelbarer

Schönauer Wiesenlandschaft vor dem Hohen Göll

Nähe der Seelände befindet sich die Kunsteis-Bob- und Rodelbahn, die 1968 als weltweit erste Anlage dieser Art am schattigen Nordhang des Grünsteins (1350 Meter lang mit 18 Steilkurven) errichtet wurde. Zum international bekannten Lokalmatador stieg Georg Hackl („Hackl Schorsch") auf. Der erfolgreichste Sportler des Rodelclubs Berchtesgaden gewann sechs Olympische Medaillen und drei Weltmeisterschaftstitel.

Ebenfalls auf Schönauer Gemeindegebiet liegt der 1874 Meter hohe Jenner. Die Jennerbahn erschließt im Sommer eine Fülle von Wandermöglichkeiten und Bergtouren, im Winter ein Skigebiet.

Ramsau (670 m)

Malerisches Gebirgsdorf

Die Siedlung mit ihren 1850 Einwohnern erstreckt sich im Talgrund entlang der Ramsauer Ache und beidseitig an den Hängen des Tales, das sich in Richtung Ilsank schluchtartig verengt und, ständig leicht ansteigend, zum Hintersee und zum Hirschbichl hinaufzieht. Nah und bedrohlich ragen die nördlichen Ausläufer des Hochkalters über dem Ort auf, die Hintergrundkulisse gibt die Reiteralm ab. Vor dem Ausbau der Straßenverbindungen war der Ort eine Welt für sich. Die erste urkundliche Erwähnung findet sich 1295, als die Salzsäumer auf ihrem beschwerlichen Weg in den Pinzgau durch den Ort zogen. Die Siedlung selbst entstand wie viele andere in der Region aus Lehensgütern des Stifts Berchtesgaden. Dass das Leben der ersten Siedler hart war, darauf lässt schon die Ortsbezeichnung schließen: Aus „Rams" und „au" zusammengesetzt bedeutet Rams soviel wie loser Stein, Geröll. Viele Höfe tragen noch heute ihre ehemaligen Lehensnamen.

Ramsauer Pfarrkirche vor der Reiteralm

Berühmt ist der Blick auf die malerisch neben der Ache gelegene Pfarrkirche samt ihrem Bergfriedhof und die dahinter aufragende Reiteralm. Vom Ortskern an der Ache auf 680 Meter reichen die Häuser und Gehöfte der Gnotschaften Antenbichl, Au, Taubensee und Schwarzeck bis 1100 Meter Höhe hinauf.

Für die Maler und Dichter des 19. Jahrhunderts waren die Ramsau und der nahe Hintersee Inbegriffe der Gebirgsromantik. Der Ort ist heute ein erstrangiges Feriengebiet mit vielen schönen Wandermöglichkeiten, z. B. durch den Zauberwald zum Hintersee, (s. Seite 129) gleichwie Ausgangspunkt für anspruchsvolle Gipfelbesteigungen (z. B. Watzmann und Hochkalter). Sehenswert ist die Pfarrkirche St. Fabian und Sebastian von 1512, der Bergkurgarten und die Wallfahrtskirche Maria Kunterweg. Absolute landschaftliche Höhepunkte sind der Hintersee, das Klausbachtal mit den „Ramsauer Dolomiten" und das Wimbachtal. Unbedingt empfehlenswert ist eine Wanderung am Ramsauer Höhenweg („Balkon des lieben Gottes") entlang der historischen Soleleitung mit großartigen Ausblicken auf die umliegenden Berge. Im Winter bietet das Skizentrum Hochschwarzeck ein sonniges und relativ leichtes Skigelände mit drei Schlepppliften und einem Sessellift.

Bischofswiesen (615 m)

Heilklimatischer Kurort mit sechs Ortsteilen

An der Bischofswiesener Ache zwischen Berchtesgaden und Reichenhall liegt in einer Höhenlage zwischen 580–900 Meter die flächenmäßig zweitgrößte Gemeinde Bayerns mit den Gnotschaften Stanggaß, Strub, Engedey, Winkl und Loipl. Das Ortswappen, ein Feldkasten mit zwei gekreuzten Bischofsstäben erinnert an einen Besitzwechsel, der 1155 besiegelt wurde. Damals tauschte der Berchtesgadener Propst Heinrich I. einen Hof in Niederösterreich gegen eine Wiese am Fuße der Kastensteiner Wand, die dem Salzburger Erzbischof gehörte. Auf dieser „Bischofswiese" entstand der weiträumige Ort, der – dem Hochgebirge etwas vorgelagert – ein bemerkenswertes Panorama zu bieten hat. Bischofswiesen mit seinen gut 7000 Einwohnern weist eine gelungene Mischstruktur auf. Alte landwirtschaftliche Anwesen gibt es ebenso wie ein konzentriertes Gewerbegebiet (Einkaufszentrum „Panoramapark") und Fremdenverkehrseinrichtungen. Wälder, die vom Lattengebirge und Untersberg bis ins

Dem Hochgebirge vorgelagert: Bischofswiesen

Tal herabreichen und grüne Wiesen im Talboden charakterisieren das Erscheinungsbild der sonnigen Gemeinde, die über ein großzügiges Netz gepflegter Wanderwege verfügt.

Winkl und Loipl sind berühmt für das am 1. und 2. Adventssonntag stattfindende „Buttnmandllaufen". Am Aschauer Weiher, inmitten von Wald und Wiesen, befindet sich im Sommer ein Naturbad, im Winter ein Skilanglaufzentrum. Geeignete Schneelage vorausgesetzt sind in sonniger und aussichtsreicher Umgebung an die 25 km leichte bis mittelschwere Loipen gespurt. Am Götschen befindet sich ein neu ausgebautes Ski- und Snowboardzentrum mit zwei Schleppliften und einem Sessellift. Eine großzügige Beleuchtungsanlage ermöglicht Nachtskilauf.

Im Norden fällt im Lattengebirge eine gut sichtbare, markante Bergformation auf: die nach dem Riechorgan des gleichnamigen bayerischen Ministers benannte „Montgelasnase" (1369 m). Das Profil des nach links ziehenden Grates erweckt den Eindruck einer auf dem Rücken liegenden Frau, vom Volksmund „Schlafende Hexe" genannt. Wenige Kilometer hinter Bischofswiesen trennt der Pass Hallthurm (693 m) das innere Berchtesgadener Land vom Reichenhaller Talkessel.

Marktschellenberg (480 m)

Grenznaher Ort an der Berchtesgadener Ache

Zwischen Berchtesgaden und Salzburg, durchflossen von der Berchtesgadener Ache, liegt der 1850 Einwoh-

Marktschellenberg und Hoher Göll

ner zählende heilklimatische Kurort am Fuße des Untersberges. Zu Marktschellenberg, das seine Entstehung der Salzproduktion verdankt, gehören u.a. die Ortsteile Ettenberg, Scheffau und Mehlweg/Barmstein.

Als um 1190 östlich des Ortes am Tuval Salz entdeckt wurde, begann der Aufschwung der 1211 erstmals als „Schellenperch" erwähnten Siedlung. Einst bestimmte die Saline am Achenufer das Ortsbild und der Salzabbau und -handel die wirtschaftliche Entwicklung. Da nicht nur die Berchtesgadener Pröpste, sondern auch die Salzburger Erzbischöfe an den Salzvorkommen interessiert waren, waren Streitigkeiten vorprogrammiert. Der Wehrturm direkt an der Bundesstraße legt als letzter Überrest einer Grenzbefestigungsanlage der Propstei Berchtesgaden gegen Salzburg Zeugnis von den Streitigkeiten um das „weiße Gold" ab. Zudem wurde Schellenberg häufig von Naturkatastrophen wie Überschwemmungen und Erdrutschen heimgesucht. Als im Jahr 1805 die Saline geschlossen wurde, verarmten weite Teile der Bevölkerung. Spürbar aufwärts ging es auch hier erst nach Einsetzen des Fremdenverkehrs zur Jahrhundertwende. Pittoreske alte Häuser aus der Blütezeit bestimmen heute noch das Ortsbild. Mitten im Ort steht die 1870–71 erbaute neugotische Pfarrkirche St. Nikolaus mit reicher Ausstattung, unmittelbar neben der Kirche die Pestsäule von 1626.

Der Ort verfügt über ein beheiztes Freibad und zahlreiche Wander- und Bergwege. Besondere Attraktionen sind die Almbachklamm mit der Kugelmühle, die Eishöhle im Untersberg sowie die Wallfahrtskirche Mariä Heimsuchung in Ettenberg.

Auf einen Blick

	Fläche	Einwohner
Landkreis Berchtesgadener Land (Berchtesgaden, Laufen, Bad Reichenhall)	840 km²	99 200
Innerer Landkreis	460 km²	25 000
	Höhenlage	**Einwohner**
Berchtesgaden	540 m	7 700
Schönau am Königssee	570 m	5 600
Ramsau	670 m	1 800
Bischofswiesen	615 m	7 300
Marktschellenberg	480 m	1 800

BERCHTESGADENER ALPEN

Allgemeines

So wird die etwa 1000 km² große, zu den Nördlichen Kalkalpen zählende Hochgebirgsregion genannt, die weit über das eigentliche Berchtesgadener Land und die Landesgrenze hinaus noch ein gutes Stück ins Salzburger Land hineinreicht. Zu den „Berchtesgadenern“, wie sie unter Bergsteigern genannt werden, gehören jene neun Gebirgsstöcke, die im Westen von der Saalach, im Osten von der Salzach begrenzt werden und die im Norden fast bis zur Stadt Salzburg heranreichen. Die südliche Begrenzung bildet in etwa die Linie Saalfelden (nahe dem Zeller See) – Dienten – Mühlbach am Höchkönig. Ihre Ausdehnung von Ost nach West beträgt in der Luftlinie von Golling im Salzachtal bis Lofer im Saalachtal 35 km, die Nord-Süd-Entfernung von Glanegg am Nordfuß des Untersberges bis Hinterthal auf der Südseite des Steinernen Meeres 37 km.

Die Hauptgebirgsstöcke bilden das Watzmannmassiv (2713 m) im Zentrum, welches kranzförmig umgeben ist vom Göllstock (2522 m), Hagengebirge und Steinernem Meer (bis 2655 m), Hochkönigstock (2941 m), Hochkaltergebirge (2607 m), Reiteralm (bis 2286 m), Untersberg (1972 m) und Lattengebirge (bis 1738 m). Bei den einzelnen Gebirgsstöcken handelt es sich um mehr oder weniger

Berchtesgadener Alpen im Überblick

selbständige gewaltige Felsmassive mit verkarsteten Hochflächen, steil abstürzenden Wänden, schroffen Graten und langgezogenen Bergrücken, die jeweils durch tief eingeschnittene Täler getrennt sind.

Insgesamt nimmt die Höhe der Berge von Süden nach Norden hin ab. Den höchsten Punkt bildet auf österreichischem Gebiet der von einem Plateaugletscher („Übergossene Alm") bedeckte Hochkönig (2941 m), das krummholzbewachsene Lattengebirge nahe Bad Reichenhall erreicht nur mehr 1700 Meter. Der höchste Gipfel auf ausschließlich deutschem Gebiet ist die Mittelspitze des Watzmanns mit 2713 Metern. Nur Watzmann und Lattengebirge liegen ganz auf bayerischem, der Hochkönig ganz auf österreichischem Boden; alle übrigen Gebirgsgruppen werden von der Landesgrenze durchzogen und sind somit Zollgrenzbezirk.

Bei Wanderern und Kletterern haben die „Berchtesgadener" einen gleichermaßen guten Ruf. Eine Umfahrung der Berchtesgadener Alpen ist eine ganztägige Autotour mit vielen sehenswerten Gebirgsansichten und Talorten (s. Seite 194).

Entstehung

Die Entstehung der Berchtesgadener Alpen über einen Zeitraum von 220 Millionen Jahren lässt sich grob in drei Abschnitte gliedern. Als erstes entstanden am Boden eines Urmeeres aus Ablagerungen die Gesteine. Verschiebungen der Erdkruste führten zur Gebirgsbildung, Gletscher der Eiszeit formten schließlich die Landschaft. Die beiden ersten Phasen dauerten jeweils gut 100 Millionen, die letzte nur mehr 2 Millionen Jahre.

Berge und tiefe Täler prägen die Landschaft um Berchtesgaden. Wie entstanden sie? Wie man heute weiß, bildeten die heutigen Alpen einst den Boden eines riesigen Urozeans („Tethys"), der vor gut 200 Millionen Jahren zwischen Europa und Afrika entstanden war.

Sedimente nennt man die Gesamtheit der Ablagerungen aus Schlamm- und Geröllmassen, die von Flüssen herantransportiert wurden zusammen mit den Rückständen unzähliger Muscheln und Schalentiere, die abgestorben zum Meeresboden sanken. Im Laufe der Jahrmillionen bildeten sich schichtweise viele hundert Meter dicke Ablagerungen, die sich unter ihrem eigenen enormen Gewicht zu Gestein verfestigten.

Als sich der afrikanische Kontinent vor etwa 140 Millionen Jahren langsam nach Norden in Richtung Europa verlagerte („Kontinentaldrift"), faltete er den Meeresboden auf. Der Vorgang dauerte über viele Millionen Jahre an und ist immer noch nicht abgeschlossen. Unendlich langsam, aber doch wörtlich zu nehmen, prallen hier zwei Kontinente aufeinander. Unter den dabei auftretenden, unvorstellbaren Druckverhältnissen verhält sich sogar hartes Gestein so, als ob es plastisch wäre. Wie zäher Teig lässt es sich kneten und verfalten. Die mächtigen Ablagerungen am Boden des Ozeans wurden zu Falten zusammengepresst und schichtweise übereinander geschoben. Dabei schob sich der afrikanische Kontinent auch über Meeresbecken, die immer wieder vom Wasser abgeschnitten waren, wodurch das Salzwasser verdunstete und im Lauf der Jahrmillionen riesige Salzablagerungen entstanden. Auch diese wurden gefaltet und von anderen Schichten überdeckt.

So entstanden die mächtigen unterirdischen Salzlagerstätten im Berchtesgadener Raum wie im benachbarten Salzkammergut. Haselgebirge wird jener mächtige Salzstock am nordöstlichen Ortsende von Berchtesgaden genannt, aus dem seit Jahrhunderten das früher so kostbare „Weiße Gold“ gewonnen wird.

Kräfte aus dem Erdinneren hoben schließlich die gefalteten und verschobenen Schichten empor, ein junges Gebirge tauchte langsam aus dem Meer empor. Doch setzten sogleich auch die Verwitterungskräfte („Erosion“) ein. Nur weil die Hebung des Gebirges schneller voranging als seine Abtragung, konnten die Alpen ihre Höhe von über 4000 Meter erreichen.

Mit bis zu 1000 Meter Mächtigkeit ist der Dachsteinkalk das vorherrschende Gestein in den Berchtesgadener Alpen. An vielen Bergen (z. B. an der Westflanke des Watzmanns) kann man die Schichten des Meeresbodens heute noch gut ausmachen. An manchen Bergflanken verlaufen sie horizontal, an manchen ganz steil, wie der Zufall sie auffaltete.

Die Auffaltung gab die Grobstruktur der Landschaft vor. Die weitere Ausgestaltung übernahmen die Gletscher mehrerer Eiszeiten und die Erosion. Die gesamten Alpen waren während der Eiszeiten vergletschert. Während der letzten Eiszeit, die erst vor ca. 10000 Jahren endete, lag Berchtesgaden unter einer 800 Meter dicken Eisschicht, aus der die Berge erst oberhalb von 1400 Metern herausragten. Nur ein kleiner Teil der Eismassen dürfte vom großen Saalachgletscher ausgehend über den Hirschbichlpass in den Berchtesgadener Talkessel geflossen sein. Der weitaus größere Teil entstand auf den Hochflächen und in den Karen der umliegenden Berge. Vom Steinernen Meer fiel ein mächtiger Gletscher ins Tal ab und schürfte die Talsohle des heutigen Königssees 200 Meter tief aus. Ein letzter Gletschervorstoß hinterließ dann die Endmoräne, die heute den Obersee vom Königssee trennt. Auch alle anderen Täler erhielten damals eine merkliche Eintiefung und gleichzeitige Ausformung zu einer typischen U-Form. Bis ins 60 km entfernte Burghausen schoben sich die Eismassen ins Alpenvorland vor. Als winziger Überrest blieb nur der Blaueisgletscher am Hochkalter übrig, dessen Tage infolge der Klimaerwärmung vermutlich bald gezählt sein werden. Auch heute noch verändert sich die Landschaft. Unmerklich langsam aber unaufhaltsam zerbröckeln die Berge.

Schmelzwasser sickert in Felsspalten, gefriert, sprengt den Fels, verursacht Steinschläge. Bachläufe und Flüsse transportieren – besonders bei Gewitterregen – das Geröll ab. Größere Bergstürze sind selten, kommen aber immer wieder vor, in der jüngeren Geschichte besonders im Wimbachtal. Die Engstelle am Pass Hallthurm entstand ebenfalls aus gewaltigen Bergstürzen vom Untersberg herab. Der letzte bedeutsame Bergsturz (ca. 250 000 m³ Fels) ereignete sich am 8. September 1999 am Kleinen Mühlsturzhorn.

Bergsturz am Kleinen Mühlsturzhorn

Geologie

Die Gipfel der Berchtesgadener Berge bestehen größtenteils aus mächtigem, flach lagerndem Dachsteinkalk über gruslig zerfallendem und von Runsen durchzogenem Ramsaudolomit. Der Übergang zwischen den unterschiedlichen Gesteinsschichten – unten die begrünten, latschenbewachsenen Dolomithänge, darauf die Klötze von Kalk – lassen sich an vielen Bergen (z. B. am Untersberg, an der Reiteralm oder im Südlichen Steinernen Meer) gut ausmachen. Plateaugebirge bilden ausgedehnte Hochflächen aus, am eindrucksvollsten im Steinernen Meer und Hagengebirge. Eine geologische Besonderheit der Berchtesgadener Berge ist der Karst. Karst gibt es nur in Regionen, die aus Kalkgestein bestehen. Da Kalk in Säuren löslich ist und Regenwasser infolge des darin enthaltenen Kohlendioxids als schwache Säure wirkt, löst das Wasser die Kalkfelsen ganz langsam auf. Im Inneren der Berge bilden sich Klüfte, Spalten und Höhlen, die den ganzen Berg durchziehen können. Sie können ganz eng und klein, genauso gut aber riesengroß werden. Weil das Regenwasser schnell abläuft, sind Karstregionen sehr trocken. Weitet sich eine Höhle im Lauf der Zeit nach oben, kann die Decke so schwach werden, dass sie einstürzt. Dann bilden sich trichterförmige Vertiefungen, Dolinen genannt, die zum Teil sehr tief sind. Charakteristisch für ausgeprägte Karstlandschaften ist die Vegetationsarmut. Ohne Wasser können nur sehr spezialisierte Pflanzen überleben. Häufig finden sich glatt geschliffene graue Flächen mit ebenmäßig geformten Rippen, die schön anzusehen sind. Betrachtet man die Felsoberflächen genauer, entdeckt man häufig Muster, Einschlüsse, die wie Kuhtritte aussehen. Vor 200 Millionen Jahren, als der Kalk noch am Meeresboden lag, waren dies die Schalen der Megalodonten, die nun versteinert im

Kalk eingebettet liegen. Weil die Muschelschalen eine dichtere Kalkstruktur besitzen als der sie umgebende Kalk, werden sie etwas langsamer gelöst und bleiben so als flache Reliefs erhalten.

Die Gebirgsstöcke

Acht Gebirgsstöcke umrahmen den Berchtesgadener Talkessel. Ein neunter, der Hochkönig, liegt jenseits des Steinernen Meeres im Süden gänzlich auf österreichischem Gebiet. Da er über die Torscharte mit dem Steinernen Meer zusammenhängt, wird er dennoch zu den Berchtesgadener Alpen gezählt. Im Osten eröffnet der Hohe Göll den Kranz der Berge um Berchtesgaden.

Hoher Göll (2522 m)

Der Hohe Göll und das Hohe Brett bilden einen massigen Felsstock, der das Berchtesgadener Land gegen Osten abschließt. Auf dem Grat verläuft die Grenze zu Österreich. Dem Watzmann vergleichbar handelt es sich um ein Kettengebirge mit nur vereinzelten Hochflächenbildungen.

In drei Himmelsrichtungen sendet der Göllgipfel ausgeprägte, sich gabelnde Grate aus: Nach Osten ins Salzachtal den Kuchler Kamm, dessen Gipfel, alle in Höhen deutlich über 2000 Meter, schwer zugänglich sind und kaum jemals bestiegen werden. Ein weiterer Grat führt erst in südlicher, dann westlicher Richtung über mehrere Erhebungen zum

Hoher Göll über dem Endstal mit der Scharitzkehlalm

Hohen Brett (2338 m), dem lang gezogenen Bergrücken, der mit steilen Südwänden ins Bluntautal abbricht. Nach Nordwesten schließlich zieht ein breiter Rücken, die sogenannte Gölleiten, von der sich mehrere scharfe Grate lösen: Nach Westen der kühn getürmte Göll-Westgrat zum Pflughörndl (1920 m), nach Nordwesten der Mannlgrat mit den Mannlköpfen zum Kehlstein (1834 m). Die beiden Grate schließen in einem mächtigen Halbrund das Endstal mit dem Almboden der Scharitzkehlalm (1046 m) ein. Die Göll-Westwand im Talschluss mit mehreren extremen Anstiegen ist ein beliebtes Ziel der Kletterer.

Besonders eindrucksvoll wirkt der Hohe Göll von der Rossfeldstraße aus, wo seine gewaltige Ostflanke und die Nordflanken des Kuchler Kammes zum Greifen nah aufragen.

Die erste Ersteigung des Göllgipfels gelang dem Erstbesteiger der Watzmann-Mittelspitze, dem Salzburger Geistlichen Valentin Stanig (1801), und zwar über seine steile Nordostflanke vom Eckerfirst aus – auf ziemlich der gleichen Route, über die heute der mit Eisenstiften und Drahtseilen versicherte „Salzburger Steig" vom Purtscheller Haus zum Gipfelgrat verläuft.

Am Eckerfirst steht das Purtschellerhaus (1692 m), das Dank der Rossfeldstraße in einer guten Stunde zu erreichen ist. Die Hütte ist ebenso ein lohnendes Tagesziel wie Stützpunkt für eine Besteigung des Hohen Göll von Nordosten. Ein zweiter touristisch bedeutsamer Stützpunkt im Göllgebiet ist das Stahlhaus (Carl-von-Stahl-Haus) der Alpenvereins-Sektion Salzburg am Torrener Joch (1731 m). In 4–5 Stunden kann von hier aus über das Hohe Brett der Göllgipfel bestiegen werden.

Eine großzügige Hochtour ist die Göll-Überschreitung mit Aufstieg vom Purtschellerhaus zum Gipfel, weiter über den langen Grat zum Hohen Brett und Abstieg zum Stahlhaus. Am Kehlsteinhaus besteht keine Übernachtungsmöglichkeit. Wer den mit Drahtseilen versicherten Mannlgrat (Nordwestgrat) zum Hohen Göll begehen will, muss den Weg an einem Tag schaffen.

Hagengebirge (bis 2362 m)

Getrennt durch den Sattel des Torrener Jochs schließt sich im Süden des Göllstockes das Hagengebirge an, dessen überwiegender Teil schon zu Österreich gehört. Nur die dem Königssee zugewandten Bergflanken liegen noch auf deutschem Boden. Über die Gipfel von Schneibstein (2276 m), Großem Teufelshorn (2362 m), Funtenseetauern (2579 m) und Großem Hundstod (2593 m) zieht die Landesgrenze. Die Talsenkung der Röth markiert den Übergang vom Hagengebirge ins Steinerne Meer. Bei beiden handelt es sich um ausgesprochene Plateaugebirge, die nach allen Seiten in steilen Wänden abbrechen. Der Schneibstein oberhalb des Torrener Joches ist der am leichtesten zu besteigende Zweitausender der Berchtesgadener Alpen (s. Seite 178). Jenseits des Gipfels, nach Osten und Süden, überblickt man die ungeheure Felswildnis des zentralen Hagengebirges. Bis zu den östlichen und südlichen Randbergen (Tristkopf, Riffelkopf, Rauchеck u. a.) liegen an die zehn Kilometer so gut wie unberührte Natur. Markierte Steige über die Hochfläche gibt es nicht, die wenigen, nur mit Steindauben bezeichneten Steigspuren sollten nur von wirklich geübten Bergsteigern begangen werden. Im Hagengebirge wie auch im Steinernen Meer fand man Höhlensysteme mit gigantischen Ausmaßen. Ersteres bildet mit der Tanntalhöhle und dem Jägerbrunntrog-System, beide etwa 30 km lang, die längsten Höhlen der Berchtesgadener Alpen aus.

Im Südwesten überragt der Kahlersberg (2350 m) deutlich die Hochfläche. An seinem Fuß liegt unter dem Hochgschirrsattel im tiefsten Punkt einer langen, schmalen, in Richtung des Schneibsteins ziehenden Mulde der reizvolle Seeleinsee (1809 m). Die Wanderung vom Stahlhaus auf den Schneibstein und von dort in südlicher Richtung absteigend, vorbei am Windschartenkopf und Fagstein, zum reizvollen, auch Schlumsee genannten Seelein, und weiter durch den Stiergraben zu den Priesbergalmen ist im Sommer eine beliebte Wanderung, im Winter Skitour (genannt „kleine Reibn“, was so viel wie „kleine Runde“ bedeutet), bei der über die „Hohen Rossfelder“ abgefahren wird.

Hochkönig (2941 m)

Eigentlich gehört er ja nicht mehr wirklich zu den Berchtesgadener Al-

Blick vom Hagengebirge auf Königssee und Obersee

pen, der gänzlich auf österreichischem Gebiet liegende Hochkönig. Der Grund, dass dieser schöne Berg dennoch dazu gezählt wird, ist, dass er über den Kammeinschnitt der Torscharte (2247 m) mit dem Steinernen Meer verbunden ist. Ähnlich der Marmolada in den Dolomiten hat der Berg zwei völlig unterschiedliche Ansichten: die eher sanfte Nordseite mit dem mittlerweile stark abgeschmolzenen Plateaugletscher der „Übergossenen Alm“ und eine wilde Südseite, die mit bis zu 1000 Meter hohen Wänden gegen den Dientner Sattel abbricht.

Der Hochkönig gehört zu den fünf höchsten Gipfeln der nördlichen Kalkalpen und ist der von diesen am leichtesten zu ersteigende. Deshalb und auch weil genau am höchsten Punkt eine bewirtschaftete Unterkunftshütte steht, das Matrashaus, ist er ein viel besuchter Berg. Die Hütte musste ab 1984 neu aufgebaut werden, nachdem die alte, 1898 eingeweihte Unterkunft im Mai 1982 infolge unvorsichtigen Verhaltens von Skibergsteigern abgebrannt war. Die Aussicht vom Gipfel ist großartig. Nach Norden schweift der Blick über die firnbedeckte Hochfläche zu den wilden Südabstürzen des Hagengebirges und weit in die Berchtesgadener Berge hinein, nach Süden fällt er jäh hinab in grüne Täler, hinter denen sich die vergletscherten Dreitausender der Hohen Tauern aufbauen.

Der Hochkönig strahlt nach Osten mehrere Felskämme ab, von denen der südlichste der bedeutsamste ist. Es ist dies die Manndlwand, die sich in eine Reihe wilder Zacken gliedert, die

Hochkönig Südwand und Manndlwände oberhalb von Mühlbach

stark an die Dolomitentürme Südtirols erinnern. Die Manndlwand beherrscht den Blick vom Arthurhaus (1502 m), dem mit dem Auto erreichbaren Ausgangspunkt des Normalanstieges auf den Hochkönig (über Mitterfeldalm und Ochsenkar 4–5 Stunden).

Steinernes Meer (bis 2654 m)

Das Steinerne Meer ist mit einer Ausdehnung von etwa 100 km² der größte Gebirgsstock in den Berchtesgadener Alpen. Das Hagengebirge und das Steinerne Meer sind nicht klar voneinander getrennt. Die Grenze liegt im Gebiet der Röth, genauer am Blühnbachtörl (2022 m), jenem markanten Einschnitt unter dem Kleinen Teufelshorn, der schon von den Königsseeschiffen aus gut sichtbar ist. Am Fuße der Teufelshörner breitet sich das urnatürliche Talbecken der Röth aus, in der als einziger Stützpunkt (für Selbstversorger!) die Wasseralm (1416 m) liegt. Nach Süden brechen die Randberge des Steinernen Meeres in eindrucksvollen Mauern in Richtung der Talorte Saalfelden, Maria Alm und Hinterthal ab; im Norden liegen Wimbachtal, Königssee und Obersee. Der höchste Punkt ist das Selbhorn (2654 m), der formschönste Berg die nur um einen Meter niedrigere Schönfeldspitze (2653 m), deren Gipfel schon auf der Fahrt über den Königssee die Blicke auf sich zieht. Anstelle eines Gipfelkreuzes befindet sich an ihrem höchsten Punkt eine große Madonnengestalt.

Gegen Süden begrenzt eine ganze Reihe über zweitausend Meter hoher Randgipfel die Hochfläche, die sich in nördlicher Richtung gegen den Funtenseekessel hin abdacht. Unweit des Sees steht das Kärlingerhaus (Funtenseehaus, 1633 m), die meistbesuchte

Blick über das weitläufige Steinerne Meer, in Bildmitte der Funtenseekessel

Hütte im Steinernen Meer. Von St. Bartholomä am Königssee ist sie über die Saugasse auf einem gut ausgebauten Weg in 3½–4 Stunden erreichbar. Der Funtensee (1601 m) ist der bekannteste von insgesamt vier Hochgebirgsseen des Steinernen Meeres. Um den See verstreut liegen einige Almhütten und die Hütte des Enzianbrenners. Die Umgebung des Sees ist reich begrünt und wurde schon im 14. Jahrhundert almwirtschaftlich genutzt.

Gut angelegt sind auch die Anstiege zu den beiden Hütten am Rande der Hochfläche: zum Ingolstädter Haus (2119 m) und Riemannhaus (2177 m). Die riesige Hochfläche des Steinernen Meeres weist unzählige Felsbuckel, Löcher, Mulden, Dolinen und Schratten auf. Abgesehen von den die Hütten verbindenden Steigen gibt es keine angelegten Wege, sondern nur mit Steindauben und Farbflecken bezeichnete Pfadspuren im gleichförmigen Karrengebiet.

Die Fortbewegung ist mühsam, die Orientierung besonders bei Nebel schwierig. Über die Ramseider Scharte, den Standort des Riemannhauses, verläuft die Route der seit Jahrhunderten alljährlich durchgeführten Wallfahrt über das Steinerne Meer von Maria Alm nach St. Bartholomä. Im Winter ist das Steinerne Meer ein hochalpines Skitourengebiet. Meterhoher Schnee glättet die Geländeunebenheiten und ermöglicht ein rasches Vorwärtskommen über große Distanzen.

Watzmann (2713 m)

Das Wahrzeichen der Region

Als höchster Berg des Berchtesgadener Landes thront der sagenumwobene Watzmann über dem Tal. Von Berchtesgaden aus zeigt er sich in seiner markantesten Form mit seinen ungleich hohen Gipfeln, die rechts mit dem Hocheck (2653 m) – dem ersten Gipfel des in südwestlicher Richtung über die Mittelspitze (2713 m) zur Südspitze (2712 m) ziehenden Watzmanngrates – und links mit dem Kleinen Watzmann (2307 m, „Watzmannfrau“) ein breites Kar („Watzmannkar“) begrenzen. Im Kar fallen fünf Felszacken auf: die sogenannten Watzmannkinder in Höhen von 2165 bis 2270 m.

Der Sage nach handelt es sich bei dem gesamten Felsmassiv um eine versteinerte Königsfamilie, die grausam und hartherzig das Volk regierte. Als der König einmal mehr während der Jagd seine Bosheit an einer Hirtenfamilie ausließ, hatten höhere Mächte ein Einsehen: Die Erde erbebte und der Herrscher samt Frau und Kindern erstarrten zu Stein. Von Berchtesgaden aus betrachtet, geben die nach beiden Seiten gleichmäßig abfallenden Flanken dem Watzmann, dem Wahrzeichen des Berchtesgadener Landes, seine charakteristische Form. Die Mittelspitze ist der höchste Punkt der Berchtesgadener Alpen auf deutschem Gebiet. Der schmale Hauptkamm bricht westlich ins Wimbachtal, nach Osten ins Watzmannkar, jenseits der Mittelspitze in die berühmt-berüchtigte Watzmann-Ostwand ab. Seit der Erstbegehung der Riesenwand durch den Ramsauer Bergführer Johann Grill (genannt Kederbacher) am 6. Juni 1881 haben sich bereits hundert tödliche Unfälle ereignet.

Schon vor Jahrhunderten (mindestens seit 1782) war das Hocheck ein vielbesuchter Wallfahrtsort mit Marienbildern und Opferstöcken. Den schmalen Grat zur Mittelspitze hinüber wagte vor Valentin Stanig (1800) allerdings niemand zu betreten. Heute bietet das Watzmannmassiv eine Fülle von Tourenmöglichkeiten bis zum extremen Klettern. Hauptstützpunkt ist das von Berchtesgaden aus gut sichtbare Watzmannhaus (1928 m) am Falzköpfl. Weitere Stützpunkte sind die dem Kleinen Watzmann vorgelagerte Kührointhütte (1420 m) und die Wimbachgrieshütte (1327 m), die sich an den Südwestfuß der Südspitze schmiegt. Die Holzhütte am Hocheck-Gipfel, die schon seit 1898 dort oben steht, dient ausschließlich als Notunterstand.

Hochkalter (2607 m)

Das Hochkaltergebirge über dem Ramsauer Tal

Der westlich neben dem Watzmann aufragende Hochkalter dominiert das Ramsauer Tal. Schroffe Grate bestimmen sein Erscheinungsbild, seine nach Norden gerichteten Gipfel erscheinen besonders vom Hintersee aus als jähe Spitzen.

Das Hochkaltergebirge gliedert sich in drei Untergruppen: den Hauptkamm, die Hocheis-Gruppe und die Südliche Wimbachkette. Im Hauptkamm erhebt sich mit dem Hochkalter (2607 m) der zweithöchste Gipfel der Berchtesgadener Berge, der Grate in verschiedene Richtungen entsendet: nach Süden den langen, durch mehrere Einschartungen unterbrochenen Hauptkamm, nach Norden den Grat zum Kleinkalter (über den der Normalanstieg über den „Schönen Fleck" verläuft), und in nordöstliche Richtung den Steinbergkamm zum in Richtung der Ramsau vorgeschobenen Steinberg (2066 m). Die beiden letztgenannten Grate begrenzen das Blaueiskar, das den nördlichsten Gletscher der Alpen birgt: das Blaueis. Die klimatischen Veränderungen der letzten Jahrzehnte haben dem kleinen Gletscher arg zugesetzt. Nur ein kleines, steiles Eisfeld oberhalb eines Felsriegels ist übrig geblieben von dem Gletscher, der vor hundert Jahren noch zwei Kilometer Länge und mehrere Spalten aufwies.

Die Hocheisgruppe ist ein nach Westen vorgeschobener Seitenkamm des Hochkaltergebirges, von dem sie durch das breite Sittersbachtal getrennt wird. Höchster Punkt ist die Hocheisspitze (2523 m). Diese einsamen, wenig erschlossenen Berge überblickt man wie den Hauptkamm am besten auf einer Wanderung im Klausbachtal (s. Seite 150). Aus brüchigem Ramsaudolomit bestehen die Berge der südlichen Wimbachkette, die den eindrucksvollen Abschluss des hinteren Wimbachtales bilden. Besonders die zu grotesken Zacken verwitterten Palfelhörner ziehen auf einer Wanderung zur Wimbachgrieshütte die Blicke auf sich. Ausgenommen das Seehorn (2321 m) sind diese Berge allesamt wenig bekannt und kaum besucht. Das ganze Hochkaltergebirge ist wenig erschlossen. Einziger Stützpunkt ist die vom Hintersee in 2–3 Stunden auf gutem Weg erreichbare Blaueishütte (1680 m), der Ausgangspunkt für den Normalweg auf den Hochkalter. Die Hütte ist am Ausgang des eindrucksvollen, von gewaltigen Wänden umrahmten Blaueiskares erbaut. Der markante Felszacken links, die Schärtenspitze, ist über seine Westflanke relativ leicht zu besteigen.

Zu den anderen Gipfeln und Tälern des Hochkaltergebirges führen – wenn überhaupt – nur spärlich markierte Steige. Die Gipfel mit ihren schroffen Wänden und schmalen Gratschneiden, mit ihren urweltlichen Tälern und wenigen begrünten Karmulden eignen sich nicht für den Ausbau eines großzügigen Wegenetzes, wie man es auf anderen Berchtesgadener Bergen vorfindet. Auch die Klettermöglichkeiten im Hochkaltergebirge sind eher spärlich. Geklettert wird in erster Linie im Gebiet der Blaueishütte, wo gerade in den letzten Jahren viele neue, extrem schwierige, mit Bohrhaken gut abgesicherte Routen eröffnet wurden.

Reiteralm (bis 2286 m)

Die Reiteralm, von den Einheimischen nur Reiteralm genannt, ist der westlichste Gebirgsstock der Berchtesgadener Alpen. Als ausgesprochenes Tafelgebirge baut sich das Massiv als wuchtiger Felsklotz auf, mit nach allen Seiten steil abfallenden Wänden. Das hügelige Gelände der Hochfläche ist großflächig dicht mit Latschen bewachsen und weist unzählige Höcker und Trichter auf. Besonders im nördlichen Teil und um den einzigen Stützpunkt, der Traunsteiner Hütte (1570 m), finden sich Zirben- und Lärchenwälder, blumenreiche Wiesen und Weideland. Ihren Namen hat die Reiteralm von der kleinen Ortschaft Reit zwischen Unken und Lofer im Saalachtal. Von dort wird heute noch über den Alpa-Steig Vieh zu den „Almen von Reit" aufgetrieben. Auch auf der Reiteralm gab es früher viel mehr Almen als heute. Bestoßen werden heute nur mehr die zahlreichen Kaser am Reitertrett, der großen Almfläche, an deren Rand die Traunsteiner Hütte erbaut ist. Im Süden bauen sich die Reiter Steinberge auf, mit den stolzen Randgipfeln Stadelhorn (2286 m), Wagendrischelhorn (2251 m) und Häuselhorn (2284 m). Vom Wagendrischelhorn zieht nach Nordosten jener Höhenrücken, dessen Südostabstürze so eindrucksvoll über dem Hintersee aufragen.

Unmittelbar unter den Wänden liegt die Halsalm, ein höchst lohnendes Wanderziel (s. Seite 137).

Gegen Südwesten und Südosten brechen die gezackten Randgipfel der Mühlsturz- und Grundübelhörner mit jähen Wänden gegen das Klausbachtal ab („Ramsauer Dolomiten"). Senkrechte Pfeiler und Felskanten sind charakteristisch für diese wohl wildeste Felslandschaft der Berchtesgadener Berge. Einen ganz anderen Anblick bietet das Gebirge von Norden. Wie ein Riesensarkophag ragen die ungegliederten, dusteren Nordwände vom Alphorn bis zur Wartsteinwand oberhalb von Jettenberg auf, dem letz-

Almfläche „Reitertrett", hinten die Häuselhörner

ten Ort an der Deutschen Alpenstraße vor der Steigung zur Schwarzbachwacht. Wenn die ganze Wandflucht an Sommerabenden in den warmen Farbtönen eines wunderbaren Abendrots erstrahlt, ist das ein sicherer Schönwetterbote. Die kilometerbreite Nordwestseite der Reiteralm weist zwischen ihrem nördlichsten Gipfel, dem Alphorn (1711 m) und den Drei Brüdern (1864 m) oberhalb von Reit nur eine einzige nennenswerte, für eine Weganlage geeignete Schwachstelle auf. Über die Einschartung des Schrecksattels (1608 m) und weiter nach Süden über die wellige Hochfläche führt der Weg von Oberjettenberg zur Traunsteiner Hütte. Die Hütte ist ein zentral gelegener Stützpunkt für Gipfelbesteigungen abseits des Massentourismus. Ein hervorragender Aussichtsberg, der Große Weitschartenkopf (1979 m), kann über Wiesenhänge in einer Stunde leicht erstiegen werden. Sowohl die nach Süden als auch die nach Norden gerichteten Wände durchziehen klassische extreme Kletterrouten, die zu den beliebtesten der Berchtesgadener Alpen gehören.

Untersberg (1973 m)

Der nördlichste Gebirgsstock der Berchtesgadener Alpen ist ein ausgeprägtes Plateaugebirge. Viele unheimliche Sagen und Märchen ranken sich um den Berg, der früher „Wunderberg" genannt wurde. Die bekannteste Sage ist die von Kaiser Karl, der im Berg in

Südabstürze des Berchtesgadener Hochthrons

einer riesigen Halle, deren Wände aus blankem Marmor sind, auf seinem Thron schläft. Sein weißer Bart ist schon zweimal um den Tisch vor ihm gewachsen. Mit ihm in der Höhle sind seine Fürsten und Krieger. Wenn einmal die Zeit gekommen sein wird, da die Raben nicht mehr um das Geiereck fliegen und der alte Birnbaum auf dem Walserfeld wieder Blüten treibt, dann wird der alte Kaiser erwachen und mit seinem Gefolge aus dem Berg kommen, um in einer schrecklichen dreitägigen Schlacht seine Feinde zu besiegen. Nebenbei sollen in seinem Inneren die kleinen grauen Untersbergmanndln ihren Schabernack treiben. Auch Riesen soll es dort geben, die des Nachts aus dem Berg steigen. Die Entstehung der Sagen hat wohl etwas mit der geologischen Beschaffenheit des Berges zu tun: nirgendwo in den Berchtesgadener Bergen gibt es mehr Dolinen und Höhlen.

Seine Hochfläche, die nach Norden in bewaldeten Steilflanken gegen das Alpenvorland hin abfällt, ist unregelmäßig zerklüftet und von Latschen überwuchert. Nach Süden und Osten bricht der Berg in einer fünf Kilometer langen Wandflucht in Richtung Berchtesgaden bzw. gegen das Tal der Berchtesgadener Ache ab. 20 Minuten westlich des Gipfels („Berchtesgadener Hochthron", 1973 m) steht das Stöhrhaus (1894 m) der Alpenvereinssektion Berchtesgaden.

Über einen gut ausgebauten Weg ist die Schutzhütte von Hintergern aus in etwa drei Stunden erreichbar (s. Seite 162). Hütte und Gipfel sind Aussichtswarten ersten Ranges. Weit reicht der Blick über den ganzen Berchtesgadener Talkessel, auf die im Halbrund ausgebreiteten Gebirgsstöcke der Berchtesgadener Alpen bis zum Wilden Kaiser und in die Chiemgauer Alpen.

Den besten Blick auf die nach Süden gerichteten steilsten Untersbergwände hat man von Maria Gern aus. Durch die mauerartigen, gelbgrauen, bis 300 Meter hohen Wände wurde eine Vielzahl extremer Kletterrouten eröffnet. Die beliebteste Klettertour der Berchtesgadener Berge im mittleren Schwierigkeitsgrad, die Untersberg-Südwand (III+), verläuft in Gipfelfalllinie. Sie wurde bereits 1907 erstbegangen. Einen eindrucksvollen Überblick über die klettersportlich weniger bedeutsamen, schrofendurchsetzten Steilwände zwischen dem Berchtesgadener Hochthron und dem Gipfel auf der Salzburger Seite („Salzburger Hochthron", 1853 m) gewinnt man von Ettenberg.

Einzige Schwachstelle der kilometerlangen Wandflucht ist die Mittagsscharte (1670 m). Durch die darunterliegende Steilwand zieht die bewunderungswürdige Steiganlage des Thomas-Eder-Steiges. Er ist so tief in die Felsen eingesprengt und versichert, dass er auch von weniger geübten Bergsteigern ohne Gefahr zu begehen ist. In der Nähe des Wandfußes, 1/4 Stunde vom Eingang der Schellenberger Eishöhle (s. Seite 164) entfernt, liegt die Toni-Lenz-Hütte (auch Schellenberger-Eishöhlenhütte, 1551 m).

Der einzige nennenswerte Steig über den Berg ist der vom Salzburger zum Berchtesgadener Hochthron (s. Seite 181), der ebenfalls an der Mittagsscharte vorbeiführt. Das Geiereck (1805 m) auf der Salzburger Seite ist von St. Leonhard aus mit einer Seilbahn erreichbar. Nicht weit unterhalb des Gipfels liegt das Zeppezauer Haus (1668 m) mit schönem Blick auf Salzburg und den Reichenhaller Talkessel. Am Nordfuß des Berges bei Fürstenbrunn wird der begehrte Untersberger Marmor abgebaut.

Lattengebirge (bis 1736 m)

Das von den Berchtesgadener Bergen touristisch am wenigsten bedeutsame Gebirge trennt die Talkessel von Berchtesgaden und Bad Reichenhall. Mit seinen Kämmen und ausgedehnten Wald-, gelegentlich auch Almflächen, weist es Eigenschaften eines Ketten-, vorwiegend aber Tafelgebirges auf. Die Gipfel sind wenig markant und wegen der geringen Höhe weit hinauf bewaldet oder mit Latschenfeldern bedeckt. Vom Pass Hallthurm schwingen sich die brüchigen Rotofentürme (1396 m) zum Hauptkamm auf, der als höchste Erhebung den Karkopf (1736 m) aufweist und mit dem Dreisesselberg (1680 m), Hochschlegel (1688 m) und Predigtstuhl (1618 m) dem Gebirge gegen Norden hin ein eindrucksvolles Aussehen verleiht.

Vom Karkopf, wo sich der Hauptkamm teilt, zieht ein langer Rücken („Törlschneid") mit nur wenigen ausgeprägten Erhebungen, deren höchste der Törlkopf (1702 m) ist, nach Süden. Nach Osten bricht der Grat steil gegen die Mordau hin ab, westlich liegt ein großes Waldplateau mit den Weideflächen der Lattenberg-, Moosen- und Anthauptenalm, von dem wiederum steile, bewaldete Hänge ins Tal des Schwarzbaches abfallen. Dem Hochtouristen und Kletterer bietet das Lattengebirge wenig Reize, um so mehr

Lattengebirge über dem Bischofswiesener Tal

dafür dem Wanderer. Der von Bad Reichenhall-Kirchberg mit einer Seilbahn erreichbare Predigtstuhl ist Ausgangspunkt für mehrere lohnende Kammwanderungen, die wenig anstrengend sind. Besonders reizvoll ist der zwischen dem Karkopf und Dreisesselberg abzweigende Steig nach Hallthurm hinab (s. Seite 183). Ungefähr auf halber Wegstrecke kommt man nahe an der markanten Felsgestalt der „Steinernen Agnes" vorbei. Bei dem 10 m hohen Felsobelisken, auf welchem pilzförmig ein drei Meter hoher Felskopf sitzt, handelt es sich der Sage nach um die schöne Sennerin Agnes, die lieber zu Stein werden wollte als sich den Nachstellungen des Teufels in Gestalt eines Wildschützen zu ergeben. Wegabwärts gelangt man zum Rotofensattel, wo jäh der Kleine Rotofenturm aufragt, das Kinn der „Schlafende Hexe" genannten Felsformation (die von den Königsseeschiffen aus besonders markant in Erscheinung tritt). Eine zackige Scharte trennt den Kleinen vom Großen Rotofenturm (1369 m), der Stirn der Hexe. Vor der Zeit der Klettergärten und Kunstkletterwände waren die brüchigen Rotofentürme die Kletterschule der Reichenhaller Bergsteiger. Eigentliche Unterkunftshütten gibt es nicht. Wegen der geringen Gipfelhöhen können alle Bergfahrten leicht vom Tal aus durchgeführt werden.

Auf einen Blick — Berchtesgadener Alpen

Gesamtfläche	ca. 1000 km²	
Gebirgsstock	**Höchste Erhebung**	**Hütten**
Göllstock	Hoher Göll (2522 m)	Purtscheller Haus (1692 m)
Hagengebirge	Gr. Teufelshorn (2362 m)	Stahlhaus (1731 m) Schneibsteinhaus (1670 m)
Steinernes Meer	Selbhorn (2654 m)	Kärlingerhaus (1633 m) Riemannhaus (2177 m) Ingolstädter Haus (2119 m)
Hochkönigstock	Hochkönig (2941 m)	Matrashaus (2941 m)
Watzmann	Watzmann-Mittelspitze (2713 m)	Watzmannhaus (1928 m) Kührointhütte (1420 m) Wimbachgrieshütte (1327 m)
Hochkaltergebirge	Hochkalter (2607 m)	Blaueishütte (1680 m)
Reiteralm	Stadelhorn (2286 m)	Traunsteiner Hütte (1570 m)
Untersberg	Berchtesgadener Hochthron (1973 m)	Stöhrhaus (1894 m) Toni-Lenz-Hütte (1551 m) Zeppezauer Haus (1668 m)
Lattengebirge	Karkopf (1736 m)	Predigtstuhl-Berghotel (1613 m)

Berghütten und Unterkünfte in den Berchtesgadener Alpen

Hütte	Betten	Matratzen	Lager	Infos
Alpeltalhütte (1100 m) bei Vorderbrand gelegenes Naturfreunde-Haus (0 86 52) 6 30 77	22	22	–	ganzj. bew., mit Auto erreichbar, Aufstieg über Vorderbrandstraße 1½ Std.
Beck-Haus (Dr.-Hugo-Beck-Haus, 1260 m) auf der Jennerwiese (0 86 52) 27 27	37	–	–	ganzj. bew. (außer November), Aufstieg ab Parkplatz Hinterbrand ½ Std.
Blaueishütte (1680 m) am Hochkalter (0 86 57) 271 oder 546	20	64	–	bew. Mitte Mai bis Mitte Okt., Aufstieg vom Hintersee 2½–3 Std.
Gotzenalm (1685 m) über dem Königssee (0 86 52) 69 09 00	32	–	51	bew. von Ende Mai bis Mitte Oktober, mehrere Aufstiegsmöglichkeiten (3–3½ Std. von Königssee/Kessel, 3 Std.vom Parkplatz Hinterbrand)
Grünsteinhütte (1304 m) (0 86 52) 56 31	–	–	–	bew. Mitte Mai bis Oktober, Aufstieg von Hammerstiel 1¼ Std.
Hirschbichl (1153 m) Alpengasthof Mooswacht 00 43 (65 82) 83 47	45	–	–	bew. Anf. Mai bis Mitte Okt., Aufstieg von Ramsau/Hintersee 2 Std. oder mit RVO Wanderbus
Ingolstädter Haus (2119 m) auf der Dießbachscharte im Steinernen Meer 00 43 (6584) 7272	14	83	–	bew. Mitte Juni bis Anf. Okt., Aufstieg von Wimbachbrücke 6–7 Std., von Weißbach b. Lofer (Österreich) 5 Std. (bei Kleinbusbenützung bis Kallbrunnalm 2½ Std., Auskunft Lofeyer, Tel.: 00 43 (65 82) 83 55)
Jenner Berggaststätte (1800 m) Bergstation der Jennerbahn (0 86 52) 9 68 30	–	–	–	ganzj. geöffnet außer November, Fahrzeit mit der Jennerbahn ca. 20 Min.
Kärlingerhaus (1633 m) am Funtensee im Steinernen Meer (0 86 52) 29 95	48	180	–	bew. von Anfang Juni bis Mitte Oktober, Aufstieg von St. Bartholomä 3½–4½ Std.

Hütte	Betten	Matratzen	Lager	Infos
Kehlsteinhaus (1 834 m) (0 86 52) 29 69	–	–	–	keine Übernachtung, bew. von Mai bis Oktober, Auffahrt mit RVO–Bus bis zum Parkplatz (dann Aufzug im Berginneren) oder Aufstieg ab Ofnerboden 1½ Std.
Kneifelspitz–Hütte (1 189 m) (0 86 52) 6 23 38	–	–	–	Wirtschaft geöffn. von Weihnachten bis Mitte November, Aufstieg von Maria Gern 1 Std.
Königsbachalm (1 200 m) am Jenner (0 86 52) 55 51	–	–	–	bew. von Mai bis Oktober, Aufstieg vom Dorf Königssee 1½ Std.
Kühroint–Hütte (1 420 m) unter dem Watzmannkar (01 71) 35 33 369	4	18	–	bew. Mitte Mai bis Mitte Oktober, Aufstieg von Wimbachbrücke 2 Std.
Mitterkaseralm (1 534 m) am Jenner (0 86 52) 5 1 00	–	–	–	bew. von Juni bis Oktober und von Weihnachten bis Mitte April (Skisaison), Aufstieg ab Parkplatz Hinterbrand 1½ Std.
Purtschellerhaus (1 692 m) am Hohen Göll (0 86 52) 24 20 oder 53 71	10	60	–	bew. Mitte Mai bis Mitte Okt., Aufstieg von Ofnerboden/Enzianhütte (an der Rossfeldstraße) 1 Std. oder vom Parkplatz Ahornkaser 50 Min.
Riemannhaus (2 177 m) auf der Ramseider Scharte im Steinernen Meer 00 43 (65 82) 7 33 00	20	120	–	bew. Mitte Juni bis Anf. Okt., von St. Bartholomä ca. 6 Std., von Maria Alm (Österreich) über den Ramseidersteig 2½ Std.
Rossfeld–Skihütte (1 500 m) direkt an der Rossfeldstraße (0 86 52) 94 87 20	–	–	–	ganzj. bew.
Saletalm (605 m) am Königssee (0 86 52) 6 30 07	–	–	–	bew. Mitte April bis Mitte Oktober, 10 Min. von Endstation der Königsseeschifffahrt (Salet)

Hütte	Betten	Matratzen	Lager	Infos
Schärtenalm (1359 m) am Weg zur Blaueishütte	–	8	–	einfache Bewirtschaftung von Mitte Mai bis Mitte Oktober. 1½ Std. vom Parkplatz Ostufer Hintersee
Schneibsteinhaus (1670 m) unterhalb des Torrener Joches (0 86 52) 25 96 oder 6 37 15	16	80	–	ganzjähr. bew., Aufstieg ab Parkplatz Hinterbrand ca. 2 Std.
Stahlhaus (Carl v. Stahlhaus, 1731 m) am Torrener Joch (0 86 52) 27 52	24	70	–	ganzj. bew. (außer 24. 12.), Aufstieg ab Parkplatz Hinterbrand 2 Std., von Jenner Bergstation ½ Std.
Stöhrhaus (1894 m) am Untersberg (0 86 52) 72 33	15	54	–	bew. Ende Mai bis Mitte Okt., Aufstieg von Hintergern 3–3½ Std.
Toni–Lenz–Hütte (1550 m) am Untersberg bei der Schellenberger Eishöhle 00 43 (664) 1 34 16 90	–	12	–	bew. Pfingsten bis Mitte Okt., Aufstieg von Marktschellenberg 3 Std.
(Neue) Traunsteiner Hütte (1570 m) auf der Reiteralm (01 71) 4 37 89 19	40	100	–	bew. Mitte Mai bis Mitte/Ende Okt., Aufstieg von Oberjettenberg 2½–3 Std.
Watzmannhaus (1928 m) am Falzköpfl (0 86 52) 96 42 22	50	125	35	bew. Pfingsten bis Mitte Okt., Aufstieg von Wimbachbrücke 3–4 Std.
Wimbachgrieshütte (1327 m) im Wimbachtal (0 86 57) 3 44 oder 6 57	16	58	–	bew. Mai bis Okt., Aufstieg von Wimbachbrücke 2½ Std.
Wimbachschloss (937 m) (0 86 57) 3 43 oder 5 54	–	–	–	bew. Mitte Mai bis Oktober sowie Weihnachten und Ostern, Aufstieg vom Parkplatz Wimbachbrücke 1¼ Std.

Abkürzungen:

bew. = bewirtschaftet
ganzj. = ganzjährig
Ghs. = Gastwirtschaft
Whs. = Wirtshaus

Alpen- und Nationalpark Berchtesgaden

Geschichte

Der 1978 ins Leben gerufene Nationalpark hat eine an die hundert Jahre lange Vorgeschichte.

Als gegen Ende des 19. Jahrhunderts der Alpentourismus in Schwung kam und mit ihm der Handel mit Alpenblumen, kamen begründete Sorgen um die reichhaltige Flora gerade in den Berchtesgadener Bergen auf.

Als eines der ersten alpinen Schutzgebiete überhaupt wurde 1910 der „Pflanzenschonbezirk Berchtesgadener Alpen“ gegründet. Er war rund 86 km² groß und umfasste den südlichen Teil des Königssees, den Obersee sowie die umgebenden Gebirgsmassive. Wie schon der Name sagt, bezog sich der Schutz ausschließlich auf Pflanzen. Holznutzung, Jagd und Fischerei waren ohne Einschränkung zugelassen.

Als während des 1. Weltkrieges Pläne aufkamen, einen assyrischen Löwen in die Falkensteiner Wand am Königssee einzumeißeln, scheiterte das Vorhaben am Widerstand der Naturschützer. Auch die Errichtung einer Hotelanlage in St. Bartholomä konnte verhindert werden.

1921 wurde der Pflanzenschonbezirk auf 200 km² vergrößert und im „Naturschutzgebiet Königssee“ der Schutzgedanke auf die Tierwelt erweitert.

1927 gab es erste Pläne zum Bau einer Watzmannbahn. Das Wiederaufgreifen des Projekts Ende der 60er Jahre löste hitzige Diskussionen aus über das Für und Wider eines solchen Vorhabens in einem Naturschutzgebiet. Zur endgültigen Abwehr der geplanten Seilbahn forderten verschiedene Naturschutzorganisationen die Errichtung eines Nationalparks. Sie hatten Erfolg.

Am 1. Aug. 1978 trat die „Verordnung über den Alpen- und Nationalpark Berchtesgaden“ endgültig in Kraft. Der Alpenpark (Vorfeld + Nationalpark) entspricht ziemlich genau dem Staatsgebiet der ehemaligen Fürstpropstei Berchtesgaden und hat mit insgesamt 470 km² eine für Mitteleuropa durchaus respektable Größe. Nördlich an den Nationalpark schließt das 259 km² große Nationalpark-Vorfeld mit den Gemeinden Berchtesgaden, Schönau am Königssee, Ramsau, Bischofswiesen und Marktschellenberg (die ersten drei sind Nationalparkgemeinden) an, das als Pufferzone für den Nationalpark gedacht ist und in dem eine naturverträgliche Landnutzung stattfinden soll.

Der eigentliche Nationalpark umfasst mit 208 km² den südlichen Teil der Berchtesgadener Alpen, der sich jenseits der Landesgrenze als Naturraum Salzburger Kalkhochalpen fortsetzt. Steile Felswände charakterisieren das Landschaftsbild ebenso wie ausgeprägte Hochplateaulagen in Höhen von 2000 Meter ü. NN und darüber. Zur Kernzone gehören der Göllstock, das Hagengebirge und Steinerne Meer, die Massive des Watzmanns und Hochkalters sowie die Reiteralm einschließlich der dazwischen liegenden Täler des Klausbachs, Wimbachs und des Königssees. Höchster Punkt ist die Mittelspitze des Watzmanns (2713 m), am tiefsten liegt der Seespiegel des Königssees (603 m). In der Kernzone hat der Naturschutz absoluten Vorrang. Die Natur bleibt ohne Eingriffe sich selbst überlassen, sämtliche Tiere und Pflanzen sind geschützt. Traditionelle Nutzungen dürfen teilweise weiter betrieben werden. Dazu zählen die Almwirtschaft sowie die Fischerei und Schifffahrt am Königssee.

Neben dem Schutz der Natur sind die wissenschaftliche Beobachtung und Erforschung natürlicher Lebensgemeinschaften sowie die Bildung und Erholung seiner Besucher erklärte Ziele des Nationalparks. Ein weiteres Anliegen ist die Erhaltung und Förderung traditioneller Bau- und Wirtschaftsformen.

1991 wurde der gesamte Alpenpark durch die UNESCO dem weltweiten Netz der Biosphären-Reservate (= Schutzgebiete mit Modellfunktion) zugeordnet. Dem Erholungsuchenden Naturfreund bietet der Nationalpark Berchtesgaden ein Netz von 230 km Wander- und Bergwegen. Von der leichten Talwanderung bis zur mehrtägigen Hochgebirgstour ist für alle Ansprüche etwas geboten. Um den Besuchern die Vielfalt der Natur nahezubringen besteht ein umfangreiches Umweltbildungsangebot.

Als zentrale Anlaufstelle ist in Berchtesgaden neben der Franziskanerkirche das Nationalpark-Haus eingerichtet. Weitere Nationalpark-Informationsstellen finden sich in St. Bartholomä, in der Ramsau an der Wimbachbrücke sowie am Beginn des Klausbachtales am Hintersee (s. Seite 239).

Die Pflanzenwelt

Die Lebensbedingungen der Pflanzen und auch der Tiere im Berchtesgadener Land werden ganz wesentlich von den unterschiedlichen klimatischen Bedingungen geprägt, die durch die großen Höhenunterschiede zwischen den Tallagen (Berchtesgaden 570 m) und den Gipfelregionen (Watzmann 2713 m) bedingt sind.

Mit zunehmender Höhe wirken sich die großen Temperaturschwankungen zwischen Tag und Nacht sowie zwischen den verschiedenen Jahreszeiten, außerdem die Einwirkungen von Sonneneinstrahlung, Wind, Wasser, Schnee, Frost und Trockenheit aus.

Alpenaurikel, auch Gamsbleame genannt

Wer zu einem der Hochgipfel der Berchtesgadener Alpen wandert, durchschreitet in wenigen Stunden Klima- und Vegetationszonen, die den Abstufungen zwischen Mitteleuropa und der nördlichen Tundra entsprechen.

Dementsprechend vielfältig ist die Pflanzenwelt der Berchtesgadener Berge. Bereits im 18. Jahrhundert führten Botaniker erste wissenschaftliche Untersuchungen durch. Heute sind im Nationalpark Berchtesgaden rund 1000 Blüten- und Farnpflanzen bekannt. Etwa die Hälfte des Berchtesgadener Landes – früher waren es 75 % – nehmen Wälder ein. Sie lieferten über Jahrhunderte hinweg das für die Bauernhöfe und Almen notwendige Bau- und Brennholz. Weitaus größeren Einfluss auf den Waldzustand nahm jedoch bereits seit dem 13. Jahrhundert die Salzgewinnung (Salinen). Um die für das Versieden der Sole benötigten großen Brennholzmengen zu gewinnen, wurden die Wälder um Berchtesgaden jahrhundertelang im Kahlschlagbetrieb genutzt. Das Laubholz wurde deutlich zugunsten der Fichte zurückgedrängt, da Nadelholz auf dem Wasserweg leichter zu transportieren war.

Heute dominieren in den Tallagen Buchenwälder, die ab 700 m in Fichten-Buchen-Tannenwälder mit Bergahorn (Bergmischwald) übergehen. Diese wiederum werden ab 1400 m von alpinen Fichten- und Fichten-Lärchenwäldern abgelöst. Die Hochlagen der Reiteralm und des Steinernen Meeres sind durch Lärchen-Zirbenwälder geprägt, die in den Nordalpen sonst eher selten auftreten. Lärchen können bis zu 500, Zirben (Arven) bis 1000 Jahre alt werden. Die vom Klima bestimmte Waldgrenze liegt – an Südhängen höher als an Nordhängen – bei 1800 bis 2000 Meter. Darüber im überwiegend felsigen Gelände breiten sich dann nur noch Latschenfelder aus. Eine Besonderheit im Wimbachtal sind hoch aufgerichtete Latschen, Spirken genannt, die sich als besonders widerstandsfähig gegen die dauernden Verschüttungen durch den Griesstrom erweisen.

Spirken im Wimbachtal

Der Nationalpark besitzt zahlreiche Pflanzenarten, die im übrigen bayerischen Alpenraum fehlen. Unter der Schneedecke schon beginnt die Schneerose (Christrose) zu blühen, die im Schein der Frühlingssonne vor allem das Untersberggebiet, die Hänge der Kneifelspitze und die Wälder um Kühroint schmückt. Soldanelle,

Krokus, stengelloser- und Frühlingsenzian, Seidelbast, Mehlprimel, Frauenschuh, Primel (Gamsbleame) und Zwergalpenrose sind die lieblichsten Vertreter der Frühlingsflora.

Im Hochsommer blüht im Tal das Veilchen, auf den Almen Enzian, Silberwurz, Brünelle, Pyrenäen-Drachenmaul, Läusekraut, Alpenaster, Trollblume, Arnika, Alpenanemone, später Bärtige Glockenblume, Schwalbenwurzenzian, Eisenhut, Rittersporn, Alpendost und Silberdistel. Im Wald stehen Akelei, Natternwurz, Türkenbund, Mondviole und Waldvögelein.

Schneerosen im Frühling

Über der Almregion findet man den Alpenbaldrian, die Rostblättrige und die Rauhaarige Alpenrose (erstere nur im Steinernen Meer), Gelbes zweiblütiges Veilchen, Alpenwindröschen, Alpengänsekresse, Alpenvergissmeinnicht und Alpenglockenblume. Auch über der Waldgrenze, in grasdurchsetzten Schrofenhängen und bis weit über 2000 Meter hinauf findet sich eine erstaunliche Pflanzenvielfalt: Narzissenblütige Anemone, Habichtskraut, Steinbrecharten, Gemswurz, Salzburger Felsenblümel, Alpenpetersbart, Zwergschlüsselblume, Kugelblume, Fingerkraut, Leimkraut, Alpenmohn, Schweizer Mannsschild und die schönste Zierde der Berchtesgadener Berge, das Edelweiß.

Die aus asiatischen Steppengebieten stammende, 5–20 cm hohe Pflanze mit ihrer weiß-filzigen Behaarung und den Blüten in Form einer Doldentraube wurde zum Wahrzeichen vieler Bergsteigervereinigungen (so auch des Deutschen und Österreichischen Alpenvereins). Die Pflanze ist überall streng geschützt. Aufgrund der extremen Klimabedingungen in den Hochlagen weisen die alpinen Pflanzenarten eine Reihe charakteristischer Anpassungen auf. Auffallend ist der durch die Kürze der Vegetationszeit bedingte Zwergwuchs. Hoch oben, weit über den letzten Latschen, bilden sich noch kleine Rasengesellschaften und blühen kleine Blüten zum Teil aus Polstern in leuchtenden Farben. Selbst in kleinsten Felsspalten und sogar auf Schotterhalden existieren noch Pflanzen. Am allergenügsamsten aber sind die Flechten. Sie lassen sich besonders viel Zeit zum Wachsen, der Jahreszuwachs beträgt je nach Standort 0,01 bis 0,6 mm pro Jahr. Auf ungestörten Wänden oder Felsblöcken können sie weit über 1000 Jahre alt werden. Die ältesten bestanden wahrscheinlich schon zu Zeiten Christi Geburt.

Ziele lohnender botanischer Wanderungen sind zur Zeit der Schneeschmelze das Untersberggebiet, die

Streng geschützt: das Edelweiß

Hänge der Kneifelspitze, die Wälder um Kühroint sowie das Tal des Frechenbaches in Winkl (Schneerosen), im Frühsommer (Juni) das Wimbachgries und der Trischübelpass, die Eiskapelle und Jenner-Südseite, Anfang Juli das Gebiet des Funtensees und das Hagengebirge, im Juli und August das Steinerne Meer und das Gebiet um die Röth.

Die Tierwelt

Ebenso vielfältig wie die Flora ist im Nationalpark Berchtesgaden die Tierwelt. Acht Arten Lurche, sieben Arten Kriechtiere, 15 Arten Fische, an die 100 Vogelarten und 55 Arten von Säugetieren wurden bisher nachgewiesen. Charakteristische Tierarten sind Reh, Rot- und Gamswild, Murmeltier, Schneehase, Auer- und Birkwild, Schnee- und Haselhuhn, Steinadler, Alpensalamander und schwarze Kreuzotter. Der Steinbock wurde ab 1936 im Gebiet der Röth eingebürgert. Er war vermutlich in den Berchtesgadener Alpen ursprünglich nicht heimisch. Heute leben vorwiegend im Hagengebirge etwa 70 bis 90 Stück Steinwild.

Wie bei den Pflanzen finden sich auch bei den Tieren häufig spezielle Anpassungen an die harten Lebensbedingungen im Hochgebirge. Das Rotwild hielt sich in früheren Zeiten nur im Sommer im Gebirge auf. Rechtzeitig vor Wintereinbruch wanderten die Rudel talauswärts, bis ins Alpenvorland hinaus, wo die Schneelage geringer und das Nahrungsangebot größer waren. Seit der Mensch mit Straßen und Siedlungen den Tieren diese Rückzugsmöglichkeiten verbaut hat, besteht die Notwendigkeit für gezielte Fütterungen. Das geschieht im Nationalpark in zwei Wintergattern. Das sind großräumig umzäunte Gebiete, in welche die Hirsche zu Beginn des Winters ziehen. Sind alle Tiere im Gatter, wird dieses bis zum nächsten Frühjahr geschlossen. Die Tiere werden täglich gefüttert, wodurch ihr Überleben im strengen Hochgebirgswinter gesichert und gleichzeitig Verbissschäden gering gehalten werden.

Ein typisches Gebirgstier ist die Gams. Wie die Steinböcke bewegen sie sich mit Leichtigkeit durch Felsgelände. Ihre harten Huf-Außenkanten haken sich dabei wie Steigeisen ein, während die dazwischenliegenden weichen Zehenballen wie Gummisohlen für die nötige Haftung sorgen. Eine zähe Muskulatur, ein leistungsstarkes Herz und eine kräftige Lunge verleihen außerordentliche Kraft und Ausdauer. Gämsen leben meist in größeren Rudeln und können von sich ruhig verhaltenden Bergwanderern oft gut beobachtet werden. Im Mai/Juni kommen die Kitze auf die Welt, die der Mutter schon nach 1–2 Stunden folgen. Aus den Winterhaaren des Rückenhaarkammes werden die Gamsbärte gefertigt.

Manche Hochgebirgstiere verbünden sich gleichsam mit dem Winter und tragen ein schneeweißes Fell- oder Federkleid. Schneehuhn, Schneehase und Hermelin sowie das Mauswiesel legen sich einen idealen

Steinböcke im Hagengebirge

Tarnanzug an. Im Frühling wechseln sie jeweils die Farbe und werden erdig braun, so dass sie für Feinde auch dann schwer auszumachen sind. Über die Tarnung hinaus schützt das weiße Fell- oder Federkleid dank einer besonders lufthaltigen Mikrostruktur besser vor Kälte als das dunkle Sommerkleid.

Andere Tierarten wiederum überdauern den langen Winter im Hochgebirge ganz anders. Sie halten einen Winterschlaf. Die bekanntesten Vertreter sind die Murmeltiere („Mankei"). Wenn die alpinen Grasmatten unter einer meterhohen Schneedecke liegen, können die putzigen Tiere in dieser rauen Welt nur überleben, wenn sie in ihren tief in den Boden reichenden Bauen 6–7 Monate lang Winterschlaf halten. In einem Zustand der Kältestarre reduzieren sie dabei ihren Stoffwechsel auf 3 bis 5 % des Sommerniveaus, wobei die Körpertemperatur auf bis zu 2,6 °C absinkt. Alle 12 Tage erwärmen sie sich auf fast normale Körpertemperatur, richten das Nest her und entleeren die Blase, bevor sie weiterschlafen. Den ganzen Winter zehren sie von den im Sommer angefressenen Fettreserven und verlieren dabei etwa 1/3 ihres Herbstgewichts. Murmeltiere schlafen in den Bauen im Familienverband eng aneinandergekuschelt. Nur wenn sie sich gegenseitig wärmen, reichen die Energiereserven auch für die Kleinen bis zum Frühling.

König der Lüfte im Nationalpark ist der Steinadler. Der so seltene wie majestätische Raubvogel bildet einen Schwerpunkt im Besucherbildungsprogramm der Nationalparkverwaltung. Im Klausbachtal wurden vier „Adlerwege" eingerichtet, auf denen man in jedem Fall umfassend informiert wird, wenn sich nicht gar mit etwas Glück Adler in freier Natur beobachten lassen. Der kräftig gebaute Vogel mit großem Schnabel und starken Fängen ist im Flug an den gespreizten Schwingenenden erkennbar.

Mit einer Flügelspannweite von bis zu 230 cm ist es ihm möglich, auch weite Strecken ohne einen einzigen Flügelschlag zurückzulegen. Seine Horste legt er in Felsnischen unterhalb der Waldgrenze an, um seine oberhalb der Baumgrenze geschlagene, teilweise schwere Beute (Säugetiere bis Rehgröße) nach unten ins Nest transportieren zu können. Jedes

Die Ziele des Nationalparks

- großräumiger Schutz der gesamten Natur
- Erforschung der natürlichen Grundlagen und der Zusammenhänge in den Lebensgemeinschaften
- Bildung, Erholung und Information der Besucher
- Aufrechterhaltung und Förderung traditioneller Bau- und Wirtschaftsformen

Adlerpaar besitzt mehrere Horste, von denen jeweils eines pro Jahr genutzt wird. Nach der Brutzeit von Februar bis Juni (2 Eier) wirft meistens das stärkere Junge das schwächere aus dem Nest. Durch Schutzmaßnahmen haben sich die Bestände des früher beinahe ausgerotteten Vogels wieder erholt. Im Nationalpark leben derzeit vier Brutpaare.

Vollständig ausgerottet, und zwar schon Mitte des 19. Jahrhunderts, wurden Braunbär und Wolf. Der Adel machte in den Berchtesgadener Bergen Jagd auf „edles Wild", Gämsen und Rotwild. Alle Feinde dieser Tiere wurden gnadenlos verfolgt. Im Jahr 1840 wurde im Wimbachtal der letzte Luchs erlegt. Eine natürliche Wiederkehr dieser edlen Katze ist nicht auszuschließen, schon mehrmals konnten offensichtlich durchziehende Tiere beobachtet werden. In die Reihe der ausgerotteten Tierarten gehört auch der Bartgeier, der im Gebiet des Königssees recht häufig vorkam. 1855 wurde im Berchtesgadener Land der letzte bayerische Bartgeier geschossen.

Fruchtbare Bemühungen um eine Wiederansiedlung laufen seit 1986 im Nationalpark Hohe Tauern (Rauris). Im Ostalpenraum leben wieder 50 Bartgeier.

Der Steinadler, König der Lüfte

Über den Berchtesgadener Bergen kreisen Turmfalken, Habichte und Bussarde. Waldkäuze sind zahlreich, auch wenn sie sich sehr selten sehen lassen. Fuchs, Dachs, verschiedene Mäusearten und Marder sind häufig, ebenso Auer- und Birkwild. Um die Gipfel kreisen Alpendohlen mit gelbem Schnabel und roten Füßen. Brotzeitreste picken sie nicht selten den Bergsteigern aus der Hand. Die Seen bevölkern Wildenten und andere Wasservögel. Eichel- und Tannenhäher warnen im Wald bei Gefahr durch ihr Gekrächze, mehrere Arten Spechte, Meisen und Kleiber sind heimisch. Bachstelzen sind häufig an Fließgewässern zu beobachten, sehr selten dagegen der bunte Eisvogel. Ein virtuoser Flugkünstler ist der Mauerläufer, den man am ehesten in steilen Felsenwänden zu Gesicht bekommt. Den schwarzen Bergvipern kommt man besser nicht zu nahe, lustige Gesellen sind dagegen die schwarzen Bergsalamander (im Volksmund „Bergmanndl"), die nur bei feuchter Witterung aus ihren Erdspalten heraussteigen und dann einen recht tollpatschigen Eindruck machen. Die bis in Höhenlagen von 3000 Meter vorkommenden Tiere bringen lebende Junge zur Welt.

Adressen und Öffnungszeiten der Nationalpark-Informationsstellen siehe Seite 239.

Auf einen Blick

Alpenpark Berchtesgaden (=Nationalpark + Vorfeld)	
Gesamtfläche	470 km²
Nationalpark	210 km²
Vorfeld	260 km²
Nationalpark	
Höchster Punkt	Watzmann-Mittelspitze (2713 m)
Tiefster Punkt	Seespiegel Königssee (603 m)
Landschaften	44,1 % Wälder 21,0 % (Mager-)Rasengesellschaften 19,3 % Fels-und Schuttfluren 12,4 % Latschen- und Grünerlengestrüpp 3,2 % Seen und Gletscher
Geschichte	1910 Pflanzenschonbezirk Berchtesgaden (8600 ha) 1922 Erweiterung zum „Naturschutzgebiet Königssee" (20400 ha) 1978 Die Verordnung über den Alpen- und Nationalpark Berchtesgaden tritt in Kraft 1991 Verleihung „Europadiplom A" für Gebiete mit herausragender ökologischer Bedeutung

SEHENSWÜRDIGKEITEN IN BERCHTESGADEN

„Festspiele der Natur" lautet ein Slogan der Fremdenverkehrswerbung für das Berchtesgadener Land. Man könnte wahrlich keinen besseren finden! Aber auch kulturell ist vieles geboten. Die eindrucksvollsten Naturschönheiten und kulturellen Sehenswürdigkeiten werden im Folgenden vorgestellt.

LANDSCHAFT

Königssee

Königssee mit Steinernem Meer

Gleich einem Fjord ist der an die acht Kilometer lange und nicht mehr als 1,3 km breite See zwischen die gewaltigen Felswände des Watzmanns, Hagengebirges und Steinernen Meeres eingebettet.

Seine Entstehung verdankt er einem Gletscher, der in der letzten Eiszeit von den Hochflächen des Steinernen Meeres in das Tal herabstürzte, es tief aushobelte und das mitgeführte Geröll am Talausgang, dort wo heute der Ortsteil Königssee liegt, ablagerte. Nach dem Rückzug und Abschmelzen des Gletschers blieb ein tief ausgeschmirgeltes, wassererfülltes Tal zurück, der heutige Königssee. Im Gebiet der heutigen Saletalm kam der Rückzug des Gletschers vor etwa 10 000 Jahren vorübergehend zum Stillstand. Es bildete sich ein Damm aus Moränenschutt, der durch Bergstürze noch vergrößert wurde. Im Becken hinter dem Geröllwall bildete sich nach dem vollständigen Abschmelzen des Gletschers der Obersee.

Die Halbinsel St. Bartholomä, Standort der gleichnamigen Wallfahrtskirche, besteht aus Geröll- und Schuttmassen, die der Eisbach erst seit dem Ende der letzten Eiszeit (vor ca. 10 000 Jahren) in den See befördert hat. Bereits 1134 stand dort eine kleine Kapelle – in einer alten Urkunde „Basilica Chunigesee" genannt.

Sehr bald schon erwählten die früheren Landesherren, die Fürstpröpste und Chorherren von Berchtesgaden, den See zu einem beliebten Ausflugsziel. St. Bartholomä diente als Fischerei- und Jagdstützpunkt. Später kamen die bayerischen Könige zur Jagd. Das heutige Erscheinungsbild des berühmten Kirchleins mit seinen schindelgedeckten Zwiebeltürmchen geht auf Um- und Anbaumaßnahmen in den Jahren 1732/33 zurück. Bartholomäus, dem Schutzpatron der Almbauern, Senner und Hirten, wurde die Kirche erst ums Jahr 1500 gewidmet.

Mindestens seit 1699 pilgern alljährlich am Sonntag nach dem 24. August (Tag des Hl. Bartholomäus) Wallfahrer aus dem Pinzgau von Maria Alm aus über das Steinerne Meer hierher. Von Maria Alm über das Riemannhaus zum Funtensee und absteigend über die Saugasse führt ihr vielstündiger beschwerlicher Weg.

Bis zum Jahr 1909 waren grün-weiß gestrichene Flachboote („Landauer") die einzigen Beförderungsmittel. Heute werden die Besucher mit eigens für den Königssee gefertigten Elektromotorbooten befördert. Die Boote funktionieren so sauber, dass dem See als einem der saubersten Deutschlands bis heute Trinkwasserqualität bescheinigt werden kann. Zur Erhaltung der Wasserqualität wurde 1989 eine Rohrleitung durch den ganzen See verlegt, durch welche die Abwässer der Gastwirtschaften in St. Bartholomä und Salet der öffentlichen Kanalisation zugeführt werden. Wegen seiner großen Tiefe von bis zu 190 Metern bleibt das Wasser auch im Hochsommer kalt.

Die Fahrt über den See ist ein Erlebnis. Nach dem Ablegen an der Seelände gleitet man lautlos an der kleinen Insel Christlieger vorbei zur Seebiegung an der Falkensteiner Wand. Ein Marterl an ihrem Fuß erinnert an die 70 Pilger aus dem Pinzgau, die im Jahr 1688 bei einem Gewittersturm ums Leben kamen. Gegenüber liegt der berühmte Malerwinkel, von dem aus schon Generationen von Künstlern den Blick über den sich öffnenden See hin zum Steinernen Meer mit der ebenmäßigen Felspyramide der Schönfeldspitze festgehalten haben. Etwas weiter stürzt von links der Kö-

Seelände mit Blick auf den Untersberg

nigsbachfall 400 Meter tief über die Felsen herab. An der Echowand löste früher der Knall eines Böller- oder Pistolenschusses ein siebenfaches Echo aus. Heute bläst ein Mitglied der Schiffsbesatzung eine Melodie auf dem Flügelhorn. Mucksmäuschenstill ist es auf dem Schiff, wenn die Töne von den Steilwänden ein- bis zweimal zurückgeworfen werden. An der gegenüberliegenden Seeseite, in Kessel, wird nur bei Bedarf angelegt, wenn sich Wanderer absetzen lassen, die über den Reitsteig zur Gotzen aufsteigen wollen. Die Bergflanken über dem See sind weitgehend von natürlichen Bergmischwäldern aus Buche, Bergahorn, Fichte, Tanne und Lärche bewachsen. Am Steilhang zwischen der Archenwand und dem Laubwald von St. Bartholomä ist noch gut die 600 ha große Fläche jenes Brandes von 1947 auszumachen, dem der ganze Wald mitsamt Bodenauflage zum Opfer fiel. Ohne Zutun des Menschen siedelte sich dort ein lichter Lärchenbestand an. Bis sich mit zunehmender Bodenbildung der alte Bergmischwald neu bilden kann, werden allerdings noch Jahrhunderte vergehen.

Dann rückt langsam der Watzmann ins Bild mit seiner breiten und wuchtigen Ostwand, der mit 1800 Metern höchsten Felswand der Ostalpen. Immer näher kommen auch die schindelbedeckten, roten Zwiebeltürmchen der Kirche von St. Bartholomä, die zu den bekanntesten Motiven des Berchtesgadener Landes zählt. Nahe der Kirche mit dem Jagdschloss, das seit 1919 als Gaststätte dient, stehen neben der Schiffshütte am See dort nur noch das Fischer- und ein Forsthaus.

Obwohl die Halbinsel von St. Bartholomä zu den meistbesuchten Ausflugszielen in Bayern zählt (bis zu

St. Bartholomä vor der Watzmann-Ostwand

1 Million Besucher/Jahr), hat sie doch vieles von ihrer Ursprünglichkeit bewahrt. Hotels oder andere Übernachtungsgelegenheiten gibt es nicht. Sogar der Großteil der dort Beschäftigten fährt nach getaner Arbeit über den See nach Hause. Ein Landzugang außer über mehrstündige Steige über die Berge ist nicht möglich. Zu steil sind die Ufer des Sees. Die Schifffahrt über den Königssee wird das ganze Jahr über aufrechterhalten. Nur in sehr kalten Wintern, wenn der See ganz zufriert, kommt der Verkehr vorübergehend zum Erliegen. Im Durchschnitt alle sieben Jahre bildet sich auf dem ganzen See tragfähiges Eis. Eine Wanderung über den zugefrorenen Königssee nach Bartholomä ist ein außergewöhnliches Erlebnis.

Im Sommer kehrt auch in der Hauptsaison schon wenige hundert Meter hinter der Gaststätte Ruhe ein. Nur wenige machen sich auf den einstündigen Weg zur „Eiskapelle“ am Fuße der Watzmann Ostwand (s. Seite 155). Auf ihm gelangt man nach 15 Minuten zur zweiten, auf der Halbinsel errichteten Kirche, der Kapelle St. Johann und Paul (s. Seite 106). Mit der „Eiskapelle“ ist kein Gebäude gemeint, sondern das Firnfeld am Fuße der mächtigen Wand. Der wilde Talkessel, aus dem sie aufsteigt, wird rechts von den 1500 Meter hohen Südabstürzen der Watzmannkinder, links von der kaum weniger hohen, düsteren Hachelwand begrenzt. St. Bartholomä ist auch Ausgangspunkt des Rinnkendlsteiges, der durch steiles Gelände in zahlreichen Kehren zur Hochfläche von Kühroint und zur gleichnamigen Hütte (1420 m) führt (s. Seite 148).

Von Bartholomä geht die Schiffsfahrt weiter, vorbei am Schrainbachfall, zum Seeende bei Salet. Zuvor sieht man schon vom Schiff aus über dem Talschluss keck die beiden Teufelshörner (2361 m und 2283 m) aufragen. Etwas vorgelagert stürzt, aus dem Talboden der Röth kommend, der Röthbach mehrere hundert Meter über die gleichnamige Wand.

Salet ist Ausgangspunkt für anspruchsvolle Bergtouren im Hagengebirge und im Steinernen Meer. Der Ort ist auch Ausgangspunkt für den alljährlichen „Almabtrieb“ über den Königssee. Zu einem bestimmten Termin Ende September werden die Kühe von den umliegenden Almen auf Plätten (großen, kiellosen Kähnen) zur Ortschaft Königssee verschifft.

Fahrplan Königsseeschifffahrt s. Seite 237.

Obersee

Vom Landungssteg Salet sind es nur wenige Minuten zur bewirtschafteten Saletalm (keine Übernachtung). Die Gaststätte befindet sich in Familienbesitz, seit Prinzregent Luitpold von Bayern die Konzession 1912 seinem Leibjäger zur Hochzeit geschenkt hatte. Von der Saletalm erreicht man in nur 10 Minuten den viel kleineren Obersee. 1200 Meter lang und 500 Meter breit liegt er 11 Meter höher als der Königssee. Ein schmaler Wasserlauf, über den früher Holz getriftet wurde, verbindet die beiden Seen. Am jenseitigen Ufer sieht man die Weiden der bewirtschafteten Fischunkel-Alm, die über einen Steig am rechten Ufer in ¾ Std. leicht erwandert werden kann (s. Seite 157). Im Hintergrund bilden nach allen Seiten steil aufragende Wände den großartigen südlichen Abschluss des Königsseebeckens.

Wie ein silbernes Band stürzt der Röthbach-Wasserfall über 400 Meter in die Tiefe. Die beiden Teufelshörner überragen den Talschluss von Fischunkel. Ihre sonnigen grasigen Südhänge sind der bevorzugte Standort von Steinböcken, deren Wiedereinbürgerung ab 1936 in der Röth gelang. Südwestlich des Kleinen Teufelshorns markiert das Blühnbachtörl die Grenze zwischen Hagengebirge und Steinernem Meer. Die von links her steil gegen den Obersee hin abbrechenden Felswände gehören noch zu den Gotzenbergen. Sie begrenzen das ausgedehnte Almgelände, das sich von der Gotzenalm über die Regenalm bis an den Rand dieser Wände erstreckt. Nicht sichtbar ist das Landtal, das vom Talschluss von Fischunkel aus einen Zugang zur Gotzen und – über das Hochgschirr – zum 1800 Meter hoch gelegenen Seeleinsee ermöglicht.

Der stille Obersee, dahinter Hachelköpfe und Watzmann-Ostwand

Jenner (1874 m)

Der gegen den Königssee vorgeschobene, freistehende Berg in der Form eines ebenmäßigen Kegels ist ein lohnender Aussichtsberg. Seit 1953 führt vom Dorf Königssee aus eine Gondelbahn über eine Zwischenstation („Mittelstation“, 1185 m) zur Bergstation in 1804 Meter Höhe. Über sanft ansteigenden Wiesen, die in steiles Waldgelände übergehen, gleiten die Gondeln empor. Unterhalb befindet sich die Trasse der Skiabfahrt. Nach einem kurzen Zwischenhalt auf halber Strecke geht es weiter über die baumlosen Jennerwiesen. Im Sommer weidet hier das Almvieh, im Winter gehört das Gelände den Skiläufern. Über den engen und steilen „Spinnergraben“, vorbei an den letzten Lärchen, an ersten Latschenfeldern und schrofigem Felsgelände, schwebt man schließlich der Scharte unter dem Gipfel entgegen. Auf der Südseite, vom Tal aus nicht sichtbar, befindet sich das Bergrestaurant mit der großen windgeschützten Sonnenterrasse. Bereits von hier bietet sich ein wundervoller Ausblick auf die umliegenden Berge, besonders auf das Hagengebirge und Steinerne Meer. 70 Meter höher liegt der Gipfel. Der Lohn für eine Viertelstunde Aufstieg ist ein Panoramablick, der seinesgleichen sucht. In der Tiefe erstreckt sich wie ein Fjord der Königssee, winzig klein sind die Schiffe auszumachen. Darüber baut sich gewaltig der Watzmann mit seiner Ostwand auf. Links vom Watzmann schweift der Blick

Blick vom Jenner-Gipfel auf Königssee, Steinernes Meer und Watzmann

über die weltferne Hochgebirgswildnis des Hagengebirges und Steinernen Meeres, rechts über den Hochkalter bis zur Reiteralm. Wie ausgebreitet liegt auf der anderen Seite der ganze Berchtesgadener Talkessel mit den umliegenden Bergen. In einer halben Stunde erreicht man von der Bergstation aus das Stahlhaus (1731 m) am Torrener Joch oder das knapp darunter gelegene Schneibsteinhaus (1670 m). Die Hütten sind Ausgangspunkte für Besteigungen des Hohen Brett (2338 m) oder des Schneibsteins (2276 m), des am leichtesten zu besteigenden Zweitausenders in den Berchtesgadener Bergen (s. Seite 178).

Betriebszeiten Jennerbahn (s. Seite 230).

Hintersee und Zauberwald

Von Ramsau führt eine Straße, immer mit Blick auf die Südostabstürze der Reiteralm, zum malerischen Hintersee (789 m).

Eingebettet zwischen Hochkalter und Reiteralm ist der von dunklen Wäldern umrahmte, nicht sehr tiefe und glasklare See der Inbegriff eines romantischen Gebirgssees.

Stimmungsvoller als mit dem Auto ist der See zu Fuß (s. Seite 129) durch den Zauberwald zu erreichen, der seinen Namen den überwachsenen Felstrümmern verdankt, die als Relikte eines gewaltigen Bergsturzes (vor 3500 Jahren) vom Hochkalter herab überall herumliegen. Ferchensee (von Förche = Forelle) wurde der See we-

Hintersee und Reiteralm

gen seines Forellenreichtums früher genannt.

Einst war der See viel größer und erstreckte sich weit ins Klausbachtal hinein. Um seine völlige Verlandung durch die Stein- und Geröllmassen der umliegenden Berge zu verhindern, leitete man den vom Hochkaltergebirge kommenden Klausbach, der früher in den südlichen Teil mündete, am See vorbei.

Der Reiz des Hintersees liegt in seiner Lage unter den wuchtigen Südabstürzen der Reiteralm auf der einen und den schroffen Graten des Hochkaltergebirges auf der anderen Seite, die sich wie der Klotz des entfernten Hohen Göll auf der Wasseroberfläche spiegeln. Da verwundert es nicht, dass es ab 1850 die Maler in Scharen hierher zog. Ihr Lieblingsmotiv, die Göllspiegelung am Abend (z. B. Carl Rottmanns „Hoher Göll bei Alpenglühen"), fasziniert an schönen Sommerabenden heute wie damals. Die einstige Herberge der Künstler, das Gasthaus Auzinger, ist vom südlichen Seeende aus in wenigen Minuten zu erreichen.

Anders als der Königssee ist der Hintersee gut zugänglich. In weniger als einer Stunde lässt er sich mühelos umwandern.

Nur am nördlichen Ufer stehen Hotels und Gasthäuser, wer Lust hat, kann sich ein Ruderboot mieten. Deutlich sichtbar ist die dem Hochgebirge der Reiteralm vorgelagerte Wiesenfläche der Halsalm (1211 m), eine Wanderung mit wundervollen Ausblicken (s. Seite 137). Gegenüber liegt unter dem Gipfelaufbau des Hochkalters das steile Blaueis, der nördlichste Gletscher der Alpen.

Klausbachtal (790–1152 m)

Das urnatürliche, zum Wandern (und Radfahren) wie geschaffene Tal zieht vom Hintersee in südwestlicher Richtung zum Hirschbichlpass. Ausgangspunkt ist der große Parkplatz, wo hinter der Schranke eine asphaltierte, für den öffentlichen Verkehr gesperrte Straße beginnt.

Gleich nebenan befindet sich in einem original restaurierten Bauernhaus eine Informationsstelle des Nationalparks. Das „Klausbachhaus" war ursprünglich das 1757 erbaute Wohnhaus des Laroslehens in Unterau, das, dem Verfall preisgegeben, Balken für Balken abgetragen und originalgetreu hier wieder aufgebaut wurde. In dem sehenswerten Gebäude kann man sich einen Eindruck vom Baustil und von den Wohnverhältnissen vor 250 Jahren machen. Darüber hinaus werden den Besuchern die umliegenden Berge und Forschungsprojekte im Nationalpark nahe gebracht.

Eine Wanderung durch das Tal – Fußgänger benutzen am besten den 300 Meter hinter dem Gatter beginnenden Wanderweg – ermöglicht prächtige Ausblicke auf die umliegenden Berge.

Linkerhand begrenzen die Steilflanken des Hochkalters und der lange Grat, der von dessen höchstem

Punkt über die Hocheisspitze bis zum Kammerlinghorn zieht, das Klausbachtal. Die Täler zwischen den Gipfeln – das Ofental, Steintal und Sittersbachtal – gehören zu den einsamsten Winkeln der ganzen Berchtesgadener Alpen. Rechts ragen die schroffen Felsabbrüche der Grundübel- und Mühlsturzhörner („Ramsauer Dolomiten") auf, die zur Reiteralm gehören.

Besonders eindrucksvoll ist der Blick von der ersten Wasserfurt der Hirschbichlstraße. Man steht direkt unter den gelbgrauen Wänden und zackigen Felsgipfeln, von denen unzugängliche Gräben bis ins Tal herabziehen. Genau oberhalb ereignete sich am 8. September 1999 der letzte größere Bergsturz im Land. Im Gipfelbereich des Kleinen Mühlsturzhorns, in über 2 000 Meter Höhe, lösten sich ca. 250 000 m^3 Gestein – das Volumen von 570 Reihenhäusern. Erst knapp oberhalb der Straße kamen die Geröllmassen zum Stillstand. Tagelang überzog danach eine millimeterdicke Schicht aus Steinstaub wie Raureif weite Teile des Tales.

Vorbei an der Engert-Holzstube kommt man über eine Steilstufe (Mitterberg) zum Wiesenboden der Bindalm (einfache Bewirtschaftung). Hier können vier in historischem Original restaurierte Almhütten („Kaser") besichtigt werden. Rückblickend bietet sich eine eindrucksvolle Gesamtansicht der „Ramsauer Dolomiten" vom Stadelhorn (2 286 m) mit sei-

Nationalpark-Informationsstelle Klausbachhaus

ner breiten Südwestflanke („Stadelmauer") über die pralle Südwand des Großen Mühlsturzhorns (2234 m) bis zu den Türmen der Grundübelhörner (2096 m) mit der nach Süden abfallenden Kante. Nur noch eine Viertelstunde dauert der Fußmarsch von der Bindalm zur Passhöhe des Hirschbichl (1152 m, Landesgrenze und Gastwirtschaft). Schon im 13. Jahrhundert verlief über den Pass ein Saumpfad, über den das Berchtesgadener Salz in den Pinzgau und nach Tirol transportiert wurde. Westlich über dem Pass liegt auf einer Wiese das Almgelände der Litzlalm mit Jausenstation (s. Seite 150). Der Blick auf die Südabstürze der Reiteralm und auf das gegenüberliegende Hochkaltergebirge ist außergewöhnlich. Vom Hirschbichlpass führt eine asphaltierte Straße hinab nach Weißbach bei Lofer.

In den umliegenden Felswänden des Klausbachtales lebt ein Steinadlerpaar. Mit etwas Glück kann man den König der Lüfte, der kilometerweite Entfernungen ohne einen einzigen Flügelschlag zurücklegen kann, im Freiflug beobachten.

Rotwildfütterung im Klausbachtal

Im Herbst, besonders in den Morgen- und Abendstunden, liegt der Brunftschrei der Hirsche über den Wäldern des Klausbachtales. Das dumpfe Röhren hat etwas Urwelt-

Bindalm vor den „Ramsauer Dolomiten"

liches, wer es zum ersten Mal hört, wird es als unheimlich empfinden.

Sehen lassen sich die scheuen Tiere im Sommer so gut wie nie. Im Winter besteht im Klausbachtal die Gelegenheit, das Rotwild aus der Nähe zu beobachten. Eine besondere Attraktion ist die Hirschfütterung, die vom Parkplatz aus in einer halben Stunde zu erreichen ist. Jahrtausende überdauerte das Rotwild unserer Alpen die Winter ohne Fütterung durch den Menschen. Dem Nahrungsengpass des winterlichen Hochgebirges wichen die Tiere durch Rückzug in die tieferen Gebirgstäler bis ins Voralpenland aus. Die Zersiedelung der Täler und Rodung der großen Waldflächen sind die Hauptgründe, warum für die Tiere diese Möglichkeit heute nicht mehr besteht. Das Rotwild muss sich ganzjährig im Gebirge aufhalten. Die Grundidee eines Nationalparks, die Natur sich selbst zu überlassen, stößt hier an ihre Grenzen. Es ist nötig, dem Wild die verloren gegangenen traditionellen Lebensräume durch artgerechte Überwinterungsmöglichkeiten zu ersetzen. Im Klausbachtal geschieht das in einem ca. 45 ha großen Wintergatter. Vom Futter angelockt, ziehen die Tiere mit beginnendem Winter von den umliegenden Bergen hierher. Sobald das Rotwild im Gatter ist, werden die Tore geschlossen. Bis zum Wiederergrünen der Natur im Frühjahr können die Tiere optimal versorgt werden. Der Bergwald wird so wie in früheren Zeiten wieder rotwildfrei, Verbiss- und Schälschäden werden gering gehalten. Viele Hirschkälber und -kühe, aber auch Prachthirsche mit mächtigen Geweihen können von den sich ruhig verhaltenden Besuchern aus nächster Nähe bei der Futteraufnahme beobachtet und fotografiert werden. Oberhalb der Wildfütterung ist im Winter ein Adlerfressplatz eingerichtet.

Rotwild im „Wintergatter"

Das Wimbachtal (630–1327 m)

Wie das Klausbachtal gehört ein landschaftlicher Höhepunkt des Berchtesgadener Landes zum Ramsauer Gemeindegebiet: das Wimbachtal. Nach kurzem Aufstieg vom Ausgangspunkt der Wimbachbrücke (630 m, Bushaltestelle und großer Parkplatz) kommt man zum Eingang der Wimbachklamm. In Jahrtausenden hat sich das Wasser hier einen tief eingeschnittenen Abfluss durch den sperrenden Felsriegel geschaffen.

Eine Viertelstunde dauert der Gang über die in den Fels gehauene Weganlage mit ihren Holzstegen. Unten brodeln die Wasser über eingekeilte

Felsblöcke, von allen Seiten rinnt und tröpfelt es herab, bis man ganz unvermittelt das Ende der Klamm erreicht. Das Tal weitet sich und eröffnet den Blick auf eine großartige Gebirgsszenerie: Über einem breiten und kilometerlangen Strom aus Gesteinsschutt („Wimbachgries") erhebt sich die im unteren Teil von tiefen Schluchten durchzogene Westflanke des Watzmanns, auf der anderen Seite die nicht minder eindrucksvolle Hochkalter-Ostwand. Weit hinten, im südlichen Talschluss ragen keck die beiden Palfelhörner auf. Der brüchige Ramsaudolomit, aus dem sie bestehen, ließ sie zu bizarren Formen verwittern.

Aus verwittertem Ramsaudolomit besteht auch der große Schuttstrom, der auf einer Länge von 7 km bis zu 300 Meter mächtig das ehemalige Gletschertal ausfüllt. Außer nach größeren Regenfällen ist nirgendwo Wasser zu entdecken. Alles Wasser fließt unter der Oberfläche ab und tritt erst weit unten – hinter einer großen Mauer etwa tausend Meter vor dem Talausgang – wieder zutage, um als munterer eiskalter Wildbach der Wimbachklamm zuzufließen.

In der Nacheiszeit, nach dem Abschmelzen der Gletscher, befand sich im Wimbachtal ein großer See, vergleichbar dem benachbarten Königssee. Der verschwand, als das ganze

Wimbachklamm

Talbecken vom Gesteinsschutt der umliegenden Berge restlos ausgefüllt wurde. Das Erscheinungsbild des Wimbachtales ist stets nur eine Momentaufnahme. Bei Schneeschmelze oder starken Regenfällen im Sommer kann das Wasser nicht schnell genug im Untergrund versickern. Ein oberflächlicher Abfluss beginnt, der große Mengen an Gesteinsschutt bewegt. An manchen Stellen werden Schuttmassen weggerissen, an anderen wieder abgelagert, wobei vorhandener Bewuchs überschüttet wird. Welche Kraft das fließende Wasser hat, kann man an der Wimbachklamm ermessen, die erst nach dem Ende der letzten Eiszeit (vor 10 000 Jahren) entstanden ist (im gleichen Zeitraum wurde die große Landzunge des Königssees, auf der St. Bartholomä steht, durch Gesteinsschutt aus dem Eisbachtal aufgeschüttet). Die mitgeführten Gesteinsbruchstücke haben einen wesentlichen Anteil an der Fräsarbeit des Wassers durch den sperrenden Felsriegel. Schätzungsweise 4 500 Tonnen Gestein werden in jedem Jahr durch die Wimbachklamm „abtransportiert". Die Eintiefung schreitet fort.

Im Wimbachtal kam es immer wieder zu spektakulären Bergstürzen. 1908 stürzte der Gipfel des Hochkalters mit 250 000 m³ Fels in die Tiefe. Nachdem sich sechs Jahre später ein zweiter, kleinerer Felssturz ereignet

Schuttströme („Gries") im hinteren Wimbachtal

hatte, brachen 1954 unter ohrenbetäubendem Getöse die letzten 30 Meter eines Gratturmes der Blaueisspitze zusammen. Ein riesiger Bergsturz ereignete sich im Winter 1959: zwischen den beiden Palfelhörnern löste sich eine ganze Felswand von 150 Meter Höhe und stürzte in die darunter liegende Schlucht. Wie ein unaufhaltsamer Lavastrom glitten mehrere hunderttausend Kubikmeter Felsmassen auf der Schneeoberfläche weit ins flache hintere Wimbachtal hinaus.

Nach 1¼–1½stündiger Gehzeit auf dem sanft ansteigenden Weg kommt man zum bewirtschafteten Wimbachschloss, einem ehemaligen Jagdhaus des letzten Berchtesgadener Fürstpropstes Joseph Konrad von Schroffenberg, später der bayerischen Könige.

Das gastliche Wimbachschloss

Nicht ganz lawinensicher steht das Gebäude am Auslauf der riesigen Ostflanke der Blaueisspitze. Zuletzt fehlte im Katastrophenwinter 1999 nicht viel, und das altehrwürdige Gebäude wäre einer riesigen Lawine zum Opfer gefallen. Der Luftdruck dieser Schnee- und Staublawine war so gewaltig, dass am Gegenhang auf der Watzmannseite noch in einigen hundert Metern Höhe über dem Talgrund Bäume umgerissen wurden.

Der Weiterweg führt durch schütteren Laub- und Kiefernwald bis zum breiten Griesstrom, der zur linken Talseite hin gequert wird. Von allen Seiten münden gewaltige Schwemmkegel ein und vermuren den lockeren Kiefernwald: eine faszinierende Momentaufnahme sich dauernd verändernder Vorgänge des Kampfes der Vegetation gegen totes Gestein. Immer mehr Spirken stehen am Wegrand. Diese mehrere Meter hoch aufgerichteten Latschen sind eine Besonderheit des hinteren Wimbachtales und kommen in den Berchtesgadener Bergen nur hier vor. 1–1½ Stunden nach dem Aufbruch vom „Schloss" steht man schließlich vor der Wimbachgrieshütte (1327 m). Bänke und Tische im Freien vor einer gewaltigen Bergkulisse – man wähnt sich inmitten einer riesigen Arena aus Stein – laden zur verdienten Rast. Die Hütte ist Ausgangspunkt für anspruchsvolle Gipfelbesteigungen (Watzmann-Südspitze) und Hüttenzustiege (Kärlinger Haus, Ingolstädter Haus) im Steinernen Meer.

Über den Trischübelpass kann über die ausgesetzte „Sigeretplatte" nach Bartholomä am Königssee abgestiegen werden.

Almbachklamm und Kugelmühle

Von Schellenberg in Richtung Berchtesgaden zweigt nach etwa drei Kilometern ein kleines Teersträßchen zur sehenswerten Almbachklamm ab, welche die vom Untersberg kommenden Wasser des Almbachs im Lauf der Jahrtausende durch einen sperrenden Felsriegel schnitten. Am Ausgang der Klamm wartet schon die erste Attraktion: Die Kugelmühle ist Deutschlands letzte noch arbeitende Anlage zur Herstellung von Marmorkugeln. Unter Ausnutzung der Wasserkraft werden grob behauene Steinbrocken des edlen Untersberger Marmors in 2–8 Tagen zu ebenmäßigen Kugeln geschliffen. Die Anlage ist seit 1683 in Betrieb. Noch bis zur Mitte des 19. Jahrhunderts trieb der Almbach etwa 40 Kugelmühlen an. Bergbauern, die von der Landwirtschaft alleine nicht leben konnten, fanden in der Produktion von Geschütz- und Gewehrkugeln, später Murmeln („Schusser") für die Kinder einen bescheidenen Nebenverdienst. Tonnenweise wurden Berchtesgadener Murmeln in die ganze Welt, sogar nach Indien exportiert. Die Massenproduktion von Murmeln aus Glas und Ton bedeutete das Ende dieses alten Erwerbszweiges.

Gleich hinter der Kugelmühle beginnt schon die Almbachklamm (geöffnet von Mai bis Oktober, bescheidener Eintrittspreis). Die eindrucksvolle Steiganlage wurde 1894 in nur einmonatiger Bauzeit von 250 Soldaten eines Pionierbataillons eingerichtet. Über hölzerne Stege, Brücken und Treppen führt der mit Halteseilen und Geländern bestens abgesicherte Weg zwischen den steilen Klammwänden empor. Unten rauscht glasklares Wasser über Felsblöcke und Steilstufen. In tiefen Gumpen tummeln sich Forellen. Man staune bei dem Gedanken, dass früher Baumstämme von bis zu 4,5 Metern Länge durch diese Schlucht getriftet wurden, wobei Holzknechte mit langen Stangen verkeilte Stämme freimachen mussten. Wie anstrengend und gefährlich diese Arbeit war, kann man sich leicht vorstellen.

Produktion von Marmorkugeln in der Kugelmühle

Dort wo sich die Klamm zurücklegt und der Weg flacher wird, stürzt der Sulzer Wasserfall aus mehr als 100 Metern Höhe über die Felsen. Am Klammende besteht die Möglichkeit, gleich über den Sulzersteig nach Ettenberg aufzusteigen (40 Min.). Bald weitet sich das Tal, der Weg braucht keine Geländer mehr und die Vegetation nimmt zu. Schließlich gelangt man zur Theresienklause (718 m), dem Stauwehr am Ende des ausgebauten Klammweges.

In der Almbachklamm

Der mächtige Wall aus Steinquadern (Höhe 14 m, Breite 6 m und Länge 17 m), wurde in den Jahren 1834 bis 1836 von der königlichen Salinenverwaltung für die Holztrift errichtet. Bis zu 15 000 m³ Wasser konnten aufgestaut werden. Ihren Namen hat die Klause von Königin Therese, der Gemahlin König Ludwigs I. von Bayern. Aus alten Aufzeichnungen ist bekannt, dass derartige Klausen in Berchtesgaden schon seit den Anfängen der Salinenwirtschaft bestehen, also seit Beginn des 13. Jahrhunderts. Das in den Bergwäldern geschlagene Brennholz für die Sudpfannen der Salinen – man benötigte riesige Mengen davon – wurde im Bachbett unterhalb der Klausen abgelegt. Nach dem „Schlagen der Klause“ beförderte ein gewaltiger Wasserschwall das Holz talwärts.

Vom Stauwehr kann man auf dem gleichen Weg absteigen oder – empfehlenswert – über Maria Ettenberg und die Hammerstielwand zum Ausgangspunkt zurückwandern (s. Seite 139).

Schellenberger Eishöhle im Untersberg

Im Untersberg oberhalb Marktschellenberg befindet sich Deutschlands einzige für Touristen erschlossene Eishöhle. Der Eingang in 1570 Meter Höhe nahe der Toni-Lenz-Hütte (1451 m) ist vom Tal in 3 Std. oder vom Geiereck (1805 m, Seilbahn) über den Thomas-Eder-Steig absteigend in 1½ Std. erreichbar (s. Seite 164).

Die Schellenberger Eishöhle kann in den Sommermonaten (Pfingsten bis Ende Oktober) in einer Führung (Dauer ca. 45 Min.) besichtigt werden (warme Kleidung!).

Die Höhlenführer gehen auf die Entstehung von Höhlen und Eishöhlen im Allgemeinen ein und bringen den Besuchern die Erforschungsgeschichte nahe. Der Höhlenraum wird mit Karbidlampen, die von den Besuchern getragen werden, erhellt. Dabei entstehen im warmen Licht beeindruckende Szenerien im Inneren des Berges. Da sich Eis im Laufe des Sommers wandelt und Eisbildungen nicht jedes Jahr gleich sind, ist ein Besuch der Schellenberger Eishöhle immer wieder aufs Neue ein Erlebnis. Die Höhle zählt zu den Sackhöhlen, d. h. sie hat ihren Eingang am oberen Ende und ist nach unten luftdicht abgeschlossen. Während der Wintermonate sinkt die kalte Luft in die Höhle und bleibt im Sommer dort als Kaltluftsee stehen. Das bei der Schneeschmelze oder nach Regenfällen eindringende Sickerwasser gefriert, sodass sich Eisschicht auf Eisschicht legt. Wie Jahresringe lassen sich klimabedingte „gute" und „schlechte" Eisjahre an den dazwischen liegenden Schmutzstreifen ablesen.

Teilweise ist das Eis einige tausend Jahre alt. Forscher fanden hier Aufschlüsse über das Klima im Berchtesgadener Raum in der Vergangenheit.

Beim Abstieg vom Höhleneingang in die Josef-Ritter-von-Angermayer-Halle wird es mit jeder Stufe kälter. Unten angekommen steht man bei 0 °C auf einer ca. 30 Meter dicken Eisschicht. Der Weiterweg führt vorbei an prächtigen Eisgrotten, Eisfällen und märchenhaften Eisfiguren. Die hölzernen Laufbretter und Treppen müssen vor Saisonbeginn in jedem Jahr wieder in mehrwöchiger Arbeit neu eingerichtet werden, was der Schellenberger Verein für Höhlenkunde professionell erledigt. 800 bis 1200 Arbeitsstunden sind jeweils dafür nötig.

Angeblich wurde der Höhleneingang von Hüterbuben entdeckt, als sie ihre Schafe am Schneehang des Eingangs vorfanden, wohin sich die Tiere in der Mittagshitze geflüchtet hatten. 1826 findet sich die erste Eintragung als „Eisloch" in einer alten Karte. Mit der

Eingang zur Schellenberger Eishöhle

Erforschung der Höhle begann man allerdings erst fast 50 Jahre später ab 1874. Dem Schellenberger Thomas Eder ist es zu verdanken, dass ab 1925 ein Teil der Eishöhle für Besucher zugänglich gemacht wurde. Die Namen „Posseltgang", „Mörkdom" oder „Fuggerhalle" erinnern an ihre Erschließer. Thomas Eder verdanken wir auch die eindrucksvolle Steiganlage (Thomas-Eder-Steig), die so tief aus den Felswänden unterhalb der Mittagsscharte herausgesprengt ist, dass diese Verbindung zur Hochfläche von jedermann gefahrlos begangen werden kann. Die nahe Schellenberger Eishöhlenhütte (Toni-Lenz-Hütte) gehört dem Schellenberger Verein für Höhlenkunde e.V. Seit 1925 bis über die Kriegsjahre stand dort nur eine Notunterkunft, nach dem Krieg erbaute der Verein eine kleine Hütte mit Gastraum, die mehrmals erweitert, heute sogar an die öffentliche Kanalisation angeschlossen ist.

Die Bergstraßen

Rossfeld-Höhenringstraße (1550 m)

Wer ganz ohne Anstrengung ein herrliches Panorama genießen will, dem ist die Rossfeld-Höhenringstraße zu empfehlen. Von Berchtesgaden aus kann sie über den Obersalzberg (Südauffahrt) oder von Unterau (an der Straße in Richtung Marktschellenberg) über die Mautstelle Nord befahren werden. Über Passagen mit bis zu 13 % Steigung, mit zahlreichen Kurven und Kehren, die ständig neue Ausblicke und Eindrücke vermitteln, gelangt man bequem hinauf. Die schönste Aussicht hat man von der Scheitelstrecke in 1550 Meter Höhe. Der Blick reicht von Salzburg über das Tennengebirge und die Berge des Salzkammerguts bis zum vergletscherten Dachstein, auf der anderen Seite über den gesamten Berchtesgadener Talkessel vom Untersberg bis zum Watzmann. In unmittelbarer Nähe überragt

Winterzauber auf der Rossfeldstraße vor der gewaltigen Ostflanke des Hohen Göll

Sonnenuntergang am Rossfeld, beobachtet vom Parkplatz an der Scheitelstrecke

der Hohe Göll mit von Bändern und riesigen Plattenschüssen durchzogenen Wandfluchten das Rossfeld noch einmal um 1000 Meter. Im Winter dient die zwischen den Mautstellen Nord und Süd 12 km lange, bestens ausgebaute Höhenringstraße nebenbei als Zufahrt zu einem schneesicheren, mäßig schwierigen Skigelände mit drei Schleppliften.

Auf den hindernisfreien Wiesenhängen herrscht Skibetrieb vom ersten Schneefall oft schon im November meist bis Ende März. Zwei Berggasthäuser, die Rossfeldskihütte und der Ahornkaser, sind ganzjährig bewirtschaftet.

Tipp: ein schönes Erlebnis ist der Sonnenuntergang am Rossfeld. An klaren Tagen verschwindet die Sonne als roter Ball im Westen jenseits des Lattengebirges, Mitte Mai z. B. um 20.30 Uhr, an Sonnwend um 21.10 Uhr (beobachtet vom Parkplatz an der Scheitelstrecke).

Kehlsteinstraße (1700 m)

Der dem Hohen Göll nordwestlich vorgelagerte Kehlstein (1834 m) ist ein hervorragender Aussichtsberg mit einem grandiosen Rundblick vom nahen Hohen Göll über sämtliche Gebirgsstöcke der Berchtesgadener Alpen bis zum Untersberg hinüber. In die Ferne kann man bei gutem Wetter bis zu 200 km weit sehen. Im Norden ausgebreitet liegt Salzburg, in nordöstlicher Richtung schweift der Blick über das Rossfeld hinweg bis weit hinein nach Österreich, in den Tennengau und Flachgau. 1300 Meter tiefer liegt wie eine Spielzeuglandschaft Berchtesgaden. Man überblickt den gesamten inneren Landkreis, das gesamte Gebiet der ehemaligen Fürstpropstei von Schellenberg bis zur Schwarzbachwacht und nach Hallthurm.

Unter dem Mannlgrat, der den Kehlstein mit dem Hohen Göll verbindet, brechen in nördlicher Richtung Steilflanken zum Ofnerboden und Rossfeld ab, südlich schrofige Felswände in den Winkel von Scharitzkehl, wo tief drunten winzig klein die bewirtschaftete Scharitzkehlalm zu sehen ist. Im Inneren des Berges befindet sich jener gewaltige Salzstock („Haselgebirge"), der vom Salzbergwerk an der Berchtesgadener Ache und früher auch von Dürrnberg bei Hallein aus abgebaut wurde. Bis Kriegsende gehörte der Kehlstein samt Zufahrtsstraße zum „Führersperrgebiet“, in dieser Zeit entstand knapp unterhalb des Gipfels das als Repräsentationsbau für Besuche ausländischer Diplomaten gedachte Kehlsteinhaus („D-Haus“ nicht „Teehaus“ Hitlers, wie oft fälschlich angenommen wird). Hitler besuchte das Kehlsteinhaus nur wenige Male. Der häufigste Gast war wohl der Erbauer, Martin Bormann, selbst. Im Gegensatz zu vielen NS-Bauten am Obersalzberg blieb das Kehlsteinhaus – von den Amerikanern „Eagles Nest“ (Adlerhorst) genannt – von den amerikanischen Bomben Ende April 1945 verschont. Seit 1952 verkehren spezielle Omnibusse zwischen Hintereck und dem großen Parkplatz unter dem Haus. Ein weiterer asphaltierter Zugang auf der Nordseite des Berges, von der Ofneralm her, bleibt Fußgängern vorbehalten. Die schmale, zum Teil durch Felswände gesprengte und an Abgründen vorbeiführende Kehlsteinstraße ist ein Meisterwerk des Gebirgsstraßenbaus. Auf einer Strecke von 6,5 km überwindet sie mit einer einzigen Kehre 700 Höhenmeter und durchschneidet mit fünf Tunnels von insgesamt 277 Meter Länge die steilen felsigen Südwesthänge des Berges. Nur 13 Monate betrug die Bauzeit. Vom großen Buswendeplatz am Straßenende führt ein Serpentinenweg die letzten 120 Meter zum Haus in unmittelbarer Gipfelnähe. Bequemer geht es mit dem Lift. Durch einen über hundert Meter langen Felstunnel aus Natursteinen erreicht man vom Parkplatz aus den noch aus dem Jahr 1938 stammenden Originalaufzug. Nur 45 Sekunden dauert die Fahrt in der mit goldglänzendem Messing verkleideten Kabine, bis man direkt in der Vorhalle des Kehlsteinhauses landet, in dem seit 1960 eine Gaststätte eingerichtet ist. Auf dem langgestreckten Gipfelgrat ist in einer Rundschleife ein schöner, leicht begehbarer Höhenweg angelegt. Den Weiterweg jenseits einer Steinmauer über den Mannlgrat zum Hohen Göll dürfen nur erfahrene Bergsteiger wagen.

RVO Bus auf der Kehlsteinstraße

Da sich durch Frost und Schnee während des Winters Gesteinsbrocken in den Felswänden oberhalb der Kehlsteinstraße lösen, werden die Wände in jedem Frühling von seilgesicherten Fachleuten „geputzt“. Bemerkenswerterweise kam es seit den Anfängen des Busbetriebes bis heute noch zu keinem einzigen Unfall.

Fahrplan Busverkehr s. Seite 236.

KULTUR

Historischer Spaziergang durch Berchtesgaden

Ein historischer Spaziergang bietet interessante Einblicke in die Geschichte des Marktes, der im Sommer 2002 sein 900-jähriges Jubiläum feierte. Bei normalem Gehtempo benötigt man für die Rundwanderung ca. 2 Stunden. Der Weg (der natürlich beliebig in Etappen zerlegt werden kann) ist mit Schildern und Hinweispfeilen gekennzeichnet. Ausgangspunkt ist die Parkgarage am Kur- und Kongresshaus.

Los geht's in Richtung Franziskanerplatz, wo man bald am 1685 angelegten, heute unter Denkmalschutz stehenden Alten Friedhof vorbeikommt.

Marktplatz mit Hirschenhaus

Gleich am Eingangstor neben der Franziskanerkirche fand der älteste Berchtesgadener, Anton Adner, der als „Kraxentrager" zu Fuß die „Berchtesgadener War'" (Holzwaren, Holzspielzeug etc.) vertrieb und 117 Jahre alt wurde (1705–1822), seine letzte Ruhestätte. Ein Stück weiter ruht mit Mauritia Mayer (1833–1897), der Begründerin des Tourismus am Obersalzberg, eine für die Geschichte Berchtesgadens höchst bedeutsame Persönlichkeit. Auch der Schriftsteller Richard Voß (1851–1918), der seine Jugendliebe Mauritia Mayer in einem seiner Romane als „Judith Platter" und ihre Pension als „Platterhof" verewigte, ist dort begraben.

Wir kommen zur Franziskanerkirche (früher: „Unsere Liebe Frau am Anger"). Ihre Geschichte ist verknüpft mit der Geschichte eines Nonnenklosters, das gegen Ende des 14. Jahrhunderts aus dem Nonntal (daher der Name) hierher verlegt wurde (s. Seite 97).

Sehenswert ist neben den Grabdenkmälern die Emporenbrüstung mit Reliefgestalten Christi und der 12 Apostel aus dem 16. Jahrhundert. Eine lebensgroße Marienstatue – die Kornährenmadonna – für die im 17. Jahrhundert eine Kapelle mit Marmoraltar angebaut wurde, war früher das Ziel vieler Wallfahrer. Im Klostergebäude war, nachdem die Franziskanermönche seit Anfang des 19. Jahrhunderts nur noch einen kleinen Trakt belegt hatten, das Hauptsalinenamt und später bis 1973 das Berchtesgadener Amtsgericht untergebracht. 1988 hielt das Nationalparkhaus, ein Informationszentrum der Berchtesgadener Nationalparkverwaltung, Einzug. Gegenüber liegt das Berchtesgadener Bauerntheater.

Weiter geht es über die Sonnenpromenade mit schönem Ausblick auf die

Berchtesgadener Berge, vorbei am Martinsbrunnen zur Maximiliansstraße. Es folgt der Luitpoldpark mit dem 1893 für Prinzregent Luitpold errichteten Luitpolddenkmal. Die königliche Villa (auch Max-Villa genannt) ließ der bayerische König Maximilian II. 1849 nach florentinischem Vorbild erbauen. Einige Minuten geht es nun ansteigend bis vor das Alpenhotel Kronprinz und weiter nach rechts zum Soleleitungsweg. Diesem folgen wir am Osthang des Kälbersteins entlang, kurzweilig, stets mit Blick über die Häuser der Stadt mit ihren vielen Blechdächern und den Türmen der Kirchen. Wir passieren die große, 1760 unter Fürstpropst Michael Balthasar errichtete Kalvarienbergkapelle mit einer eindrucksvollen Kreuzigungsgruppe und vier Kreuzwegstationen nahebei. Von hier ist ein Abstecher zum Schloss Fürstenstein (von 1758) möglich.

Den Soleleitungsweg weiter begehend, gelangt man bald zum Soleleitungssteg (Reichenbachsteg) mit herrlichem Blick auf Berchtesgaden.

Eine Gedenktafel erinnert an den Erbauer der Soleleitung von Berchtesgaden nach Bad Reichenhall über Ilsank und Schwarzbachwacht in den Jahren 1816/17.

Nach den Soleleitungen Reichenhall-Traunstein (31 km, 1619) und Reichenhall-Rosenheim (79 km, 1810) war die 29 km lange, wie die beiden anderen aus tausenden Holzrohren (Deicheln) gefertigte Leitung die dritte „Pipeline" der Welt überhaupt. Gleich nach der Felswand finden sich knapp oberhalb der Weganlage interessante Relikte aus der letzten Eiszeit: sogenannte Gletschertöpfe oder Gletschermühlen. Die brunnenschachtähnlichen Vertiefungen entstanden durch die beständige Schmirgelarbeit von Felsbrocken, die vom Schmelzwasser des einstigen Gletschers auf dem darunter liegenden Felsgrund in kreisförmiger Bewegung gehalten wurden. Danach kann der historische Spaziergang leicht abgebrochen werden: Vom Ende des Soleleitungsweges sind es nur wenige Schritte hinab zum Berchtesgadener Marktplatz.

Am Soleleitungsweg

Der Weiterweg führt beim Holzschnitzer Gramiller auf der Doktorbergstraße aufwärts bis vor das Alte Krankenhaus. Das 1845 mit finanzieller Unterstützung König Ludwigs I. errichtete Gebäude mit spitzgiebeligem Dach wurde 1903 in ein Wohnhaus umgebaut. Am Weinfeldhof, der ehemaligen fürstpröpstlichen Meierei von 1400 vorbei, kommt man über das Nagllehen und Kreiskrankenhaus zur Hilgerkapelle von 1725 (s. Seite 107). Vom Weinfeldhof bietet sich ein Abstecher an zum Café/Restaurant Lockstein, von dessen Aussichtsterrasse man einen phantastischen Rundblick auf Berchtesgaden und die umliegenden Berge, vor allem auf den Watzmann, genießt. Auch von der Locksteinstraße, die jenseits der Hilgerkapelle über den Hang zum Markt hinabführt, hat man einen ausnehmend schönen Blick auf Berchtesgaden und die umliegenden Berge.

Unten angekommen ist es über die Salzburger Straße nicht weit zum Berchtesgadener Heimatmuseum im Schloss Adelsheim (s. Seite 115).

Nachdem man auf dem gleichen Weg zur Abzweigung der Locksteinstraße zurückgekehrt ist, beginnt dort mit dem Nonntal eine der ältesten Ansiedlungen Berchtesgadens. Die dicht aneinander gebaute Häuserzeile mit ihren pastellfarbenen Fassaden und den weit vorgezogenen Dächern zeigt ein geschlossenes Bauensemble im alpenländischen Stil. Das Kanzlerhaus mit der Sonnenuhr über dem Eingang und den reich verzierten Fenstereinfassungen stammt von 1560, der aus Kälbersteinmarmor gefertigte katholische Pfarrhof von 1841. Am Rathausplatz, der das Ende des Nonntals markiert, steht das 1873–75 erbaute Berchtesgadener Rathaus an dem Ort, wo zuvor eine Schrannenhalle (Markthalle) stand, die 1842 abbrannte. Hier stand auch der Pranger, an dem Missetäter für ihre Schandtaten büßen mussten.

Blick vom Lockstein über das Nonntal und die Stiftskirche zum Watzmann

Etwas oberhalb des Rathausplatzes steht das Mundkochhaus. Alte Kupferstiche aus dem 17. Jahrhundert zeigen an der Stelle noch das „Kanzlerhaus“, in dem der erste weltliche Beamte des Klosterstaates, der Stiftskanzler, wohnte. Nach dessen Umzug ins Nonntal zog dann der Mundkoch der Fürstpropstei hier ein. Der aus Muschelkalk gefertigte Rathausbrunnen wurde 1913 zur Erinnerung an die 100jährige Zugehörigkeit Berchtesgadens zu Bayern (1810–1910) errichtet. Gegenüber vom Rathaus steht die ehemalige Stiftspfarrkirche St. Andreas. Der ursprünglich aus dem 13. Jahrhundert stammende Bau wurde 1699 grundlegend umgebaut und barockisiert. Turm und Untergeschoss sind im spätgotischen Stil gehalten. Beachtenswert ist der Hochaltar von 1710 sowie zahlreiche Epitaphien, die als Bodenplatten im Gang zum rechten Seitenaltar und in die Außenwände der Kirche eingelassen sind (s. Seite 95).

Zwischen der Stifts- und der Pfarrkirche lag der frühere Berchtesgadener Friedhof. Durch einen mit drei Wappen und einer Sonnenuhr geschmückten Torbogen, den Rentamtsbogen, kommen wir zum Schlossplatz. Der weiträumige Platz mit dem marmornen Brunnen wirkt in seiner Geschlossenheit. Noch heute geht von ihm etwas Höfisches, Residenzhaftes aus. Als die Augustiner Chorherrenmönche am Anfang des 12. Jahrhunderts in das damals unerschlossene Gebirgstal kamen, wählten sie genau diesen Ort für den Bau ihres Klosters und einer Kirche.

Schlossplatz mit Stiftskirche und Königlichem Schloss

Die Klosteranlagen (das heutige „Schloss“) waren über sieben Jahrhunderte, bis zur Auflösung der Fürstpropstei Berchtesgaden 1803, gleichzeitig auch Regierungs- und Verwaltungssitz des Klosterlandes. Der jeweilige Landesfürst (Fürstpropst) war Klostervorsteher und Reichsfürst in einem, als letzterer nur dem Kaiser unterstellt. Aus dem mittelalterlichen Kloster mit zunächst recht spartanischen Räumlichkeiten entwickelte sich im Lauf der Jahrhunderte eine stattliche Residenz, so wie es die durchwegs aus adeligen Verhältnissen stammenden Pröpste und Chorherren für angemessen hielten. 1810 kam Berchtesgaden endgültig zu Bayern und die einstige fürstpröpstliche Residenz in den Besitz des Hauses Wittelsbach. Oft kamen die bayerischen Könige zur Sommerfrische und zur Jagd hierher. Heute ist ein Teil des Schlosses für Angehörige des Hauses Wittelsbach reserviert, der größte Teil aber zur Besichtigung freigegeben (s. Seite 116).

Die Stiftskirche St. Peter und Johannes wurde in der Frühzeit der Fürstpropstei Berchtesgaden von den Augustiner-Chorherren erbaut (s. Seite 93). Vom Gründungsbau aus dem 12. Jahrhundert sind heute allerdings nur noch Teile der Grundmauern und der Langhausseitenwände erhalten.

Der Hochaltar stammt ebenso wie das Altarbild aus dem Jahr 1669. Beachtung verdienen die beiden Seitenaltäre und das geschnitzte Chorgestühl.

Am Arkadenbau gegenüber dem Schloss schuf der Maler Josef Hengge 1929 ein Kriegerdenkmal für die Gefallenen Berchtesgadens. Nach dem 2. Weltkrieg übertünchten amerikanische Militärs die überlebensgroßen Wandbilder, die jedoch später wieder freigelegt und vom gleichen Künstler restauriert wurden. Eine Bronzetafel erinnert an die Bombardierung des Obersalzbergs am 25. April 1945. Durch zwei Torbögen kommt man, vorbei am alten Kornmesserhaus von 1458 (rechter Hand), zum Marktplatz, seit 1978 Fußgängerzone. Genau genommen handelt es sich um einen gepflasterten Straßenzug, der beidseits von dicht aneinander gebauten, stattlichen Bürgerhäusern mit auffallend vorgezogenen Satteldächern gesäumt ist.

Den Abschluss des Marktplatzes bildet der Marktbrunnen, der 1677 anstelle einer primitiven Wasserstelle errichtet und von König Ludwig I. in seine heutige Form gebracht wurde. Hoch auf der Brunnensäule thront ein bayerischer Löwe der Wittelsbacher, der in seinen Pranken das Wappen des ehemaligen Berchtesgadener Fürstpropstes Herzog Ferdinand von Bayern hält.

Marktbrunnen von Berchtesgaden

Gleich daneben befindet sich mit dem 1576 als Stiftstaverne erbauten Gasthof Neuhaus die zweitälteste Berchtesgadener Gaststätte mit erhaltener Leutstube und Herrenstube (1. Stock). Das große Eckhaus auf Höhe des Brunnens, früher „Haus an der Bruck'n“, später „Hirschenhaus“ genannt, datiert von 1594. Auf dem angebauten Rundturm dreht sich ein Hirsch als Wetterfahne. Die Renaissance-Fresken auf der Südseite – Menschen parodierende Affengestalten – (um 1600), gelten als älteste profane Wandbilder („Lüftlmalerei“) im süddeutschen Raum. Die älteste Berchtesgadener Herberge ist das bereits 1328 erwähnte Hotel Post

Leithaus rechts vom Kurgarten. Über den Kurgarten, einst Hofgarten des Schlosses mit dem Ganghoferdenkmal schließt sich die Runde.

Kirchen im Berchtesgadener Land

Neben den außergewöhnlichen landschaftlichen Sehenswürdigkeiten hat das Berchtesgadener Land auch kulturell einiges zu bieten. Die größte kulturgeschichtliche Bedeutung kommt den Kirchen zu. Kirchen sind mehr als kunsthistorisch interessante Bauwerke: über das künstlerische und handwerkliche Können hinaus zeugen sie vom spirituellen und sozialen Leben unserer Vorfahren. Heute wie damals prägen sie die Ortsbilder, wer sie betritt findet Ruhe, Stille und Gelegenheit zu innerer Einkehr.

Zu den drei großen Kirchen des Mittelalters im Markt Berchtesgaden (Stifts-, St. Andreas- und Franziskanerkirche) gesellen sich zahlreiche kleinere im Umland, deren Entstehung vorwiegend mit der im Zeitalter der Gegenreformation (Anfang des 18. Jahrhunderts) erstarkenden Marienwallfahrt zusammenhängt. Die Wallfahrtskirchen Maria Gern, Ettenberg und Kunterweg sind Kleinode barocker Kirchenbaukunst. Erbaut in landschaftlich besonders schönen Lagen lohnt ein Besuch allein deswegen. Was die Einmaligkeit des Standortes betrifft, nimmt die Wallfahrtskirche St. Bartholomä am Königssee vor der Watzmann-Ostwand noch einmal eine Sonderstellung ein.

Neben den drei Kirchen Berchtesgadens wurden im ausgehenden Mittelalter (Anfang 16. Jahrhundert) noch die Pfarrkirchen St. Nikolaus in Marktschellenberg und St. Fabian und Sebastian in der Ramsau erbaut.

Dementsprechend gab es am Anfang des 19. Jahrhunderts im Berchtesgadener Land drei Pfarreien: Berchtesgaden, Ramsau und Marktschellenberg. Am Ende des Jahrhunderts, 1899, erhielten auch die Evangelischen mit der in Berchtesgaden unterhalb der Soleleitung erbauten Christuskirche ein eigenes Gotteshaus.

Durchwegs in Zusammenhang mit der Etablierung weiterer Pfarreien entstehen mehrere größere Kirchenbauten im 20. Jahrhundert: Die Pfarrkirche Hl. Familie in Oberau (1907/08, Pläne gab es schon seit 1687), die Herz-Jesu-Kirche in Bischofswiesen (1924–26), Maria am Berg am Kiliansberg (1929–32) sowie die Kirchen Johann Nepomuk in Winkl (1961/63) und St. Michael in Strub (1961/62). Als letzter Kirchengroßbau im Berchtesgadener Land wurde 1991/92 die Franziskuskirche auf der Buchenhöhe errichtet, als vorläufig letzte Kapelle am 11.9.1999 die Bergopfer-Gedenkkapelle St. Bernhard auf der Kührointwiese geweiht. Die Namen von über tausend Bergsteigern, die in den Bergen ihr Leben ließen, sind dort in Metalltafeln eingraviert.

Neben den Kirchen prägen überall – in Fluren, an Wegesrändern, an Flüssen , in Wäldern, bei Gehöften und sogar inmitten der Ortschaften – Bildstöcke, Feldkreuze und eine Vielzahl kleiner Kapellen die geistliche Landschaft.

Stiftskirche St. Peter und Johannes

Erbaut: Gründerbau ab 2. Hälfte des 12. Jahrhunderts, in Breite und Länge vergleichbar der heutigen Kirche, Beschädigung der Türme durch Blitzeinschläge 1596 und 1819, Neubau der Türme 1865/68

Standort: Berchtesgaden, Schlossplatz

Sehenswert: Marmorepitaphien der Berchtesgadener Pröpste, Hochaltar von 1669 mit vergoldetem Tabernakel, eichenes Chorgestühl aus der ersten Hälfte des 15. Jahrhunderts, romanischer Kreuzgang.

Als die Augustiner-Chorherren zu Beginn des 12. Jahrhunderts in den Talkessel unterm Watzmann kamen, errichteten sie als Urzelle Berchtesgadens ein Klostergebäude (heute Königliches Schloss) in der Nähe einer bereits bestehenden Kapelle.

Entgegen der oft zitierten Auffassung, dass ein Vorläufer der Stiftskirche bereits 1122 von den Gründungsmönchen geweiht wurde, bestehen gesicherte Erkenntnisse über einen entsprechenden Kirchenbau erst ab der zweiten Hälfte des 12. Jahrhunderts unter Propst Heinrich I. (1151–74). Nach neuesten Erkenntnissen ist die Urkirche Berchtesgadens eher unter den Fundamenten der St. Andreaskirche zu suchen.

Mit großer Wahrscheinlichkeit handelte es sich beim Gründungsbau der Stiftskirche am Priesterstein bereits um ein Bauwerk, das in der Länge kaum und in der Breite nicht hinter der heutigen Kirche zurückstand. Für die flach gedeckte romanische Pfeilerbasilika war der Einfluss Salzburgs, besonders aber das Vorbild des Doms zu Gurk in Kärnten prägend.

Im Lauf der langen Geschichte der Propstei erfuhr die Kirche viele Umgestaltungen. Nur Teile der Grundmauern und der Langhausseitenwände sind noch vom Gründerbau erhalten. 1596 zerstörte ein Blitz den Südturm, der in der Folge bis auf einen dreigeschossigen Turmstumpf abgerissen werden musste. Der ebenfalls beschädigte Nordturm wurde höher aufgebaut und bekam eine Kuppel mit Spitzhelm (Gesamthöhe 76 m). 1819 richtete ein Blitz auch am Nordturm größere Schäden an, die 1845 ebenfalls zum Abbruch bis auf drei Geschosse zwangen. So besaß die Stiftskirche von 1596 bis 1845 nur einen Turm mit barocker Kuppelbekrönung, von 1845 bis 1864 überhaupt nur zwei Turmstümpfe mit aufgesetzten Holzkonstruktionen für die Glocken.

1864/65 erfolgte der Abbruch der Turmstümpfe und in den nächsten Jahren (1865/68) der Wiederaufbau der Türme im neuromanischen Stil. Aus der Zeit stammen auch die neugestaltete Fassade sowie die Eingangsportale, von denen besonders das Innenportal mit seinen prächtigen Marmorsäulen Beachtung verdient.

Die Außenansicht ist heute geprägt vom dominierenden frühgotischen Hochchor, dessen Strebepfeiler zweimal abgesetzt sind. Die Türme des 1868 vollendeten Neubaus wirken in der Höhe insgesamt etwas gering. Bei einer Gesamthöhe von 54 Metern beansprucht allein der Turmhelm 19,50 Meter. Die Gesamtlänge des Kirchenbaues einschließlich Vorhalle beträgt 65 Meter.

Stiftskirche und Königliches Schloss

Ein romanisches Kreuzrippengewölbe überspannt die fast quadratische Vorhalle. Das Langhaus ist eine dreischiffige spätgotische Hallenanlage mit vier Jochen. Sechs schlanke Rundsäulen tragen ein reiches Netzgewölbe mit geometrischen, teilweise geschwungenen Rippenfigurationen. Ein Bogen trennt den einschiffigen frühgotischen Chor vom Langhaus.

Er umfasst zwei beinahe quadratische Joche und schließt mit einer eingezogenen Apsis. Chorraum und Presbyterium werden von einem Kreuzrippengewölbe überspannt. In der Apsis mit ihrem tief eingeschnittenen Kappengewölbe sorgen fünf schmale Hochfenster für Lichtzuführung. Salzburger Herkunft ist der Hochaltar, der in den Jahren 1663 bis 1669 von Bartholomäus Opstal im niederländischen Barockklassizismus errichtet wurde.

Der auf den ersten Blick nüchterne Marmoraufbau entspricht dem von höfischer Eleganz und vornehmer Zurückhaltung geprägten Gesamterscheinungsbild der Stiftskirche.

Die beiden großen Seitenaltäre an der Triumphbogenwand weisen einen gleichen Marmoraufbau auf. Der nördliche Seitenaltar, der sogenannte Rosenkranzaltar, mit seinem von zwei Marmorskulpturen gesäumten Aufbau ist 1657 datiert. Das Hauptbild des ebenfalls figurengesäumten südlichen Seitenaltars (erbaut wahrscheinlich 1660) zeigt den hl. Augustinus im barocken Prälatengewand mit einem brennenden Herz in der rechten Hand.

Beachtenswert sind auch die anderen Altarbilder und das eichene Chorgestühl mit Schnitzwerk aus der ersten Hälfte des 15. Jahrhunderts. Eine Reihe hervorragender Marmorepitaphien können als Meisterleistungen der spätgotischen Handwerkskunst bezeichnet werden. Besonders eindrucksvoll ist der mächtige Grabstein des Propstes Peter von Pienzenauer

(† 1432) an der Westwand nördlich des Portals. In der Sakristei werden ein kostbarer Silberaltar und ein von Maria Theresia gestiftetes Messgewand verwahrt. Im Süden an die Kirche angebaut ist das ehemalige Klostergebäude der Augustinerchorherren mit seinem Herzstück: dem romanischen Kreuzgang. Seine Entstehung ist zeitgleich mit dem Vorgängerbau der Kirche in der zweiten Hälfte des 12. Jahrhunderts anzusetzen. Der Innenhof mit seinem schönen Arkadengang und den an Größe und Formenreichtum auffallend vielgestaltigen Säulen und Kapitellen ist von besonderem künstlerischem Reiz und kunsthistorischer Bedeutung. Zu besichtigen ist eine Vielzahl figürlicher Motive, die nur roh ausgebildet sind. Wie in der Stiftskirche befindet sich auch im Kreuzgang eine zahlreiche Sammlung von Grabsteinen der Fürstpröpste. Öffnungszeiten s. Seite 238. 1813 wurde die Stiftskirche zur Pfarrkirche erklärt.

St. Andreaskirche

Erbaut: Vorgänger (wahrscheinlich eine hölzerne Kapelle) ist als „Urkirche Berchtesgadens" bereits vor der Stiftskirche anzunehmen, eigentlicher Kirchenbau 2. Hälfte des 13. Jahrhunderts, Umbaumaßnahmen 1470 und 1699/1700

Standort: Nördlich der Stiftskirche, gegenüber vom Rathaus

Sehenswert: Hochaltar von 1710, Seitenaltäre aus der ersten Hälfte des 17. Jahrhunderts, kunstvolle Epitaphien

Innenraum der St. Andreaskirche mit dem Hochaltar von 1710

Nördlich der Stiftskirche, gegenüber vom Rathaus, steht die im 13. Jahrhundert erbaute ehemalige Stiftspfarrkirche St. Andreas.

Es spricht vieles dafür, dass sich am Standort der Kirche bereits bei der Klostergründung (um 1100) eine – wohl von Salzburg aus gegründete – Kapelle befand, die vom ersten Propst Eberwin mit seinen Mitbrüdern übernommen wurde.

Erst später, nach der Etablierung des Stifts, dürfte es dann zur Trennung zwischen Pfarr- und Stiftskirche gekommen sein. Die Fragen bezüglich des Bestehens einer Berchtesgadener Urkirche wären nur durch gezielte Grabungen unter dem Fundament der St. Andreaskirche zu klären, was natürlich nicht durchführbar ist.

Erbaut wurde die Kirche wahrscheinlich in der zweiten Hälfte des 13. Jahrhunderts. Ihre erste Erwähnung findet sie 1359 anlässlich des Anbaus einer Kapelle (Erhardi- und Annakapelle), die bei späteren Umbaumaßnahmen in den Hauptkirchenraum integriert wurde.

Der Annaaltar in der südlichen Apsis erinnert noch an sie. Ein erster wesentlicher Umbau fand im Rahmen einer größeren Bauwelle 1470 statt. Noch bedeutsamer waren die Baumaßnahmen in den Jahren 1699 bis 1700, durch welche die Kirche eine deutliche Vergrößerung und Erweiterung erfuhr. Unter anderem wurde mit dem Schutt des alten Gewölbes der Boden erhöht und der neugewonnene Raum mit einem raffinierten dreiteiligen Tonnengewölbe überspannt, das im Sparrenwerk des Dachstuhles aufgehängt war. Der Baumeister des Umbaues, der sich, wie man annimmt, an italienischen Vorbildern orientierte, blieb unbekannt.

Nebenbei wurde auch der Turm von 1500 höher gemauert und mit einer Doppelzwiebelform als Abschluss versehen. Das schwere Tonnengewölbe machte Probleme bis in die heutige Zeit. Die statisch mangelhafte Absicherung – die Außenmauern waren einfach zu dünn – führten zu einer permanenten Einsturzgefahr, weswegen immer wieder sogar ein kompletter Abriss der Kirche in Erwägung gezogen wurde. Die Gefahr kann erst seit der letzten Gesamtrenovierung 1986/88 als wirklich aufgehoben bezeichnet werden.

Der Turm und das Untergeschoss der St. Andreaskirche präsentieren sich im spätgotischen Stil. Zahlreiche kunstvolle Epitaphien, die teilweise aus dem früher zwischen Andreas- und Stiftskirche gelegenen Friedhof stammen, sind als Bodenplatten im Gang zum rechten Seitenaltar und in die Außenwände der Kirche eingelassen.

Der Hochaltar wurde 1710 errichtet, die Maria und Anna geweihten Seitenaltäre stammen aus der ersten Hälfte des 17. Jahrhunderts.

Nach der Aufhebung des Berchtesgadener Klosterstaates (1803) und der Neuorganisation der Pfarrei wurde die St. Andreaskirche von der Stiftskirche nebenan als Pfarrkirche abgelöst.

Franziskanerkirche

Erbaut: 1488–1519, Turm 1682

Standort: Berchtesgaden Maximilianstraße, gegenüber vom Bauerntheater

Sehenswert: Pfeiler aus Rotmarmor, Ostkapelle mit Gnadenbild „Kornährenmadonna"

Auch in Berchtesgaden wurde nach der damaligen Sitte der Doppelklöster wohl noch in der ersten Hälfte des 12. Jahrhunderts ein Kloster für Augustinerinnen errichtet, nördlich vom Herrenkloster im danach benannten Nonntal.

Franziskanerkirche mit altem Friedhof

Nach der Zerstörung des Klosters durch Kriegswirren und Brand wurde es gegen Ende des 14. Jahrhunderts an seinen heutigen Standort verlegt und ohne größere Bedeutung erlangt zu haben, in der Mitte des 16. Jahrhunderts wieder aufgelöst. 1695 wurden Kirche und Klostergebäude den Franziskanern überlassen. Erbaut wurde die Franziskanerkirche in langer Bauzeit zwischen 1488 und 1519 als spätgotische zweischiffige Hallenkirche. Der grünbehelmte Turm kam 1682 dazu.

Die zweischiffige Halle von ausgewogenen Proportionen erhebt sich auf schlanken Rotmarmorpfeilern. Jedes Schiff hat im Osten einen dreiseitigen Schluss. Auf den Rundpfeilern ruhen ausstrahlende Rippen und Sterngewölbe.

Im Osten führen Durchbrechungen in die 1668 angebaute Kapelle, auf deren Stuckmarmoraltar das lebensgroße Schnitzbild einer Madonna im Ährenkleid (Kornährenmadonna) steht, eine um 1450 geschaffene Kopie des Gnadenbildes im Mailänder Dom. Das für die Klosterkirche gefertigte Gnadenbild gab dieser auch den Namen: „Unsere liebe Frau am Anger".

Ab der Mitte des 15. Jahrhunderts war die Kornährenmadonna das erste örtliche Ziel der Marienwallfahrt. Am Durchgang zur Marienkapelle findet sich eine realistische Statue von Christus an der Geißelsäule von 1698. Die Kapelle birgt den frühesten erhaltenen sakralen Barockstuck des Berchtesgadener Landes. Sehenswert ist neben den Grabdenkmälern die Emporenbrüstung mit Reliefgestalten Christi und der 12 Apostel aus dem 16. Jahrhundert.

Pfarrkirche St. Nikolaus in Marktschellenberg

Erbaut: 1870/71, Vorgängerbau 1521

Standort: Ortszentrum von Marktschellenberg

Sehenswert: Marmorportal, Altäre, Kreuzigungsgruppe, Grabplatten

Abgesehen von der neuen Filialkirche in Unterstein („Graf-Arco-Kirche", 1855/56) und dem Neubau der Türme samt Fassade der Stiftskirche Berchtesgaden (1864–68) ist der Neubau der Pfarrkirche in Marktschellenberg das größte kirchliche Bauunternehmen im 19. Jahrhundert im Gebiet der alten Fürstpropstei.

Der Neubau wurde erforderlich, nachdem die alte Kirche 1817 durch Sturm und 1849 durch Blitzschlag so stark beschädigt wurde, dass sie wegen Einsturzgefahr sogar abgestützt werden musste. Der heutige neugotische Bau aus den Jahren 1870/71 hat den Turm vom 1521 erstellten Vorgängerbau behalten.

Die Gestaltung der Inneneinrichtung einschließlich des Hochaltars und der Seitenaltäre zog sich nach der Weihe der Kirche 1872 noch bis 1877 hin. Durch das eindrucksvolle innere Marmorportal, das ebenfalls noch von der früheren Pfarrkirche stammt, fällt der Blick auf eine große Kreuzigungsgruppe über dem Altar und zwölf Apostelstatuen im Altarraum. Grabplatten aus dem 16.–18. Jahrhundert (vorwiegend von Schellenberger Handelsherren) finden sich im Kircheninneren sowie im Vorraum der Kirche. Gewidmet ist die Pfarrkirche Marktschellenberg dem Schutzpatron der Salzschiffer, dem hl. Nikolaus.

Kirche St. Nikolaus in Marktschellenberg

Rechts vor der Kirche befindet sich eine Pestsäule von 1626. Pestepidemien blieben auch dem Berchtesgadener Land nicht erspart. Gegenüber, an der Nordseite, steht das alte Kriegerdenkmal für die Gefallenen des Deutsch-Französischen Krieges 1870/71. Auf dem Marktplatz befindet sich ein neues Kriegerdenkmal mit Brunnenanlage für die Toten der beiden Weltkriege 1914–18 und 1939–45.

Pfarrkirche St. Fabian und St. Sebastian in Ramsau

Erbaut: 1512, erweitert 1697, Turm von ca. 1705

Standort: Ortszentrum von Ramsau

Sehenswert: Hochaltar von 1743, Seitenaltäre, Schnitzfiguren Christi und der zwölf Apostel

Die Kirche neben der munteren Ache vor der unverwechselbaren Kulisse der Reiteralm ist das Wahrzeichen der Ortschaft und zugleich eines der bekanntesten Fotomotive des Berchtesgadener Landes.

Der 1512 unter Propst Gregor Rainer erbaute spätgotische Kirchenbau wurde 1697 um zwei Joche nach Westen erweitert, barockisiert und von 1700 bis ca. 1705 nach den Plänen des Zimmermeisters Peter Wenig mit einem Westturm versehen. Nach Fertigstellung des Turmes wurde in Salzburg eine über 10 Zentner schwere Glocke bestellt. Der Hochaltar mit dem Martyrium des hl. Sebastian wurde 1743 neu instand gesetzt, die Seitenaltäre schuf 1760 Christoph Tatz. Im Westanbau finden sich noch zwei weitere Altäre mit Schnitzwerken des frühen Barock. Der wertvollste Kunstbesitz der Ramsauer Pfarrkirche befindet sich jedoch an der Emporenbrüstung: die in hoher Qualität erhaltenen gotischen Schnitzfiguren Christi und der zwölf Apostel aus der Zeit um 1420/30.

Wer alte Friedhöfe liebt, darf einen Gang über den bereits in der Mitte des 17. Jahrhunderts angelegten Ramsauer Friedhof mit seinen kunstvollen Grabkreuzen nicht versäumen. Der Erstbegeher der Watzmann-Ostwand (1881), der Ramsauer Johann Grill-Kederbacher liegt hier begraben. Auch der neue, terrassenartig am Hang oberhalb der Kirche gelegene Gottesacker, den man durch ein schönes Portal aus Ramsauer Nagelfluh betritt, ist einen Besuch wert.

Ramsauer Pfarrkirche St. Fabian und St. Sebastian vor der Reiteralm mit dem markanten Wagendrischelhorn

Die Wallfahrtskirchen

Wallfahrten

Ein wesentlicher Teil der Volksfrömmigkeit seit dem Mittelalter, besonders aber in der Zeit der Gegenreformation bis zum Ende des 18. Jahrhunderts war das Wallfahren. Diesen Gang zu den heiligen Orten, zu den Reliquien der Heiligen, zum wundertätigen Bild in Stein oder auf Holz gemalt, vollzog man meistens in größeren Gruppen und zu bestimmten Zeiten. Manche gingen auch allein, getrieben von großer Not, in der Hoffnung auf die Fürbitte und Hilfe der Heiligen oder in Dankbarkeit nach Erfüllung irgendwelcher Bitten oder auch nur nach einem unglücksfreien Almsommer. Anders als die Menschen in den Nachbarorten wallfahrteten die Berchtesgadener im Mittelalter kaum nach Salzburg, nach St. Peter, zum Dom oder zum Nonnberg, sondern eher nach Großgmain oder zum Dürrnberg.

Ab der Mitte des 15. Jahrhunderts war die Ährenkleidmadonna bei den Augustinerinnen in der Kirche „Zu Unserer Lieben Frau am Anger“, heute Franziskanerkirche, das erste Ziel der örtlichen Marienwallfahrt.

Es folgten am Anfang des 17. Jahrhunderts die zunächst bescheidene, in der zweiten Hälfte des Jahrhunderts aber rasch aufblühende Wallfahrt nach Maria Gern und an der Wende vom 17. zum 18. Jahrhundert jene nach Ettenberg (oberhalb Marktschellenberg) und zum Kunterweg in der Ramsau.

Weniger bedeutsam aber auch aufgesucht wurden später noch die Gnadenbilder Maria Dorfen in der Hilgerkapelle (1723), die Schmerzhafte Mutter Gottes in Unterstein (1763) und das Maria-Hilf-Bild in Loipl (1798).

Das weltbekannte Kirchlein von St. Bartholomä am Königssee ist Bartholomäus, dem Schutzpatron der Almbauern und Senner gewidmet. Mindestens seit 1699 kommen am Sonntag nach dem Bartholomätag (24. August) Wallfahrer aus dem Pinzgau von Maria Alm her nach einem vielstündigen Gang über das Steinerne Meer in diese Kirche.

Wallfahrtskirche Maria Gern

Erbaut: 1708–1710, Vollendung des Turmes 1724

Standort: Auf einer Anhöhe im Hochtal von Maria Gern

Sehenswert: Hochaltar von 1715 mit Gnadenbild, Votivbilder, Stuck, Fresken

In der Gnotschaft Gern entstand im ersten Viertel des 17. Jahrhunderts eine Wallfahrt, deren erstes Gnadenbild am alten Fahrweg von Berchtesgaden in die Gern an der Stelle der heutigen Angererkapelle in der Nähe eines „Frauenbründls“ aufgestellt war. Die reliefartig geschnitzte Darstellung der thronenden Madonna mit Krone, Szepter und Reichsapfel, das nackte Christuskind auf dem Schoss, stammt aus der Zeit vor 1600 und befindet sich heute in Privatbesitz.

Kleinere Kirchen und Kapellen gingen der heutigen Kirche Maria Gern voraus. Angesichts eines stark ansteigenden Zulaufs der Gläubigen entschloss man sich in Berchtesgaden schließlich trotz des bereits ausgebrochenen Spanischen Erbfolgekrieges 1708 zu einem großzügigen Neubau der Wallfahrtskirche. Als eigentlicher Initiator gilt der Berchtesgadener Stiftskapitular und spätere Dekan Heinrich Maximilian Freiherr von Piesser. Ausführende des Planes eines unbekannten Baumeisters waren der Maurermeister Jakob Hilliprandt und der Hofzimmermeister Gabriel Wenig. Fertiggestellt wurde der Kirchenbau 1710, bis 1724 sollte es aber noch dauern, bis der Turm in ganzer Höhe vollendet war.

Das schindelgedeckte Kirchlein mit seinem eingeschnürten Zwiebelturm thront inmitten buckeliger Bergmatten und bewaldeter Hänge auf einer Anhöhe oberhalb der Straße. Dahinter ragen die Südabstürze des Untersberges auf, in der anderen Richtung steht der Watzmann in seiner ganzen Größe.

Das Kircheninnere besteht aus einem elliptischen Hauptraum, an den sich vier Nischen anschließen,

Wallfahrtskirche Maria Gern vor dem Untersberg

wobei die tieferen für den Gnadenaltar bzw. als Vorhalle mit Orgelempore, die seitlichen für die Nebenaltäre dienen. Ein kunstvoll geschmiedetes Eisengitter trennt den Kirchenraum von der Vorhalle. An den Seitenwänden und hinter dem Altar sind zahlreiche Votivbilder aufgehängt, von denen die ältesten bis ins Jahr 1618 und 1628 zurückdatiert sind. Die Decke des hellen Kircheninneren ist reich stuckiert und mit Freskenszenen durchsetzt. Den Hochaltar schuf Kaspar Schneider aus Berchtesgaden 1715. Anstelle des Original-Gnadenbildes befindet sich dort heute ein von dem Tiroler Wolf Hueber geschnitzte Maria mit Kind aus dem Jahr 1666.

Wallfahrtskirche Maria Ettenberg

Erbaut: Grundsteinlegung 1724

Standort: Auf einem Wiesenplateau über Marktschellenberg in 830 Meter Höhe

Sehenswert: Gnadenbild, Stuck von Josef Höpp, Altäre aus Stuckmarmor

Ein kleines Sträßchen führt von Marktschellenberg hinauf zu dem malerisch auf einem Bergrücken inmitten von Wiesen und Wäldern gelegenen Barockkirchlein, von wo sich ein wundervoller Ausblick auf die umliegenden Gebirgsstöcke der Berchtesgadener Alpen, auf den Hohen Göll,

Wallfahrtskirche Maria Ettenberg mit Mesnerwirt vor den Südabstürzen des Untersbergs

Watzmann, Hochkalter und den nahen Untersberg bietet. Gleich neben der Kirche steht das alte Mesnerhaus, der heutige Mesnerwirt, ansonsten ist die Gegend um die Kirche nach wie vor wenig besiedelt.

Die Wallfahrt Ettenberg ist seit 1695 nachweisbar. Laut pfarramtlichen Bericht vom 11. November 1695 fand sie am 12. August desselben Jahres ihren Anfang als „ein liebreiches Mariae bildt an eine große Lindtenbaum angehenckht in aller früe erfundten wordten“, von dem niemand wusste, woher es kam.

Wie sich später herausstellte, hatte ein Bauer das vom Salzburger Bildhauer Simeon Fries geschaffene Bild dort aufgehängt. Es löste jedenfalls sogleich den Zulauf des Volkes aus und der zuständige Pfarrer konnte schon nach kurzer Zeit eine lange Liste von Gebetserhörungen niederschreiben.

Ein Votivbild von 1696 zeigt das Gnadenbild bereits in einer einfachen Holzkapelle, die bald an den Baumstamm angebaut worden war. Schon 1697 ist eine etwas größere hölzerne Kapelle erwähnt. Bei einer Messe 1698 sollen in einer Prozession über 8000 Gläubige dorthin gewandert sein. Am 17. März 1724 fand die Grundsteinlegung für den jetzigen Bau statt, die Ausstattung mit den Altären aus Stuckmarmor und der Inneneinrichtung zog sich bis 1750 hin. Der gedrungene Spitzhelmturm kam erst im 19. Jahrhundert (1841) dazu, nachdem ein zuvor geplanter Turmbau infolge mangelnder Fundamentierung eingestürzt war.

Im Inneren der Kirche sehenswert sind die reichen Stuckarbeiten, das große farbenfrohe Deckengemälde und eine überlebensgroße Schnitzfigur des heiligen Christophorus aus dem 17. Jahrhundert. Der Choraltar von 1726 birgt das Gnadenbild. Rechts an der Wand neben dem Altar erinnert ein großer Bombensplitter an den Luftangriff der Amerikaner auf den Obersalzberg am 25. April 1945, bei dem einige Bomben fernab des eigentlichen Zieles im Gebiet von Ettenberg einschlugen.

Wallfahrtskirche Maria Kunterweg

Erbaut: 1731/33

Standort: Am Waldhang oberhalb Ramsau

Sehenswert: Rokoko-Stuckaturen, Deckengemälde, Hochaltar mit Gnadenbild

Die Kirche ist über einen steilen Sandweg vom Ortszentrum Ramsau in etwa 15 Minuten zu erreichen. Gleich am Beginn des Weges steht eine eindrucksvolle Kalvarienbergkapelle, der mehrere Kreuzwegstationen folgen. Im Gegensatz zu den meisten anderen Zielen der Wallfahrer steht die Kirche nicht im freien Gelände, sondern taucht ganz unvermittelt am Berghang zwischen den Bäumen auf.

Ihren Namen verdankt sie einem alten Steig, auf dem Kleintiere (althochdeutsch „Kunter") auf die Weide getrieben wurden. Wiederholt sollen dort Spukgesichter ihr Unwesen getrieben haben. Um Abhilfe zu schaffen, wurde 1690 eine seit zwei Jahren in der Ramsau befindliche Marienskulptur vom Altar der Pfarrkirche in einer feierlichen Prozession zu einer Steinnische am Kunterweg getragen, wo zuvor schon jemand ein Papiergemälde mit der Darstellung Mariens an einen Felsen geheftet hatte.

Wallfahrtskirche Maria Kunterweg

Auch hier wurden viele der Gläubigen, die bald den Ort aufsuchten, erhört. Heute noch erhaltene Votivtafeln geben zum Beispiel darüber Aufschluss, dass bei einem jungen Mann, der so an Nasenbluten litt, dass er bereits die letzte Ölung erhalten hatte, die Blutung zum Stillstand kam. Die Einheimische Maria Moderöcker verlor Rückenschmerzen, die neun Jahre angedauert hatten.

Die Wallfahrtskirche „Unsere Liebe Frau am Kunterweg" wurde in den Jahren 1731/33 nach Plänen des Salzburger Hofmaurermeisters Lorenz Valentin Stumpfegger erbaut.

Nach dem Vorbild von St. Bartholomä als Zweikonchenanlage konzipiert, weist die Kirche einen prachtvollen Innenraum mit Stuckaturen aus dem Frührokoko auf. Bemerkenswert ist das Deckengemälde des Burghausener Malers Innozenz Worath. Es bezieht sich auf die Protestantenvertreibung des Jahres 1733, als auch die Kunterwegkirche fertiggestellt wurde.

Als Ausdruck des Sieges der Katholischen Kirche über die evangelische Bewegung schleudert ein Engel Blitze auf die Abtrünnigen hinab. Im Zentrum des 1756 vom Berchtesgadener Hoftischler Christoph Datz errichteten zweigeschossigen Hochaltars befindet sich das Gnadenbild der mit einem reich gearbeiteten Gewand bekleideten Muttergottes mit dem Kind in der rechten Hand.

Wallfahrtskirche St. Bartholomä

Erbaut: Vorgänger 1134, weitgehender Neubau 1697/98, Verbindungsbau zum Jagdschloss, heute Gastwirtschaft, 1732/33

Standort: Halbinsel St. Bartholomä am Königssee

Sehenswert: Lage und Erscheinungsbild mit Zwiebeltürmchen, Hochaltar von 1698, Seitenaltäre von 1672 und 1679

Vor dem Hintergrund der höchsten Wand der Ostalpen, der Ostwand des

Watzmanns, ist die barocke Kirche mit ihren schindelgedeckten Zwiebeltürmchen ein weltbekanntes Motiv.

Schon 1134 stand auf der vom Eisbach angeschwemmten Halbinsel des Königssees eine romanische Kapelle („Basilika Chunigesee"). Vom Bischof von Gurk geweiht, war sie eine der ältesten Kirchenbauten des Berchtesgadener Landes überhaupt. Über Jahrhunderte liegen von der Kirche – nach alten Votivbildern handelte es sich um einen rechteckigen Bau mit einem Turm – keine Nachrichten vor. Bartholomäus, dem Schutzpatron der Almbauern, Senner und Hirten, wurde die Kirche erst ums Jahr 1500 gewidmet.

Als sie in den Jahren 1697/98 unter Einbeziehung der alten Bauteile neu erbaut wurde, erhielt die Kirche ihr heutiges Erscheinungsbild mit den originellen, ähnlich der Form eines Kleeblatts aneinander gefügten drei Konchen mit ihren schindelgedeckten Kuppeldächern und den beiden ebenfalls schindelgedeckten Türmchen. Unter Propst Kajetan Nothafft wurde 1732/33 an die Westseite der bis dahin freistehenden Kirche ein Rundbau angefügt, über den sie seitdem mit dem Jagdschloss (heute Wirtshaus) in Verbindung steht.

Im Inneren fallen die rosaroten Stuckaturen an der Decke ins Auge, zu-

Wallfahrtskirche und Gastwirtschaft von St. Bartholomä

mal die Wände sonst recht schmucklos sind. Der stattliche barocke Hochaltar enthält das Bild „Das Martyrium des hl. Bartholomäus" des Münchner Hofmalers Johann Degler aus dem Jahr 1698.

Die Seitenaltäre stifteten wohlhabende Berchtesgadener Bürger – den linken (nördlichen) mit dem Altarbild des hl. Jakobus Vallentin Mießl und Maria Eva Türgin 1672, den rechten (südlichen) mit dem Altarblatt der hl. Katharina Wolfgang Hilger und Christian Graßl 1679.

Noch heute findet am Wochenende nach dem Tag des hl. Bartholomäus (24. Aug.) eine Wallfahrt nach St. Bartholomä statt, an der sich nicht nur die Almbauern der Umgebung, sondern auch Pilger aus Maria Alm bei Saalfelden beteiligen. Über die Ramseider Scharte zum Funtensee mit Abstieg über die Saugasse führt der beschwerliche Weg über das Steinerne Meer zum Königssee. Die ältesten von den Wallfahrern hinterlassenen Jahreszahlen am Unterbau des Hochaltars stammen von 1699.

Der Baumeister des Kirchleins blieb unbekannt, sicher entstand es aber – wie einige andere Kirchenbauten zu der Zeit im Chiemgau und Salzburger Land (z. B. die Wallfahrtskirche Maria Eck in Traunstein oder St. Pankraz am Haunsberg bei Oberndorf/Salzburg) unter wesentlicher Einflussnahme des Salzburger Hofbauamtes. Als die Fürstpropstei Berchtesgaden im Zuge der Säkularisation 1803 aufgelöst wurde, fiel St. Bartholomä unter die „entbehrlichen Nebenkirchen und Kapellen". Dass das Kirchlein nicht abgerissen wurde, hat es nur seiner Nähe zum Schloss zu verdanken, das damals den Wittelsbachern als Jagdstützpunkt diente.

Als das Kirchlein 1867 wegen der hohen Kosten für dringend nötige Instandsetzungsarbeiten erneut abgerissen werden sollte, verhinderte König Ludwig II. (der „Märchenkönig") die Zerstörung im letzten Augenblick durch Übernahme der Kosten aus seiner Kabinettskasse.

Seit dem ersten Weltkrieg gehören Kirche und Schloss dem bayerischen Staat. Etwa 700 000 Gäste aus aller Welt besuchen in jedem Jahr den Königssee und die Halbinsel von St. Bartholomä mit dem berühmten Kirchlein.

Kapellen

Kapelle St. Johann und Paul

Erbaut: 1617–20

Standort: Am Eisbach, 10 Minuten von St. Bartholomä

Sehenswert: Barockaltar aus Rotmarmor

Von Bartholomä führt ein breiter Waldweg in Richtung des Eisbaches. Gleich hinter einer Brücke über den Bach steht die den römischen Märtyrern Johannes und Paulus geweihte Kapelle. Das Kirchlein steht in der

Nähe einer Quelle, deren Wasser als „Fieberbrunnen“ eine besondere Heilkraft zugesprochen wurde. Die Baugeschichte ist ungewiss. Die Jahreszahlen 1617 im Türbogen und 1620 im Altar lassen auf eine Entstehung in diesem Zeitraum schließen.

Waldkapelle St. Johann und Paul im Eisbachtal

Das wichtigste Ausstattungsstück des schlichten Kirchleins ist der wuchtige Barockaltar aus Rotmarmor, der an der Rückseite mit der Jahreszahl 1682 versehen ist. Als Vorbild ist der 1673 erstellte Rotmarmoraltar in der Marienkapelle der Franziskanerkirche in Berchtesgaden anzunehmen.

Hilgerkapelle

Erbaut: 1723

Standort: Locksteinstraße 9

Sehenswert: Kopie des Gnadenbildes von Maria Dorfen

In der 1723 an der Straße von Berchtesgaden nach Gern erbauten Hilgerkapelle befindet sich im Altarblatt eine Darstellung des im 18. Jahrhundert viel verehrten Gnadenbildes von Maria Dorfen (Landkreis Erding). Als Dank für die Genesung nach schwerer Krankheit ließ die wohlhabende Berchtesgadenerin Ursula Seefeldner das Gemälde in Landshut anfertigen, das eine getreue Kopie der Kupferstichdarstellung von Elias Christophorus Heiß, Augsburg 1720, wiedergibt.

Hilgerkapelle am Lockstein

Schornkapelle

Erbaut: Ende 17. Jahrhundert, Neubau 1760/63, heute „Hubertuskapelle“

Standort: Schönau am Königssee, Ortsteil Unterstein

Sehenswert: Die Kapelle wurde aufgelassen, das Gnadenbild befindet sich in der neuen Pfarrkirche

1760/63 ließ Fürstpropst Michael Balthasar Graf von Christalnigg die Schornkapelle (auch „Kapelle zur Schmerzhaften Muttergottes") in Unterstein neu aufbauen. Als Ablösung der Schornkapelle auf seinem Grund und Boden – der Besucherstrom nahm überhand – ließ Graf Max von Arco-Zinneberg auf eigene Kosten 1855/56 eine neue Kirche erbauen, die im Kataster als Eigentum der Gemeinde Schönau eingetragen war. Die Kirche („Graf Arco-Kapelle") erwies sich schon um die Jahrhundertwende als zu klein. Eine größere Kirche wurde – durch Kriegswirren verzögert – schließlich 1932/33 gebaut.

Schornkapelle in Unterstein

In der neuen Pfarrkirche „Mariä sieben Schmerzen" befindet sich das Gnadenbild („Maria unterm Stein") der 1860 aufgelassenen Schornkapelle, die heute als Hubertuskapelle der evangelischen Gemeinde A. B. für ihre Gottesdienste dient. Die Pfarrkirche bewahrt neben Resten der neugotischen Einrichtung auch Teile der barocken Kapellenausstattung ihres Vorgängerbaues von 1856 auf.

Wallfahrtskirche Loipl

Erbaut: 1799

Standort: Loipl, gegenüber Rehaklinik

Sehenswert: Hochaltar mit Gnadenbild

Zeitlich die letztentstandene Kapelle in der Geschichte der Fürstpropstei. Über die Entstehung des Kirchleins gibt es verschiedene Auffassungen. Die wahrscheinlichste ist, dass die weit vom nächsten Gotteshaus abgelegenen Loipler Bauern 1799 zur Selbsthilfe griffen und sie aus eigenen Mitteln erbauten, um auch ein „Haus" zu haben, in dem sie zu ihrem Herrgott beten und seinen Beistand erbitten konnten.

Wallfahrtskirchlein Loipl

Um 1825 wurde die Kirche vergrößert und spätestens ab der Zeit pilgerten – wie alte Votivtafeln belegen – auch Wallfahrer dorthin. Ihre Verehrung galt besonders dem Maria-Hilf-Bild des Altares, einer Kopie des Cranachschen Vorbilds in Passau-Maria Hilf. Während die Kirche einen großen Aufschwung nahm, war die Straße nach Loipl immer noch in einem äußerst schlechten Zustand. Nachdem die Fahrstraße nach den Jahrhundertunwettern des Jahres 1899 ausgebaut worden war, wurde das in die Jahre gekommene Kirchlein 1910 umfassend renoviert. Aus der Zeit (1912) stammt auch der Hochaltar. 1981, kurz bevor das Kirchlein erneut renoviert wurde (1982/85), entwendeten Einbrecher sieben wertvolle Heiligenfiguren. 1999 feierten die Loipler das 200-jährige Bestehen ihres Kirchleins.

Kalvarienberg

Erbaut: 1760 durch Fürstpropst Michael Balthasar Graf von Christallnigg

Standort: Am Abhang des Kälbersteins über Berchtesgaden

Sehenswert: Vier Kapellen mit einer Darstellung des Gekreuzigten und dem Heiligen Grab

Die Frömmigkeit der Barockzeit entwickelte in der „Imitatio Christi“ besonders die Nachfolge und Nachbildung der Leiden Jesu. Ölberg- und Kreuzwegandachten, Passionsspiele und Karfreitagsprozessionen dienten diesem Zweck ebenso wie der Bau von Kalvarienbergen mit den dazu hinführenden Kreuzwegen. Da die Gläubigen nicht ins Heilige Land kommen konnten, sollte so wenigstens in der Heimat die Möglichkeit gegeben werden, den Leidensweg Jesu nachvollziehen zu können.

Kalvarienberg am Kälberstein über Berchtesgaden

Evangelische Kirche

Evangelische Pfarrkirche Christuskirche

Erbaut: 1897–1899

Standort: Berchtesgaden, unterhalb der Soleleitung

Sehenswert: Ostersonne aus Bronze, neu gestalteter Chorraum

Nach der Ausweisung der Protestanten im Jahr 1733 und anschließender langjähriger Bespitzelung „verdächtiger“ Personen, schien deren Geschichte im Berchtesgadener Land endgültig abgeschlossen zu sein. Erst nachdem König Max I. Joseph 1803 im bayerischen Religionsedikt den Evangelischen grundsätzlich die gleichen Bürgerrechte zugesprochen hatte, wurde auch in Berchtesgaden evangelisches Leben wieder möglich. Ein erster evangelischer Gottesdienst, an dem die evangelische bayerische Königin Therese teilnahm, wurde im Herbst 1849 gefeiert.

Evangelische Pfarrkirche Christuskirche

Längere Bestrebungen zum Bau einer eigenständigen Kirche führten, nachdem unterhalb der Soleleitung ein geeigneter Bauplatz gefunden werden konnte, schließlich am 15.7.1897 zur Grundsteinlegung der Christuskirche. Die zur Verfügung stehenden Gelder waren bald aufgebraucht, Spenden wohlhabender Bürger ermöglichten jedoch die Weiterführung der Baumaßnahmen und im Sommer 1899 konnte die neue Kirche eingeweiht werden. Beim letzten Umbau 1997 wurden der Chorraum neu gestaltet und die weiß getünchten Wände farbig ausgemalt. Der neue Altar ist ein Werk des Berchtesgadener Bildhauers Hans Richter.

Das Salzbergwerk

Ausfahrt aus dem historischen Salzbergwerk

Die geologische Geschichte der Salzlagerstätten in den Ostalpen begann vor mehr als 250 Millionen Jahren, im ausgehenden Erdaltertum. Hebungen und Senkungen der Erdkruste bewirkten, dass immer wieder Teile jenes Urozeans „Tethys“, dem auch die Alpen ihre Entstehung verdanken, abgetrennt wurden. In den isolierten Meeresbecken verdunstete mehr Wasser als zufließen konnte, das Salz kristallisierte aus und lagerte sich, durchsetzt mit anderen Stoffen wie Ton und Gips etc. schichtweise ab. Die Vorgänge der Überflutung und Austrocknung wiederholten sich über Jahrmillionen, sodass sich mächtige Salzschichten bilden konnten. Als bei der späteren Auffaltung der Alpen diese Schichten durch Verwerfungen und Überschiebungen des Gesteins „untertage" gerieten, entstand so vor ca. 60 Millionen Jahren jener nach wie vor ergiebige Salzstock (Haselgebirge) vor den Toren Berchtesgadens mit einem durchschnittlichen Salzgehalt von 50 %.

Zur Geschichte der Salzgewinnung s. Seite 17 f.

Früher, als Berchtesgaden noch eine Fürstpropstei war, durften nur Auserwählte das Salzbergwerk besichtigen. Heute steht es jedem offen, ein Besuch ist ein unvergessliches Erlebnis. Mehr als 400 000 Besucher fahren heute jährlich ins Bergwerk ein, übrigens in derselben traditionellen Schutzkleidung wie die Bergknappen. Ein Bergmann führt die Besucher durch eine faszinierende Welt unter Tage: Mit der Grubenbahn fährt man im Reitsitz durch einen 600 Meter langen Stollen ins aufgelassene Kaiser-Franz-Sinkwerk, einer gewaltigen Halle mit einer Deckenfläche von 3 000 m². Zu Fuß geht es weiter bis zu einer von unzähligen Bergmannshosen glattpolierten hölzernen Rutsche, über die man in lustiger Fahrt 34 Meter hinab zur nächsten Station, einer wunderschönen Salzgrotte, gleitet. Hell strahlen hier beleuchtete Brocken aus Steinsalz. Eine zweite Rutsche führt noch eine Etage tiefer (150 Meter unter die Erde) zu einem 100 x 30 Meter großen Salzsee. Die Fahrt auf dem Floß über das tiefschwarz funkelnde Wasser des halbentleerten Sinkwerkes mit seinen beleuchteten Ufern ist der Höhepunkt des unterirdischen Abenteuers. Ein kleines Salzmuseum zeigt den Besu-

Der Heilstollen in einem aufgelassenen Sinkwerk

chern schließlich noch verschiedene Salzsteine und Mineralien, eine Chronik des Bergwerks, historische Dokumente, Maschinen und Geräte für die Bergwerksarbeit etc. Besonders beachtenswert ist die dort ausgestellte berühmte Solehebemaschine des Georg von Reichenbach („Wunder von Ilsank") von 1817, mit deren Hilfe die Sole über 350 Meter zum Söldenköpfl hinaufgepumpt wurde. Im Filmraum nebenan besteht Gelegenheit, sich über die Entstehung der Salzlagerstätten und die Gewinnung des Salzes zu informieren. Mit einem Schrägaufzug und der Grubenbahn gelangt man schließlich wieder ans Tageslicht. Die Führung untertage dauert eine Stunde, einschließlich Kartenkauf und Umkleidung sollten 1½–2 Std. eingeplant werden. In den Sommermonaten besteht gerade bei Schlechtwetter ein großer Andrang, was teilweise zu beträchtlichen Wartezeiten führt.

Öffnungszeiten des Salzbergwerks Berchtesgaden s. Seite 240.

Heilstollen im Salzbergwerk

Eine zusätzliche Attraktion bietet das Salzbergwerk seit 1990 mit der Eröffnung des Heilstollens. In der Nähe des Kaiser-Franz-Sinkwerkes finden in einer hallenförmigen Grotte 130 Patienten Platz. Speläotherapie nennen Wissenschaftler diese Behandlungsmethode untertage vorwiegend für Atemwegserkrankungen. Staubfreie Luft, keinerlei Allergenbelastung und gleichmäßig hohe Luftfeuchtigkeit von 80 % bewirken zusammen mit leicht salzhaltiger Luft und einer konstant niedrigen Temperatur von 12 °C eine Linderung von Krankheiten wie Asthma, chronischer Bronchitis, Heuschnupfen oder Neurodermitis.

Öffnungszeiten Heilstollen Berchtesgaden s. Seite 235.

Dokumentation Obersalzberg

Dokumentationszentrum am Obersalzberg

Nordöstlich vom Markt Berchtesgaden liegt auf halber Höhe zum Kehlstein in 1000 Meter Höhe der Obersalzberg. Berühmt wurde der Berg durch ein finsteres Kapitel der deutschen Vergangenheit. Hitler ließ sich dort einen Wohn- und Regierungssitz einrichten und viele Größen der nationalsozialistischen Partei folgten ihm nach.

Die ursprüngliche Geschichte war eine ganz andere: 1878 eröffnete die Försterstochter Mauritia Mayer am Obersalzberg ein erstes Gästehaus, die „Pension Moritz". Der ruhige, aussichtsreiche Standort traf den Geschmack der Gäste und wurde schnell so beliebt wie bekannt. Mitglieder der preußischen, österreichischen und bayerischen Herrscherhäuser gehörten ebenso zu den Gästen wie viele bekannte Gelehrte und Künstlerpersönlichkeiten (darunter die Musiker Clara Schumann und Johannes Brahms, die Maler Lenbach, Knaus, Spangenberg und Breitbach sowie die Schriftsteller Peter Rosegger, Ludwig Ganghofer und Richard Voss). Am Obersalzberg entwickelte sich ein beliebter „Luftkurort" mit Sanatorien, Gaststätten und Gästehäusern. Das ging bis 1923 so. Im Mai des Jahres kam Adolf Hitler zum ersten Mal dorthin und verbrachte einige Wochen im Gebirgskurhaus Obersalzberg (der früheren Pension Moritz). Ab 1928 mietete Hitler das Haus Wachenfeld, das er am 26. Juni 1933, sechs Monate nach seiner Ernennung zum Reichskanzler, schließlich erwarb. Das kleine Haus Wachenfeld verwandelte sich nach umfangreichen Baumaßnahmen schließlich in Hitlers Berghof. Ab 1936 beeindruckte das „größte versenkbare Fenster der Welt" die Gäste, nebenbei dienten ein Kino, eine Kegelbahn und eine Kellerbar der Kurzweil des Führers. Nach dem Kauf von Haus Wachenfeld durch Hitler begann die NSDAP, den Obersalzberg zu einem Stützpunkt großen Stils auszubauen. Von 1933 bis 1937 kaufte sie Grund und Boden auf, bis 300 ha zusammengekommen waren. Dazu kam noch das Areal des Kehlsteins, das die Forstverwaltung abgetreten hatte. Ziel dieser Erwerbungen war eine geschlossene Zone, die als „Führergebiet" ausschließlich Hitler und den höchsten Parteifunktionären vorbehalten sein sollte. Bormann selbst übernahm die Übernahme und Zusammenlegung der Grundstücke. Wurden die Eigentümer zunächst noch großzügig abgefunden, wandelten sich die Ankaufsmethoden bald und Ultimaten und Androhung von KZ-Haft wurden als

Das neu errichtete 5-Sterne Hotel InterContinental am Obersalzberg

Mittel zur Erhöhung der Verkaufsbereitschaft eingesetzt.

Im Januar 1937 – ringsum hatte bereits eine rege Bautätigkeit begonnen – verließen die letzten alteingesessenen Obersalzberger ihre Heimat. Unter Bormann wurde das vormals stille Gelände mit seinen sanften Wiesen und Matten ein einziges großes Baugelände, das Hunderte Millionen Reichsmark verschlang. Im Durchschnitt waren auf den verschiedenen Baustellen 3000 Arbeiter beschäftigt, für deren Unterbringung riesige Barackenlager aufgestellt wurden. Häuser, Hotels, Straßen, Kasernen für die Wachmannschaften, Wohngebäude für die Arbeiter und Angestellten, ja sogar riesige unterirdische Bunkeranlagen mit über 4000 m² Nutzfläche entstanden.

Als Krönung der gesamten Anlage verstand Bormann die Errichtung des Kehlsteinhauses auf 1834 Meter Höhe mit einer eigenen, kühn gebauten Zufahrtsstraße (Bauzeit 1937/38). Die Übergabe an Hitler erfolgte zu seinem 50. Geburtstag am 20. April 1939.

Bald nach Hitlers Machtergreifung wurde der Obersalzberg zu einem regelrechten Wallfahrtsort.

Nach dem Motto „Wir wollen unsern Führer sehn!" pilgerten Tausende dorthin. In Berchtesgaden stiegen die Übernachtungszahlen nach 1933 sprunghaft an. Der Massenandrang führte dazu, dass das „Führergebiet" von einem kilometerlangen Drahtzaun umgeben und streng bewacht wurde.

Am Vormittag des 25. April 1945 heulten am Obersalzberg die Alarmsirenen. Dass Berchtesgaden zum Sitz der „Führungsgruppe Süd" ausersehen war, gab vermutlich den Anstoß zu jenen Bombenangriffen, die wenige Tage vor dem Einmarsch der Alliierten, im Berchtesgadener Land noch etwa 300 Todesopfer forderten. Der erste Bombenteppich dieses Tages ging am Obersalzberg nieder. Der Angriff richtete schwere Schäden an. Nahezu alle unter Hitler erstellten Gebäude, darunter „sein" Berghof, wurden stark beschädigt oder vollständig ausgebombt. Die meisten der 3500 Bewohner des Sperrgebietes hatten sich rechtzeitig in die Schutzbunker zurückgezogen, sodass nur wenige Todesopfer zu beklagen waren. Die Amerikaner hatten es gezielt auf den Obersalzberg abgesehen, wo sie die „Alpenfestung" Hitlers vermuteten.

Berchtesgaden selbst blieb von dem Bombardement verschont, auch das Kehlsteinhaus wurde nicht getroffen. Am selben Tag wurden Bad Reichenhall und Freilassing bombardiert, was annähernd 300 Menschen das Leben kostete.

Nach der Kapitulation beschlagnahmten die Amerikaner das Gelände und nutzten es lange als Erholungsgebiet („Recreation Area"). Aus dem zerstörten „Platterhof" wurde das Hotel „General Walker", das Angehörigen der US-Army und deren Familien als Feriendomizil diente. Auch der einstige riesige Gutshof Bormanns wurde zu einem Hotel („Skytop Lodge") umfunktioniert.

Auf dem umliegenden Areal befinden sich heute mehrere Skilifte und ein Golfplatz. Lange noch stand der Berghof als mahnende Ruine am Obersalzberg, bis er 1952 gesprengt wurde. Die Reste der „braunen Vergangenheit" sind heute weitgehend verschwunden, die Ruinen abgetragen, die Stollen zugemauert. Gras und Buschwerk wächst über dieses dunkle Kapitel der deutschen Vergangenheit.

Eine ständige Ausstellung des Instituts für Zeitgeschichte München informiert in Texten und Bildern über die Geschichte des Obersalzbergs vor 1933 und nach 1945, ihr Schwerpunkt liegt auf den Jahren dazwischen. Die Lokalgeschichte wird mit einer Darstellung der zentralen Erscheinungsformen der nationalsozialistischen Diktatur verbunden.

Öffnungszeiten der Dokumentation Obersalzberg s. Seite 233.

Heimatmuseum im Schloss Adelsheim

Das Berchtesgadener Heimatmuseum

Seit 1968 ist im Schloss Adelsheim in der Schroffenbergallee das Heimatmuseum Berchtesgaden eingerichtet. Das repräsentative Gebäude im Stil der Spätrenaissance ließ der Stiftsdekan Degenhart Neuchinger 1614 erbauen. Nachdem das Gebäude häufig die Besitzer gewechselt hatte – Stiftskanzler und Verleger von Holzwaren bewohnten es, zeitweise diente es als Salinenamt, der letzte Berchtesgadener Fürstpropst Josef Conrad von Schroffenberg lebte und starb 1803 dort – erwarb der Landkreis 1962 das in ruinösem Zustand befindliche Schlösschen. Nach der Restaurierung stellt Schloss Adelsheim heute eines der bedeutendsten nicht-staatlichen Museen Bayerns dar.

Das Heimatmuseum vermittelt einen hervorragenden Überblick über die Kultur und Geschichte des Berchtesgadener Landes. Im Mittelpunkt des Interesses stehen die Erzeugnisse der Berchtesgadener Hausindustrie („Berchtesgadener War'") vom 16. bis ins 20. Jahrhundert: kunstvoll bemalte Spanholzschachteln in allen Größen, Formen und Bemalungen, Holzspielzeug, Schmuckkästchen, Fein- und Grobschnitzereien, Schaffel und Biderer, Heiligen- und Krippenfiguren.

Sehenswert sind die schöne Eingangshalle, der Innenhof, die Küche mit Rauchkutte und Kesselgalgen, das Schroffenbergzimmer mit den Elfenbeinschnitzereien, die historischen Trachten und Möbel, eine Bauernstube mit Schlafkammer, die Skulpturen und Bilder sowie die großen Puppen aus Gaillers großem Marionettentheater. 2003 wurde die Abteilung „Wallfahrtsbrauch und Votivgaben" eröffnet mit Ausstellungsstücken aus der Sammlung Rudolf Kriss, die Devotionalien auch aus dem Mittelmeerraum und Äthiopien zeigt. Eine Dia-Tonschau informiert über Geschichte, Kultur, Holzhandwerk und Fremdenverkehr.

Die Tradition der „Berchtesgadener War" pflegt heute die Berchtesgadener Handwerkskunst (BHK). Sie wurde gleich nach Kriegsende 1945 gegründet mit der Aufgabe, die Berchtesgadener Spielwaren- und Schachtelproduktion auf hohem Fertigungsniveau lebendig zu erhalten. In den Läden im Schloss Adelsheim und am Schlossplatz (im Neuhaustorbogen, in der ehemaligen Fronfeste) stehen hochwertige kunsthandwerkliche Arbeiten aus der eigenen Werkstatt zum Verkauf. Jedes Stück aus dem reichhaltigen Angebot ist ein aufwändig gefertigtes Einzelstück, ein ideales Souvenir oder Geschenk original Berchtesgadener Herkunft. Auch für Liebhaber des Berchtesgadener Christbaumschmuckes ist die BHK die richtige Adresse.

Öffnungszeiten Heimatmuseum im Schloss Adelsheim s. Seite 235

Königliches Schloss Berchtesgaden

Das ehemalige Augustiner Chorherrenstift unmittelbar neben der Stiftskirche diente vom Zeitpunkt der Klostergründung zu Beginn des 12. Jahrhunderts bis zur Säkularisation 1803 den Berchtesgadener Landesherren (den „Fürstpröpsten") als Regierungssitz und Verwaltungszentrum. Nach der Aufhebung des Klosterstaates nutzten es die Wittelsbacher als Sommerresidenz. Kronprinz Rupprecht von Bayern, der es mit seiner Familie bewohnte, stattete das Schloss mit seinen Kunstsammlungen aus. Die Bezeichnung „Museum" scheint zu nüchtern für das, was sich dem Besucher offenbart. Man trifft vielmehr auf eine geglückte Vereinigung von historischen Räumen, bedeutenden Kunstwerken und Kunstschätzen. Die alte Mönchskultur, der Geist der Künstler, der Sammeleifer des Kronprinzen, das alles scheint in den altehrwürdigen Räumen konserviert zu sein.

Gotische Halle des ehemaligen Augustiner-Chorherrenklosters

Der Rundgang durch das Museum führt durch 30 Räume in drei Stockwerken. Der hochmittelalterliche Ursprung der Anlage zeigt sich vor allem im Kreuzgang mit seinem spätromanischen Skulpturenschmuck, dem ältesten Bauwerk Berchtesgadens. An den Innenseiten und auf dem Fußboden befinden sich die Grabplatten ehemaliger Fürstpröpste und Stiftsherren.

In der frühgotischen Halle des Kapitelsaales, dessen Gewölbe auf Säulen aus rotem Adneter Marmor ruht, finden sich neben Plastiken von Erasmus Grasser und Veit Stoß die zwölf Büsten des Chorgestühls der Klosterkirche zu Weingarten in Baden Württemberg, die Hauptwerke des Konstanzers Heinrich Yselin, die König Max II. nach der Säkularisation erwarb. In langer Reihe folgen die teilweise mit edlen Renaissancemöbeln oder barocken Einrichtungsgegenständen ausgestatteten ehemaligen Konventräume. Drei Waffenkammern zeigen Jagdgewehre und Pistolen sowie Prunkrüstungen und Schwerter. Die Gänge zieren kapitale Jagdtrophäen (darunter die des größten bayerischen Hirsches mit einem Gewicht von 18,3 kg). In zwei Renaissancesälen sind italienische Möbel, Tapisserien und Gemälde aus dem 15. und 16. Jahrhundert ausgestellt. In den ehemaligen Wohnräumen des Prinzregenten Luitpold von Bayern finden sich Empire- und Biedermeiermöbel. Im „Großen Speisesaal“ ist eine Tafel mit kostbarem Porzellan der Manufakturen Nymphenburg und Frankenthal gedeckt. Der Rundgang endet auf einer Gartenterrasse im 3. Stock, wo ein hübscher florentinischer Brunnen den Vordergrund zu einem wundervollen Blick über Berchtesgaden und die umliegenden Berge abgibt.

Öffnungszeiten Schlossmuseum s. Seite 237.

Enzianbrennerei Grassl

Vier Kilometer von Berchtesgaden an der B 305 in Richtung Salzburg liegen im Ortsteil Unterau die Produktionsanlagen der ältesten Enzianbrennerei Deutschlands. Eine Besichtigung ist nicht nur bei Schlechtwetter interessant. Der Brennmeister persönlich erläutert die Brennvorgänge, für die Besucher stehen Gratisproben bereit. Schon in der griechischen Antike war die Enzianwurzel als Heilmittel gegen Fieber und Magenbeschwerden bekannt. Im Jahr 1602 wurde erstmals durch Thomas Grassl in Berchtesgaden nach alten Rezepten der berühmte Gebirgs-Enzian gebrannt. Danach bauten die Grassls mehrere Enzian-Brennhütten in den Berchtesgadener Alpen, die dank uralter Rechte heute noch in Betrieb stehen (so am Rossfeld, am Priesberg, in der Röth und am Funtensee).

Abseits der viel besuchten Wanderwege verrichten die Wurzelgraber im Herbst ihre anstrengende Arbeit. Die Wurzelstöcke alter Bestände werden oft meterlang, weisen Durchmesser bis zu 5 cm auf und wiegen oft mehrere Kilogramm.

Schon zu Beginn des 17. Jahrhunderts regelten vertragliche Bestimmungen das Ausgraben der Enzianwurzeln und sicherten so den Fortbestand der heute unter strengem Naturschutz stehenden Pflanze. Die Enzianbrennerei Grassl benötigt heute viel mehr Wurzeln, als von den Brennhütten geliefert werden können. In langjähriger Forschungsarbeit wurde deshalb ein Anbauverfahren für den gelben Enzian entwickelt, welches dem kultivierten Enzian neben dem wild gesammelten bereits einen festen Platz in der Rohwarenversorgung sichert. 4–5 Jahre dauert es, bis die Wurzeln geerntet werden können, wobei ein ha Boden die stattliche Menge von 25–30 Tonnen liefert.

Die Wurzeln werden kleingehackt und in einen großen Bottich gefüllt, wobei sie mit Hefe und Wasser vermengt einem mehrwöchigen Gärungsprozess unterzogen werden. Klar läuft der edle Enzian aus der Vorlage. Dieser „Rohbrand" wird anschließend in einer kleineren Feinbrennblase nochmals destilliert. Nach dem „Feinbrand" reift das Destillat in Eschenholzfässern in Kellergewölben tief unter Berchtesgaden 3–6 Jahre lang, bevor es in der Brennerei in Unterau nach streng geheim gehaltenen Hausrezepten gemischt und endlich in Flaschen abgefüllt wird. Das Angebot der Enzianbrennerei Grassl umfasst heute 32 verschiedene Edelbrände und Liköre. Für den Gebirgsenzian gilt heute wie damals das Grassl-Motto: „Würzig von der Wurzel her!" oder „Zeit lassen... Enzian trinken!".

Öffnungszeiten der Enzianbrennerei Grassl s. Seite 233.

Enzianbrennerei Grassl in Unterau

So vielseitig wie die Landschaften sind im Berchtesgadener Land die Möglichkeiten der Freizeitgestaltung. Wandern und Bergsteigen stehen in der großartigen Gebirgslandschaft des Nationalparks Berchtesgaden natürlich an vorderster Stelle.

SPAZIERGÄNGE IM ORTSBEREICH

Der lohnende „historische Spaziergang durch Berchtesgaden“ (Dauer ca. 2 Std.) wurde bereits im Kapitel Kultur beschrieben (s. Seite 87). Ein Bummel durch den Markt kann gut mit zwei kurzen Spaziergängen kombiniert werden.

Soleleitungsweg

Wer einen Blick über die Dächer Berchtesgadens werfen möchte, dem sei der kurze Spaziergang (ca. 20 Min.) über den Soleleitungsweg empfohlen. Von der königlichen Villa etwas ansteigen bis zum Alpenhotel Kronprinz und rechtshaltend zum Soleleitungsweg. Der Weg ist als Teilstück des historischen Spazierganges bereits auf Seite 88 beschrieben.

Sonnenpromenade

Der bequeme Spazierweg (ca. 20 Min.) beginnt beim Kurhaus, verläuft unterhalb des alten Friedhofs und der Franziskanerkirche und führt dann über Treppen hinunter zum Bahnhof.

Blick von der Sonnenpromenade über der Berchtesgadener Ache zum Watzmann

WANDERN UND BERGSTEIGEN

Tourenplanung

Eine wesentliche Voraussetzung zur erlebnisreichen Durchführung von Unternehmungen im Gebirge ist eine sorgfältige Tourenvorbereitung. Informationen über die zu erwartenden Anforderungen bezüglich Schwierigkeit und Länge verhindern Enttäuschungen und unangenehme Überraschungen. Vorkenntnisse über Gebietsbesonderheiten und Sehenswürdigkeiten (Aussichtspunkte etc.) ermöglichen deren gezieltes Aufsuchen. Geeignete Kleidung (festes Schuhwerk, Wetterschutz etc.) sollten im Gebirge auch im Hochsommer selbstverständlich sein.

Gehzeiten

Erfahrungswerte zum Berechnen von Gehzeiten:

Alleingänger bzw. Kleingruppen legen in einer Stunde zurück:

- 400 Höhenmeter im Aufstieg
- 800 Höhenmeter im Abstieg
- 5 km Horizontalentfernung

größere Gruppen legen in einer Stunde zurück:

- 300 Höhenmeter im Aufstieg
- 500 Höhenmeter im Abstieg
- 5 km Horizontalentfernung

Taktik

Je nach Länge und Anforderung einer Tagestour muss der Zeitpunkt des Aufbruchs so früh gelegt werden, dass am geplanten Ende (Tal, Hütte) genügend Reservezeit vor Einbruch der Dunkelheit für evtl. Zwischenfälle bleibt. Ein frühzeitiger Aufbruch empfiehlt sich besonders:

- bei starker Tageserwärmung, um die morgendliche Kühle zum Gehen auszunutzen.
- wenn am Nachmittag Gewitter zu erwarten sind (besonders im Hochsommer).

Bergwandern fordert vor allem die Langzeitausdauer. Sehr wichtig ist langsames Losgehen! „Sich Warmgehen" (ca. 15 Min.) steigert die Puls- und Atemfrequenz langsam und verbessert die Durchblutung der Muskeln vor der eigentlichen Belastung. So kann einer vorzeitigen Ermüdung oder gar Erschöpfung am besten vorgebeugt werden!

Pausen

Unregelmäßige Unterbrechungen der Belastung wirken sich negativ auf die Leistungsfähigkeit im Ausdauerbereich aus. Andererseits sind jedoch Pausen zur Erholung, zum Essen und Trinken erforderlich.

- Unvermeidbare Unterbrechungen während einer Belastungsphase (fotografieren, eincremen etc.) möglichst kurz halten (unter 2 Minuten)!
- Erste größere Rast (ca. 30 Minuten) nach etwa 2 Stunden Gehzeit (beachte erneutes „Sich Warmgehen"), weitere Pausen nach jeweils 1½–2 Std.

Bergwandern ist eine Tätigkeit mit hohem Verbrauch von Flüssigkeit und Energiestoffen. Um die Leistungsfähigkeit den ganzen Tag über aufrechtzuerhalten, müssen beide in ausreichender Menge nachgeführt werden!

Brunnen mit Trinkwasserqualität

Bergrettung

Rettungsleitstelle Traunstein **19222** (mit Handy Vorwahl 0861 notwendig) oder internationaler Notruf **112** (ständig erreichbar).

Alpines Notsignal

Nur in äußersten Notfällen! Das Notsignal kann optisch oder akustisch erfolgen (rufen, Trillerpfeife, Blinkzeichen etc.) und wird folgendermaßen gegeben:

Notsignal:

In regelmäßigen Abständen sechsmal in der Minute (also alle 12 Sekunden) ein Zeichen. Danach eine Minute Pause, worauf das Notsignal wiederholt wird. Notsignal geben, bis Antwort festzustellen ist. Danach das Signal nicht völlig einstellen! Eine Wiederholung in längeren Zeitabständen ist wichtig, um den Rettern die Position anzuzeigen.

Antwortsignal:

Die Rettungsmannschaft antwortet wie folgt: In regelmäßigen Abständen dreimal in der Minute (also alle 20 Sekunden) ein Zeichen. Danach eine Minute Pause, worauf das Antwortsignal wiederholt wird. Heute übernehmen oft Hubschrauber die Bergung von Verletzten.

Verständigung mit Hubschrauber:
Beide Arme schräg hoch (Y):

Typische Föhnwolken über dem Watzmannmassiv

JA, Hilfe ist nötig
Linker Arm schräg hoch, rechter Arm schräg abwärts (N): NEIN, Hilfe ist nicht nötig
Hubschrauber können nicht an jeder beliebigen Stelle landen oder Verletzte aufnehmen!

Meldung

Für einen schnellen Rettungseinsatz müssen die Angaben über einen Unfall kurz und exakt sein!

5-W-SCHEMA

WAS	ist geschehen? Art des Unfalls Anzahl der Verletzten
WANN	war der Unfall?
WO	passierte der Unfall?
WER	ist verletzt? Wer macht die Meldung?
WETTER	im Unfallgebiet? Sichtweite?

Wandern und Bergsteigen. Die Unternehmungen auf einen Blick

Ziel	Höhe	Aufstieg Höhenmeter	Gehzeit (einfache Wegstrecke)	Seite
Spaziergänge im Ortsbereich				
Historischer Spaziergang		100 Hm	2 Std.	87
Soleleitungsweg		50 Hm	20 Min.	119
Sonnenpromenade		50 Hm	20 Min.	119
Wanderungen in den Tallagen				
Hedwigsteig		100 Hm	2 Std.	124
Königsseer Fußweg		50 Hm	1¼ Std.	126
Malerwinkl Rundweg		100 Hm	1½ Std.	127
Maximilians Reitweg		50 Hm	2–3 Std.	128
Zauberwald – Hintersee (Wartstein)		230 Hm	3 Std.	129
Wanderungen in den mittleren Höhenlagen				
Ramsauer Soleleitungsweg	900 m	50 Hm	1½ Std.	131
Lindeweg am Obersalzberg	1000 m	50 Hm	1½ Std.	133
Toter Mann	1391 m	400 Hm	1½ Std.	134
Grünstein	1304 m	600 Hm	1½ Std.	136

Ziel	Höhe	Aufstieg Höhenmeter	Gehzeit (einfache Wegstrecke)	Seite
Halsalm	1211 m	400 Hm	1½ Std.	136
Almbachklamm Rund-Wanderweg	830 m	350 Hm	3 Std.	139
Moosenalm	1409 m	550 Hm	1½ Std.	141
Gotzenalm	1685 m	1150 Hm	3–3½ Std.	143
Kneifelspitze	1189 m	460 Hm	1½ Std.	146
Kührointhütte	1420 m	850 Hm	2½ Std.	148
Klausbachtal	1320 m	550 Hm	2 Std.	150
Wimbachgrieshütte	1327 m	700 Hm	2½ Std.	152
Eiskapelle	850 m	250 Hm	1¼ Std.	155
Obersee - Talschluss	700 m	100 Hm	1½ Std.	157
Bergtouren				
Watzmannhaus, evtl. Watzmann Hocheck	1930 m 2651 m	1300 Hm + 700 Hm	3½–4 Std. + 2–2½ Std.	159
Untersberg	1973 m	1170 Hm	3½ Std.	162
Schellenberger Eishöhle im Untersberg	1570 m	1100 Hm	2½–3 Std.	164
Traunsteiner Hütte evtl. Gr. Weitschartenkopf	1557 m 1979 m	950 Hm + 400 Hm	3½ Std + 1 Std.	166
Purtscheller Haus evtl. Hoher Göll	1692 m 2522 m	500 Hm + 850 Hm	1 bzw. 1½ Std. + 2½ Std.	168
Blaueishütte evtl. Schärtenspitze	1680 m 2153 m	850 Hm + 500 Hm	2½ Std. + 1½ Std.	171
Kärlinger Haus evtl. Viehkogel	1630 m 2158 m	1050 Hm + 550 Hm	3½–4 Std. + 1½–2 Std.	173
Hochstaufen	1771 m	1100 Hm	2½–3 Std.	176
Bergtouren mit Seilbahnhilfe				
Schneibstein	2276 m	600 Hm 1650 Hm*	2¼ Std.**	178
Untersberg-Überschreitung	1973 m	400 Hm 1200 Hm*	3½–4 Std.**	181
Lattengebirgs-Überschreitung	1738 m	150 Hm 1110 Hm*	4 Std.	183

* Abstieg ** ohne Abstieg

WANDERUNGEN IN DEN TALLAGEN

Hedwigsteig

Über den Dächern von Berchtesgaden

Bahnhof – Hedwigsteig – Herzogberg – Salzbergwerk – Nonntal – Sonnenpromenade

Vom Bahnhof über den Hanserersteig oder von Mitterbach am Beginn der Königsseer Straße in kurzem Anstieg zum Beginn des Hedwigsteiges, der auf dem Berchtesgaden gegenüber liegenden Berghang zur Obersalzbergstraße führt. Oberhalb des Herzogberges (bekannter Standort der Weihnachtsschützen) liegt der Aussichtspunkt „Kalter Keller" mit besonders schönem Blick auf Berchtesgaden. Die dort gefundenen Lochäxte und Speerspitzen aus der Jungsteinzeit (2500–2000 Jahre v. Chr.) gehören zu den ältesten Fundgegenständen des Berchtesgadener Landes. Die Autostraße zum Obersalzberg wird nur überquert, jenseits führt ein schattiger Waldweg weiter zur Gaststätte „Waldluft" unmittelbar oberhalb der Watzmanntherme.

Weiter geht es zum Salzbergwerk, wo man über einen Fußgängersteg zum anderen Achenufer gelangt und etwas ansteigend, vorbei am Heimatmuseum im Schloss Adelsheim, das Nonntal erreicht.

Ein lohnender Abstecher (ca. 20 Min.) führt vom Nonntal (Haus Nr. 3) über einen steilen Fußweg hinauf zum Lockstein (687 m) mit dem gleichnamigen Café/Restaurant, von dessen Aussichtsterrasse man einen der schönsten Ausblicke auf Berchtesgaden und die umliegenden Berge hat (besonders auf den Watzmann).

Für den Rückweg zum Bahnhof empfiehlt sich die Sonnenpromenade, die vom Kur- und Kongresshaus ausgehend unterhalb des Alten Friedhofs und der Franziskanerkirche verläuft und schließlich über Treppen hinab zum Bahnhof führt (ca. 20 Min.).

Blick vom Herzogberg auf Berchtesgaden und Untersberg

Ausgangspunkt: Berchtesgaden Bahnhof.
Gehzeit: 2 Std.
Höhenunterschied: 100 m.
Anforderungen: leichte Wanderung, mäßige Steigungen.

Höchster Punkt: Aussichtspunkt „Kalter Keller“, 100 m über der Ache.
Einkehrmöglichkeit: Gasthaus Waldluft.
Sehenswertes: Blick auf Berchtesgaden, Gebirgspanorama.
Varianten: Lockstein.

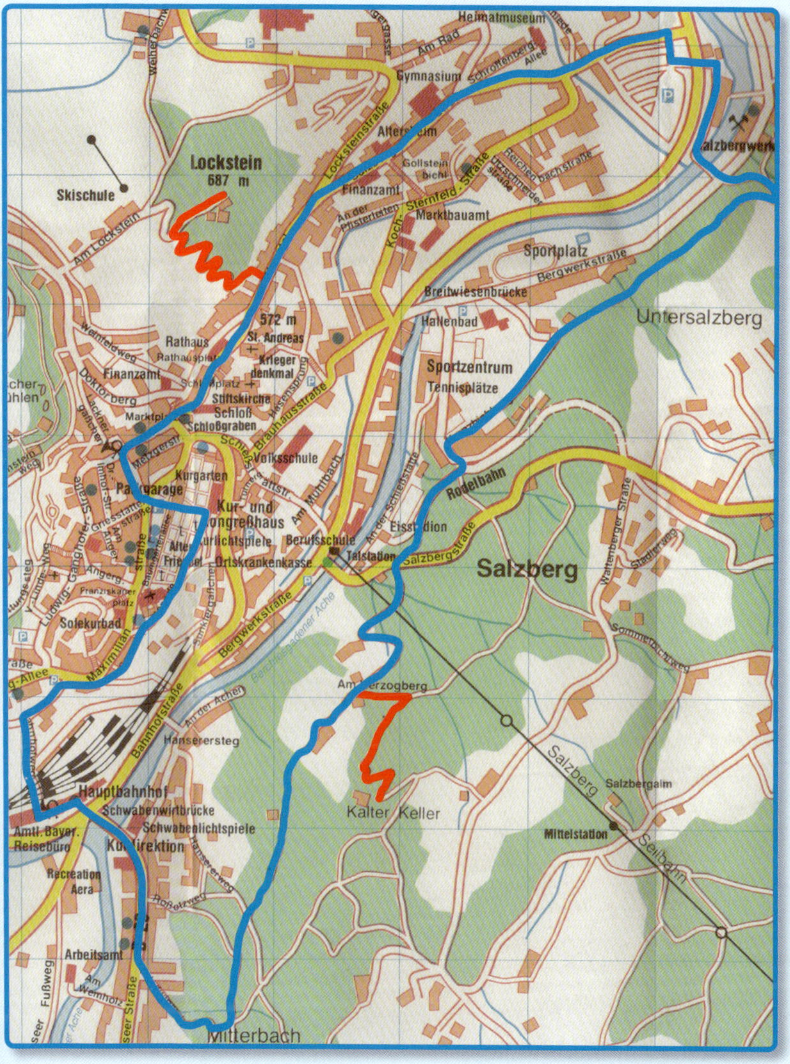

2 Königsseer Fußweg

Zu Fuß zur Seelände

Bahnhof – Schönau/Unterstein – Seelände am Königssee

Gegenüber dem Berchtesgadener Bahnhof, am ehemaligen Triftplatz, beginnt der gut beschilderte Weg entlang der Ache. Er folgt über große Abschnitte dem romantischen Lauf der Königsseer Ache flussaufwärts, verläuft abseits vom Verkehrslärm abwechselnd durch Wald und über offene Wiesen, teilweise auch durch das Siedlungsgebiet von Schönau. Am Weg liegen viele Einkehrmöglichkeiten. Von der Seelände am Königssee kann in ½ Std. der Malerwinkel, ein berühmter Aussichtspunkt mit Blick über den See, besucht werden. Ausgangspunkt: Berchtesgadener Bahnhof.

• • • • • • • • • •

Gehzeit: 1¼ Std.
Höhenunterschied: flacher Weg, kaum Steigungen.
Anforderungen: leichte Talwanderung.
Einkehrmöglichkeit: mehrere direkt am Weg.
Sehenswertes: Panoramablicke im Vorfeld des Nationalparks.

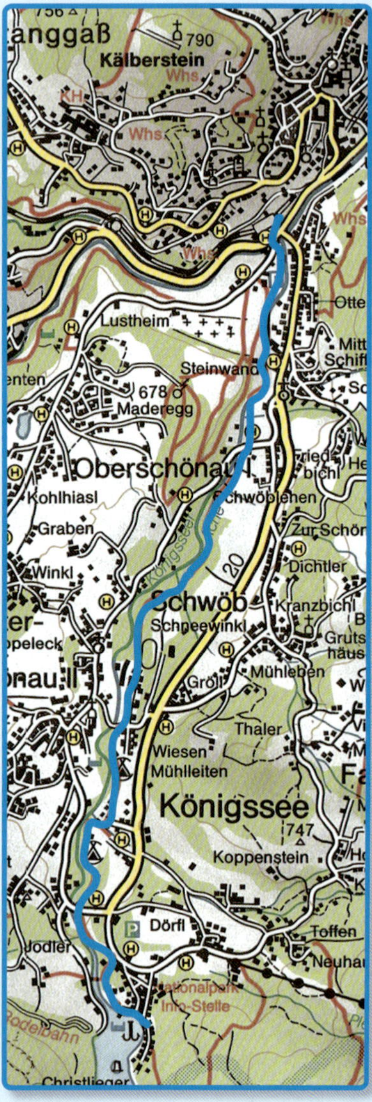

Die muntere Königsseer Ache

Malerwinkel-Rundweg

Berühmter Blick über den Königssee

Seelände – Malerwinkel – Jennerbahn – Seelände

Vom Schiffsanleger links, vorbei an den Bootshäusern und dem breiten Wanderweg folgend bis zum Aussichtspunkt (Sitzbänke). Der Name Malerwinkel stammt von den vielen Künstlern, die von dieser Stelle aus den Königssee zusammen mit St. Bartholomä auf Leinwand oder Papier verewigten. Der Blick über den acht Kilometer langen und an der breitesten Stelle nur 1,2 km breiten See ist außergewöhnlich. Der Rundweg führt weiter durch einen ausgeprägten Bergmischwald bis zur Talstation der Jennerbahn. Von dort zurück zum Königssee.

Ausgangspunkt: Seelände am Königssee.
Gehzeit: 1½ Std.
Höhenunterschied: ca. 100 m.
Anforderungen: leichte Wanderung, etwa 4 km.

Einkehrmöglichkeit: mehrere an der Seelände sowie im Ort Königssee.
Sehenswertes: einzigartiger Blick über den Königssee.

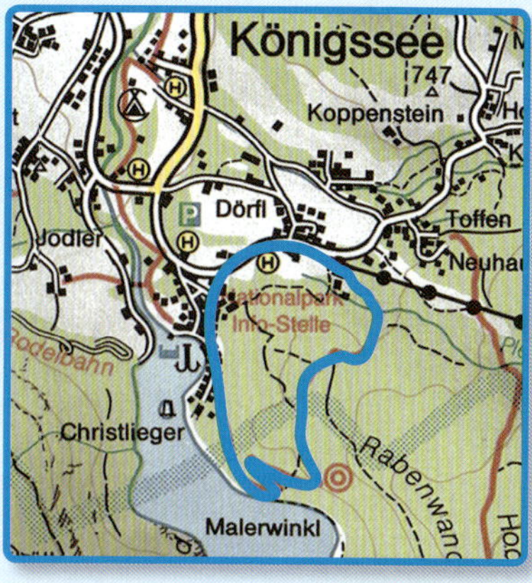

Blick vom Malerwinkel über den Königssee

4 Maximilians Reitweg

Wanderung im Tal der Bischofswiesener Ache

Hallthurm – Winkl – Bischofswiesen – Aschauer Weiher

Der bequeme, etwa 10 km lange Wanderweg am Fuße des Untersberges ist Teil eines 240 km langen Weitwanderweges von Lindau am Bodensee nach Berchtesgaden (E 4). Die gesamte Strecke legte der bayerische König Maximilian II. im Sommer 1858 mit seinem Gefolge in fünf Wochen zurück. Die Wanderung kann jederzeit abgebrochen, in kleineren Etappen oder in der entgegengesetzten Richtung durchgeführt werden. In jedem Fall sind schöne Ausblicke auf die Berchtesgadener Berge geboten. Besonders reizvoll ist der Weg im Herbst zur Zeit der Laubfärbung. Empfehlenswert ist auf der Höhe von Bischofswiesen der kleine Umweg über die Kastensteiner Wand. Als Lohn für 150 Höhenmeter Aufstieg warten oben eine Gastwirtschaft (Kastensteinalm) und eine hervorragende Aussicht. Im Sommer könnte ein Besuch des Naturbades Aschauer Weiher der krönende Abschluss dieser auch in der Hauptsaison nicht überlaufenen Wanderung sein.

• • • • • • • • • •

Ausgangspunkt: Hallthurm, Parkplatz unmittelbar neben dem Bahnübergang.
Gehzeit: 2½–3 Std.; Rückkehr mit Bahn oder Bus zum Ausgangspunkt.

Höhenunterschied: flacher Weg, kaum Steigungen.
Anforderungen: leichte Talwanderung.
Höchster Punkt: Hallthurm (695 m); evtl. Kastensteiner Wand (796 m).
Einkehrmöglichkeit: evtl. Kastensteinalm.

Maximilians Reitweg im Bischofswiesener Tal

Durch den Zauberwald zum Hintersee

Paradewanderung im Ramsauer Tal

Ramsau – Zauberwald – Hintersee – Wartstein – Maria Kunterweg – Ramsau

Die Rundwanderung auf guten Wegen bietet ständig wechselnde Eindrücke und gehört zum Pflichtprogramm für Besucher des Berchtesgadener Landes. Besonders die erste Etappe sollte auf keinen Fall versäumt werden. Vom Ortszentrum Ramsau über den Fußgängersteg in Höhe der Pfarrkirche (der Blick von hier ist ein weltbekanntes Motiv) und in wenigen Minuten zum Parkplatz an der Pfeiffenmacherbrücke. Nur kurz verfolgt man die Forststraße zur Eckaualm, bevor ein bequemer und gut ausgeschilderter Wanderweg nach rechts abzweigt, der nach 10 Minuten an den Gletscherquellen vorbeiführt (hier Kiosk Gletscherquelle, im Sommer tägl. bew.). Bei trockener Witterung halten die Quellen nicht, was der Name verspricht – anders sieht es zur Zeit der Schneeschmelze oder nach ergiebigen Regenfällen aus. Zu jeder Zeit eindrucksvoll dagegen ist wenige Minuten später der Blick in die enge Marxenklamm, die die Ramsauer Ache in den Jurakalk geschnitten hat. Etwas abwärts geht es weiter zum Gasthaus Zauberwald. Links der Ache führt der Weg weiter durch den Mischwald, das letzte Stück vor dem Hintersee wird Zauberwald genannt. Ein gewaltiger Felssturz vom Hochkalter herab schuf hier eine faszinierende Märchenlandschaft. Durch ein Chaos aus meterhohen bewachsenen Felstrümmern und uralten bemoosten Laub- und Nadelbäumen führt der Weg. In der Nähe rauscht die zum Wildbach gewordene Ache über Felsblöcke, bildet kleine Kaskaden und Wasserfälle. Bald hat man den Zauberwald durchquert und gelangt zu den Kiosken am östlichen Ufer

Romantische Stimmung im Zauberwald an den Ufern des Hintersees

5 des malerischen Hintersees. Nun hat man die Wahl: Die längere Variante (¾ Std.) besteht in der Umrundung des Sees (in dem Fall empfiehlt sich ein Abstecher zum traditionsreichen Gasthaus Auzinger). Kürzer (20 Min.) gelangt man entlang des Ostufers weiter durch den Zauberwald (sehr lohnend) zur Fahrstraße und zu den Hotels und Gaststätten auf der gegenüberliegenden Seeseite. Ein markierter Wanderweg führt in etwa einer halben Stunde hinauf zum Gipfel des Wartsteins (893 m), von dem man, obwohl er nur 100 Meter höher liegt, eine schöne Aussicht auf den vor der Kulisse der Reiteralm eingebetteten Hintersee und den gegenüber liegenden Hochkalter (mit Blaueisgletscher) genießen kann. Weiter geht es in östlicher Richtung erst durch Wald, dann über die buckeligen Wiesen der Triebenbachtratte hinab zum Bindenkreuz (an der markanten Straßenkreuzung) und dem Wanderweg folgend durch die reizvolle Schlucht des Lattenbaches zur Wallfahrtskirche Maria Kunterweg (s. Seite 103). Über einen steilen Weg gelangt man in 10 Minuten, vorbei an mehreren Kreuzwegstationen, zurück nach Ramsau.

Ausgangspunkt: Ramsau Ortszentrum oder Parkplatz Pfeiffenmacherbrücke am westlichen Ortsende von Ramsau (670 m).
Gehzeiten: Wanderung in 3 Abschnitten:
1) Ramsau über Gletscherquellen und Zauberwald zum Hintersee 1 Std.
2) Rundgang um den Hintersee ¾ Std.
3) Rückweg nach Ramsau über Wartstein und Kunterwegkirche 1¼ Std.
Gesamtzeit 3½ Std., Halbtageswanderung.
Höhenunterschied: 230 m.
Anforderungen: leichte Talwanderung, meist in schattigen Wäldern, deshalb auch an heißen Sommertagen empfehlenswert, viele Varianten, durchwegs gut beschildert.
Höchster Punkt: Wartstein (893 m).
Einkehrmöglichkeit: Kiosk Gletscherquelle, Ghs. Zauberwald, Gasthäuser und Kioske am Hintersee.
Sehenswertes: Gletscherquellen (nach Regen), Bergsturzgelände Zauberwald, Hintersee, Aussichtspunkt Wartstein, Wallfahrtskirche Maria Kunterweg, Ramsauer Pfarrkirche St. Fabian und St. Sebastian mit altem Friedhof.

WANDERUNGEN IN DEN MITTLEREN HÖHENLAGEN

Ramsauer Höhenweg (Soleleitungsweg)

Spaziergang am „Balkon des Lieben Gottes"

Kaltbachlehen – Zipfhäusl – Gerstreit

Der Soleleitungsweg wurde 1817 als Kontrollweg entlang der Soleleitung angelegt, mit der die Sole aus dem Berchtesgadener Salzbergwerk vom Söldenköpfl über eine insgesamt 29 km lange hölzerne „Pipeline" nach Reichenhall geleitet wurde. Bis 1927 stand die Leitung in Betrieb. Der bequeme (im Winter geräumte), nahezu eben am offenen, sonnigen und aussichtsreichen Südhang des Toten Manns angelegte Höhenweg ist der „Klassiker" unter den Soleleitungswegen, die ideale Einstimmung auf die Berchtesgadener Landschaft!

Geboten sind fortwährend wechselnde Landschaftsbilder und Ausblicke auf Reiteralm, Hochkalter, Watzmann, Hagengebirge, Göll und ins Ramsauer Tal. Schautafeln am Weg vermitteln Wissenswertes über die alte Leitung, von der nur ein paar spärliche Reste übriggeblieben sind.

Blick auf die Talenge von Ilsank, in Bildmitte Schönau am Königssee, hinten Göllstock, Jenner und Hagengebirge

6 Vom Parkplatz sogleich auf den beschilderten Soleleitungsweg und immer am Hang entlang teilweise über Wiesen, teilweise durch Wald in kaum merklicher Steigung in südöstlicher Richtung zum Zipfhäusl (Sahnegletscher), wo der Weg die Straße zum Hochschwarzeck quert. Der Weiterweg nach Gerstreit ist das lohnendste Teilstück mit prächtigen Ausblicken in Folge. Die Berggaststätte Gerstreit ist auch mit dem Auto erreichbar. Von hier besteht die Möglichkeit, weiter zum Söldenköpfl (Gaststätte) und hinab nach Ilsank zu wandern (1½ Std.). Der Rückweg von Gerstreit zum Kaltbachlehen auf dem Soleleitungsweg ist so kurzweilig wie der Hinweg. Im Frühjahr und Herbst hat man am Nachmittag die meiste Sonne.

• • • • • • • • • •

Ausgangspunkt: Parkmöglichkeiten (wenige) an der Deutschen Alpenstraße in Höhe Kaltbachlehen (870 m).

Gehzeiten: einfache Strecke 1½ Std. (Kaltbachlehen – Zipfhäusl ½ Std.; Zipfhäusl – Gerstreit ¾ Std.), Rückweg 1½ Std., Gesamtzeit 3 Std., leichte Halbtageswanderung.

Höhenunterschied: 50 m, kaum merkliche Steigung.

Anforderungen: bequemer Wanderweg, im Winter geräumt.

Höchster Punkt: Gerstreit (950 m).

Einkehrmöglichkeit: Zipfhäusl, Ghs. Gerstreit, bei Abstiegsvariante Ghs. Söldenköpfl.

Sehenswertes: teilweise erhaltene Soleleitung, Panoramablicke in die Berchtesgadener Alpen.

Varianten: der Weg kann an mehreren Stellen durch Abstiege zur Bundesstraße abgebrochen oder abgekürzt werden; möglich ist der Weiterweg von Gerstreit über das Söldenköpfl zum ehemaligen Brunnhaus (heute Gastwirtschaft) und Abstieg nach Ilsank (Gerstreit – Ghs. Söldenköpfl ¾ Std., Abstieg nach Ilsank ¾ Std.).

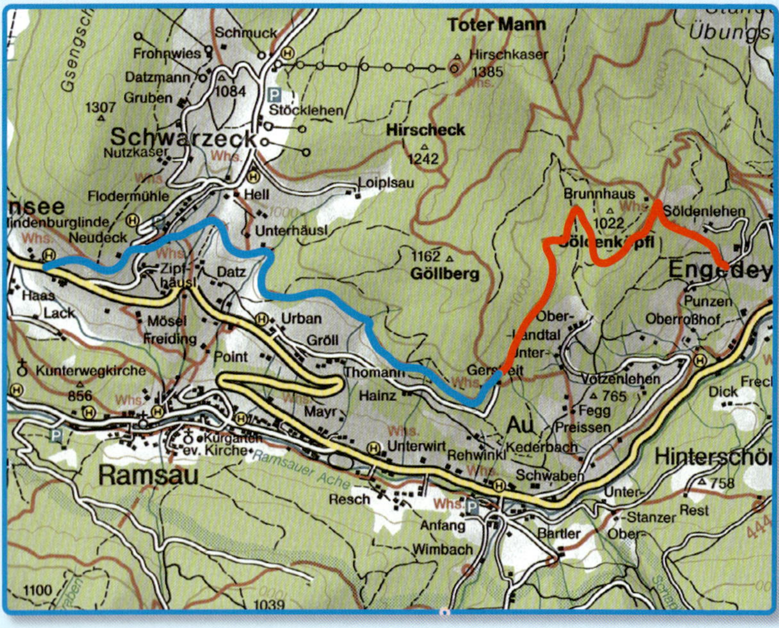

Lindeweg am Obersalzberg

Aussichtsreicher Spazierweg über Berchtesgaden

Hintereck – Hochlenzer – Graflhöhe (evtl. Scharitzkehlalm)

Vom Abfahrtsort der Busse auf den Kehlstein gelangt man, vorbei an der Dokumentation Obersalzberg (s. Seite 112), in wenigen Minuten zum Beginn des nach dem Erfinder der Eismaschine Carl von Linde (der am Obersalzberg ein Anwesen hatte) benannten Weges 400 Meter über Berchtesgaden. Mit prächtigem Blick auf Berchtesgaden und die umliegenden Berge verläuft der ca. 4 km lange Weg ohne nennenswerte Steigungen. Gleich nach der Obersalzberg-Bahn kommt man beim Alpengasthof Hochlenzer und der Sommerrodelbahn (600 m) vorbei. Nicht mehr weit ist es von dort zur Graflhöhe (Windbeutel-Baron), berühmt wegen der hausgemachten Riesenwindbeutel in vielen Variationen.

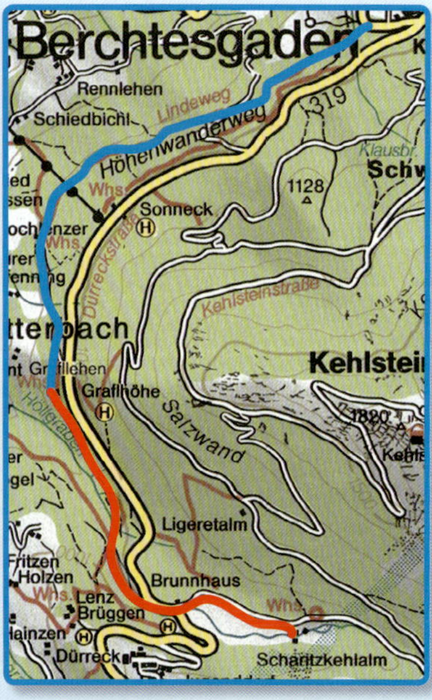

Rückweg zum Parkplatz zu Fuß auf gleichem Weg oder mit RVO-Bus, ins Tal gelangt man mit der Obersalzberg-Bahn. Wer noch Lust hat, kann in 30 Minuten zum beliebten Ausflugsziel der Scharitzkehlalm (1046 m) weiterwandern. Gewaltig überragt die Westwand des Hohen Göll das Endstal mit dem kleinen Berggasthof. Besonders an Wochenenden und nicht zu später Tageszeit kann man in den Wänden durch ein Fernglas häufig Kletterer beobachten.

Ausgangspunkt: Parkplatz Hintereck (950 m).
Gehzeiten: 1½ Std.
Höhenunterschied: 50 m.
Anforderungen: Spazierweg.
Höchster Punkt: Graflhöhe 1000 m.
Einkehrmöglichkeit: Gasthäuser am Weg.
Sehenswertes: Blick über den Berchtesgadener Talkessel und Gebirgspanorama.
Variante: Scharitzkehlalm (1046 m, ½ Std. ab Graflhöhe).

Aussicht vom Lindeweg auf Schönau, dahinter Watzmann, Hochkalter und Reiteralm

8 Toter Mann (1391 m)

Aussichtswarte inmitten der Berchtesgadener Alpen

Hochschwarzeck – Toter Mann

Seine Lage inmitten der Berchtesgadener Alpen prädestiniert den Berg mit dem etwas eigentümlichen Namen zu einem herausragenden Aussichtspunkt.

Vom Hochschwarzeck aus ist er auf einem breiten Wirtschaftsweg zunächst über Weideflächen, dann durch Wald leicht zu besteigen. Auf dem Gipfel steht eine kleine Unterstandshütte (Bezoldhütte), nur wenige Minuten sind es von dort zur Bergstation der Hirscheck-Sesselbahn und zum Berggasthaus Hirschkaser. Besonders eindrucksvoll ist der Blick ins zwischen die Steilflanken von Watzmann und Hochkalter eingebettete Wimbachtal.

Abstieg: Entweder auf dem Aufstiegsweg oder (länger) erst auf dem breiten Gipfelrücken östlich, dann auf einem steilen,

Blick vom Hirschkaser über die Trasse der Skiabfahrt zum Hochkalter und zur Reiteralm, dazwischen das Klausbachtal

später breiter werdenden Serpentinenweg südlich hinab zur Berggaststätte Söldenköpfl (¾ Std.). Nun auf dem Soleleitungsweg in ½ Std. zum Gasthaus Gerstreit und in einer weiteren ¾ Std. zurück zum Zipfhäusl, von wo eine steile Teerstraße zurück zum Ausgangspunkt führt (15 Min.).

• • • • • • • • • •

Ausgangspunkt: Ramsau, Ortsteil Hochschwarzeck, Parkplätze beim Gasthaus Schwarzeck (1000 m).
Gehzeiten: 1½ Std. bis zum Gipfel, Abstieg 1 Std., Gesamtgehzeit 2½ Std., leichte Halbtageswanderung.
Höhenunterschied: 400 m.
Anforderungen: leichte Wanderung auf Wirtschaftsweg.
Höchster Punkt: Toter Mann (1391 m).
Einkehrmöglichkeit: Gasthäuser am Hochschwarzeck, Hirschkaser.
Sehenswertes: Panoramablick auf die Gebirgsmassive der Berchtesgadener Alpen und ins Wimbachtal.
Varianten: Aufstiegshilfe Sessellift Hirschkaser. 15 Min. ab Bergstation; Abstieg über Söldenköpfl zum Soleleitungsweg und auf diesem zurück nach Hochschwarzeck (Gesamtdauer der Abstiegsvariante 2½ Std.).

9 Grünstein (1304 m)

Aussichtskanzel vor dem Watzmann

Hammerstiel – Grünsteinhütte – Grünstein

Die dem Watzmann nördlich vorgelagerte Kuppe ist ein prächtiger Aussichtspunkt. Gegen Schönau, besonders aber gegen den Königssee bricht der Berg in steilen und felsigen Flanken ab, die keinen leichten Anstieg erwarten lassen. Zum Glück ist das Gelände auf der anderen Seite, der westlichen, wesentlich flacher. Der kürzeste Zustieg führt vom Wanderparkplatz Hammerstiel (Teerstraße von Oberschönau) auf bezeichnetem Weg durch schütteren Bergwald zur von Mitte Mai bis Ende Okt. bewirtschafteten Grünsteinhütte (1200 m). Von dort in leicht ansteigenden Kehren in ¼ Std. zum aussichtsreichen Gipfel mit Kreuz. Vom Grünstein kann man mit geringem Höhenverlust auf schattigem Waldpfad (rot bez.) zur Kührointalm (1420 m) wandern (1½ Std.) und von dort wieder zum Parkplatz Hammerstiel absteigen (1½ Std.).

Ausgangspunkt: Parkplatz Hammerstiel, (700 m).
Gehzeiten: 1½ Std. bis zum Gipfel, Abstieg 1 Std., Gesamtgehzeit 2½ Std.
Höhenunterschied: 600 m.
Anforderungen: meist schattige, ohne Schwierigkeiten begehbare Waldwege.
Höchster Punkt: Grünstein (1304 m).
Einkehrmöglichkeit: Grünsteinhütte (1200 m, keine Übernachtung).
Sehenswertes: wundervolle Aussicht auf Watzmann, Königssee und den Berchtesgadener Talkessel.
Variante: Abstieg über Kühroint (3 Std.).

Seelände und Jenner vom Grünstein

Halsalm (1 211 m)

Tiefblick auf den Hintersee

Triebenbachlehen – Halsalm – Halsgrube – Hintersee

Wer den malerischen Hintersee, das Ramsauer Tal und die umliegenden Berge von oben einsehen will, für den ist die leichte Wanderung zur Halsalm unter den Ostabstürzen der Reiteralm genau das Richtige. Am Parkplatz beim Triebenbachlehen beginnt der mäßig steigende, landschaftlich sehr reizvolle Weg. Meist durch lichten Wald, zwei große Gräben querend, führt er zur Wiesenfläche der Halsalm. Die Lage der Alm ist einer Aussichtskanzel vergleichbar. Tief drunten liegt der Hintersee, dahinter das Ramsauer Tal. Gegenüber baut sich der schroffe Hochkalter auf, wenig oberhalb der Almwiesen fußen die kilometerbreiten Ostabstürze der Reiteralm zwischen Hohem Gerstfeld und Eisberg. Über dem breiten Kar jenseits der Alm erheben sich mit dem Stadelhorn (2 286 m) und dem Wagendrischelhorn (2 251 m) die

Blick von der Halsalm über Hintersee und Ramsauer Tal zum Hohen Göll

10 höchsten Gipfel der Reiteralm. Der Abstieg führt in südwestlicher Richtung auf dem Wirtschaftsweg hinab in die Halsgrube und weiter ins Klausbachtal, wo man auf der asphaltierten Straße in wenigen Minuten zum großen Parkplatz südlich des Hintersees gelangt.

Für den Rückweg zum Ausgangspunkt am See entlang und etwas ansteigend auf dem Spazierweg in Richtung Wartstein sind 40 Minuten zu veranschlagen.

• • • • • • • • • •

Ausgangspunkt: Ramsau, Parkgelegenheit unter den Ahornbäumen beim Triebenbachlehen (840 m).
Gehzeiten: 1–1½ Std. zur Halsalm, Abstieg zum Hintersee 1 Std., Rückweg zum Parkplatz 40 Min., Gesamtgehzeit 3–3½ Std., einfache Halbtageswanderung.
Höhenunterschied: 400 m.
Anforderungen: Aufstieg unschwieriger Steig, Abstieg breiter, teilweise steiler Wirtschaftsweg.
Höchster Punkt: Halsalm (1211 m).
Einkehrmöglichkeit: Halsalm (Erfrischungsgetränke), Gasthäuser am Hintersee.
Sehenswertes: Tiefblick auf den Hintersee, Ausblicke ins Ramsauer Tal und ins umliegende Hochgebirge.
Varianten: Von der Bushaltestelle am See links am Jugendhotel vorbei gerade in den Wald hinauf, dann 200 Meter eben nach links und steil aber unschwierig durch den Wald zum Weg vom Triebenbachlehen her.

Halsalm über dem Hintersee

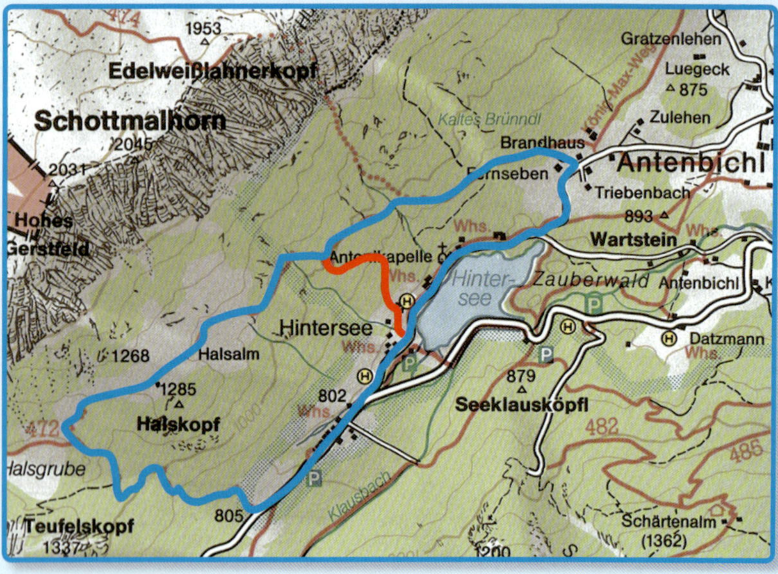

Almbachklamm Rundwanderweg

11

Wildromantische Klamm am Fuße des Untersberges

Kugelmühle – Almbachklamm – Ettenberg – Hammerstielwand – Kugelmühle

Die Wanderung durch die drei Kilometer lange Almbachklamm (s. Seite 81) sollte auf keinen Fall versäumt werden. Am Beginn ist die seit mehr als 300 Jahren bestehende, nun letzte Marmorkugelmühle Deutschlands zu besichtigen. Ein gut gesicherter Steig mit Holzstegen und sogar einem Tunnel führt durch die eindrucksvolle Schlucht. Am oberen Klammende ist die Theresienklause errichtet. Wer nicht durch die Klamm absteigen will, dem ist der Rundweg über Maria Ettenberg zu empfehlen. Der Weiterweg von der Klause führt am anderen Bachufer, nach Querung des Steingrabens weiter ostwärts, bis man schließlich am Hangrand auf Almgelände stößt, und weiter über den Wanderweg, zuletzt auf einer Fahrstraße bald zur Wallfahrtskirche Maria Ettenberg (834 m) in malerischer Lage gelangt.

Beim Mesnerwirt (mit Biergarten) gleich nebenan empfiehlt sich eine Einkehr, bevor man in ¾ Std. über die Hammerstielwand wieder zum Ausgangspunkt hinunterwandert. Im Juni 1998 wurden die Weganlagen in der Almbachklamm von einem am Untersberg niedergegangenen heftigen Unwetter so in Mitleidenschaft gezogen, dass eine Begehung nicht mehr möglich war. Der Gemeinde Marktschellenberg ist es zu verdanken, dass die Mittel für die Wiedereröffnung bereitgestellt werden konnten.

Steig durch die Almbachklamm, vorbei an Gumpen und Wasserfällen

11

Theresienklause am Klammende

Anforderungen: Der Steig durch die Klamm ist bis zur Theresienklause gut ausgebaut und im Sommer häufig begangen; Wege teilw. feucht, deshalb auf gutes Schuhwerk achten! Rückweg über Hammerstielwand in steilen aber breiten und gesicherten Serpentinen.
Höchster Punkt: Ettenberg (832 m).
Einkehrmöglichkeit: Gasthäuser Almbachklamm und Kugelmühle, Mesnerwirt in Ettenberg.
Sehenswertes: Kugelmühle, eindrucksvolle Steiganlage und Wasserfälle in der Klamm, Sulzer Wasserfall, Wallfahrtskirche Maria Ettenberg.

Solide Steganlage über wilden Wassern

Ausgangspunkt: Gasthäuser Almbachklamm und Kugelmühle (500 m) an der B 305 auf halber Wegstrecke zwischen Berchtesgaden und Marktschellenberg; Klamm und Kugelmühle geöffnet von Mai bis Oktober.
Gehzeiten: Kugelmühle – Theresienklause (718 m) 1¼ Std., Theresienklause – Ettenberg (832 m) ¾ Std., Rückweg über Hammerstielwand zur Kugelmühle ¾ Std.; Gesamtzeit ca. 3 Std.; Halbtagestour.
Höhenunterschied: 350 m.

Moosenalm (1409 m)

Klassisches Almgelände im Lattengebirge

Schwarzbachwacht – Moosenalm

Gegenüber des Wanderparkplatzes auf der Passhöhe bei Schwarzbachwacht führt der mäßig ansteigende Weg (Nr. 470), vorbei an einem großen Steinbruch, durch die bewaldete Westflanke des Lattengebirges. An der ersten Abzweigung (nach ca. ½ Std.) rechts ab und in großen Kehren, schließlich auf einer Forststraße zur Moosenalm.

Wer sich an der Abzweigung geradeaus hält, gelangt auf einem gleichmäßig ansteigenden, ohne eine einzige Kehre angelegten Weg weiter nördlich zur bewaldeten Hochfläche, zur Anthauptenalm (1240 m, 1½ Std. ab Abzweigung). Über den Moosensteig besteht eine Verbindung zur Moosenalm (1 Std.).

Der denkmalgeschützte „Rundumkaser" bei der Moosenalm ist als eines der letzten Beispiele einer jahrhundertealten Baukultur erhalten. Dabei wurde der fensterlose Innenraum (das Kasstöckl) rundum vom Stall umschlossen. Heute wie damals ist der Zugang in den Wohnraum nur durch den Stall möglich. Während der Almsaison werden Brotzeiten und Getränke angeboten.

Als lohnende Abstiegsvariante bietet sich der Weg über die Lattenbergalm zur Mordau an (Dreialmenwanderung).

Von der Moosenalm in südöstlicher Richtung in den Wald (Weg Nr. 475) und dem breiten Weg folgend zur Lattenbergalm (¾ Std.), von dort kurzer Anstieg (10 Min.) zur Karschneid (1530 m, für Trittsichere bietet sich ein Abstecher zum 1641 Meter hohen Karspitz mit prächtiger Aussicht an) und auf steilem Weg hinab zur Mordaualm (1 Std.). Ab hier auf breiter Forststraße zur Deutschen Alpenstraße (¾ Std.), die man beim Parkplatz Taubensee erreicht. Ein Fußweg führt zurück zum Ausgangspunkt (10 Min.).

Ausgangspunkt: Schwarzbachwacht (870 m).
Gehzeiten: 1½ Std. bis zur Moosenalm, Abstieg 1¼ Std., Gesamtgehzeit 3 Std., bequeme Tagesbergtour.
Höhenunterschied: 550 m.
Anforderungen: leichte Wanderung auf wenig steilen Wegen.
Höchster Punkt: Moosenalm (1409 m).

Blick vom Gipfel des Karspitz auf Watzmann und Hochkalter, unten das Ramsauer Tal

12 **Einkehrmöglichkeit:** Moosenalm, Gasthaus Schwarzbachwacht.
Sehenswertes: klassisches Almgelände auf bewaldetem Hochplateau, historischer Rundumkaser auf der Moosenalm.

Varianten: Aufstieg zur Moosenalm über Anthaupten (3 Std.); „Dreialmenwanderung" Moosenalm – Lattenbergalm (1480 m) – Mordaualm (2½–3 Std. von der Moosenalm bis Schwarzbachwacht).

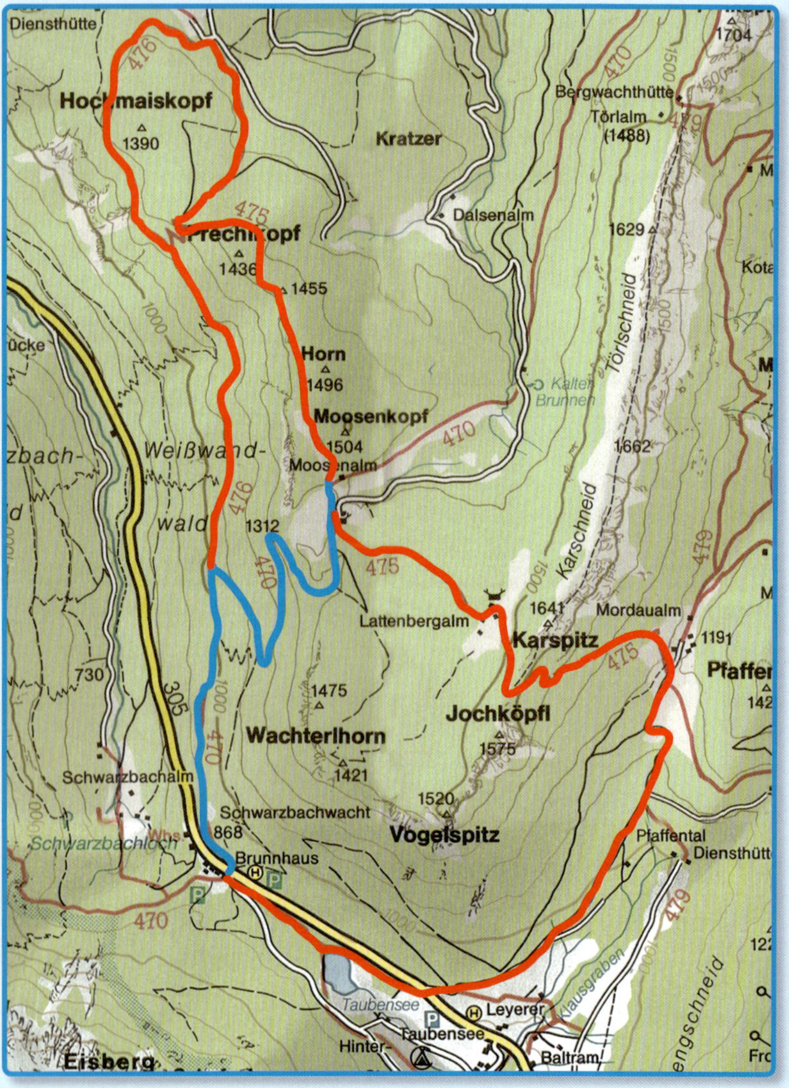

Gotzenalm (1685 m)

Almplateau gegenüber der Watzmann-Ostwand

Kessel – Gotzentalalm – Seeaualm – Feuerpalfen (1741 m) – Gotzenalm (Springlkaser) – Gotzentalalm – Königsbachalm – Hochbahn – Königssee

Von Kessel führt der Weg auf dem ehemaligen Reitweg der bayerischen Könige in langen Kehren über die steilen Waldhänge zur Gotzentalalm (1105 m), die in einem engen Hochtal liegt (Quelle). Hierher gelangt man auch vom großen Parkplatz in Hinterbrand querend über die Königsbachalm in ca. 1½ Std. (als Abstieg beschrieben).

Eine steile Forststraße führt weiter nach rechts in Kehren zur Seeaualm (¾ Std.), nach der man auf einem flacheren Wegstück etwas verschnaufen kann, bevor der anschließende Wirtschaftsweg über Serpentinen steil bergan zum Rand des weiten Almplateaus zieht (¾ Std.).

Auf der Hochfläche angekommen, wende man sich – anstatt zur nahen Hütte zu wandern – sogleich nach rechts, wo ein kleiner Steig entlang des Hochflächenrandes zum Feuerpalfen führt (10 Min.). Die Aussichtskanzel hoch über dem Königssee direkt gegenüber der gigantischen Watzmann-Ostwand gilt als einer der schönsten Aussichtspunkte in den Bayerischen Alpen.

Südlich über die Wiesen absteigend (10 Min.) kommt man zum bewirtschafteten Springlkaser (1685 m) auf der Gotzenalm. Von der Terrasse überblickt man von den begrünten Hohen Laafeldern (2074 m) ausgehend die Felswildnis des Steinernen Meeres bis zum Hundstod (2594 m), der im Südwesten seine Nachbargipfel überragt. Im Süden sichtbar ist der höchste Gipfel der Berchtesgadener Alpen, der Hochkönig, mit seinem Plateaugletscher (Übergossene Alm).

Almfläche der Gotzen vor der Watzmann-Ostwand

Blick vom Feuerpalfen auf St. Bartholomä und in die Watzmann Ostwand

Der Abstieg führt zurück zur Gotzentalalm und weiter auf einer Forststraße die Hänge über dem Königssee querend (kurze Gegenanstiege) zur Königsbachalm (2 Std.). Auf der Forststraße weiter absteigen bis zur Abzweigung des Wanderweges über die Hochbahn, auf ihm (schöne Blicke auf den Königssee) zurück ins Tal (1 Std.).

Eine Aufstiegsvariante, die auch für den Abstieg geeignet ist (beachte jedoch letzte Bootsfahrt nach Fahrplan!), führt von Salet in 3–3½ Std. über den Kaunersteig zur Gotzenalm. Von der Landungsstelle am Ostufer ca. 20 Minuten am See entlang, schließlich (Tafel) rechts aufwärts steil durch den Wald, dann über hunderte von Stufen (es sind genau 966) zu einer verfallenen Holzstube und nach rechts das Regental aufwärts zu den Regenalmen, zuletzt auf dem Reitweg, der von der Gotzen ins Landtal führt, in etwa 20 Minuten zum Springlkaser.

Ausgangspunkt: Königssee (602 m), Bedarfshaltestelle „Kessel" (Bootsführer Bescheid sagen) auf gut der halben Strecke nach St. Bartholomä (20 Minuten Bootsfahrt).
Gehzeiten: 3½ Std. zur Gotzenalm (Kessel – Gotzentalalm 1½ Std., weitere 1¼–1½ Std. zur Gotzenalm, Aufstieg zum Feuerpalfen 10 Min.; Abstieg 3 Std., Gesamtgehzeit 7 Std., ausgefüllte Tagestour.
Höhenunterschied: 1150 m.
Anforderungen: bis Gotzentalalm leichter Wanderweg, sonst Forststraßen und Wirtschaftswege.
Höchster Punkt: Feuerpalfen (1741 m).
Einkehrmöglichkeit: Gotzenalm (Springlkaser), Königsbachalm (Abstieg).
Sehenswertes: Almfläche mit großartiger Aussicht ins Hagengebirge und Steinerne Meer, Blick von Aussichtskanzel Feuerpalfen zum Königssee und zur Watzmann-Ostwand.
Varianten: Aufstieg zur Gotzenalm von Salet über Kaunersteig, auch als Abstieg geeignet (Auf- und Abstieg je 3–3½ Std.).

Nachmittagsstimmung vor der Gotzenalm

14 Von Maria Gern auf die Kneifelspitze (1189 m)

Inselberg mit Rundum-Panorama

Maria Gern – Marxenhöhe – Kneifelspitze

Der dem Untersberg vorgelagerte Inselberg bietet eine unvergleichliche Gesamtschau auf den Berchtesgadener Talkessel mit seinen Seitentälern und alle neun Gebirgsstöcke der Berchtesgadener Alpen einschließlich des Hochkönigs.

Von der Wallfahrtskirche Maria Gern folgt man dem Wegweiser „Kneifelspitze" auf eine steile Asphaltstraße. Bald wird der Weg (Mark. G6) flacher und führt als Sandweg durch Wald. Nach 20 Min. erreicht man wieder eine freie Fläche und die Abzweigung zum Aussichtspunkt Marxenhöhe, der 5 Min. abseits des Weges liegt (lohnend!). Ziemlich eben geht es weiter, bis man auf den vom Anzenbach heraufführenden Fahrweg trifft. Auf diesem links hinauf, am Kneifellehen vorbei, bei einer Abzweigung rechts ansteigend durch den Wald, zum Schluss in steilen Kehren zum Gipfel bzw. Gasthaus (prächtige Aussichtsterrasse, etwas abseits Aussichtspunkt Salzburgblick). Absteigen kann man auf der Aufstiegsroute oder auf dem über die Südhänge der Kneifelspitze zur Metzenleiten hinunterführenden bequemen Weg. Auf diesem bis zum Kasperllehen. Dort nicht der Fahrstraße folgen, sondern westlich hinüber zum Kneifel nahe des Aufstiegsweges.

Ausgangspunkt: Wallfahrtskirche Maria Gern (730 m).
Gehzeiten: Maria Gern – Marxenhöhe 20 Min.; Marxenhöhe – Kneifelspitze 1¼ Std.; Rückweg 1 Std.; Gesamtzeit 2½–3 Std., einfache Halbtageswanderung.
Höhenunterschied: 460 m.
Anforderungen: breite Wanderwege, teilweise etwas steil.
Höchster Punkt: Kneifelspitze (1189 m).
Einkehrmöglichkeit: Paulshütte am Gipfel der Kneifelspitze (ganzj. bew.)
Sehenswertes: Wallfahrtskirche Maria Gern; Gipfelpanorama; alte Bauernhäuser am Weg.
Variante: Aufstieg Berchtesgaden – Kneifelspitze vom Parkplatz des Salzbergwerks über Kropfleiten 1½–2 Std.

15 Kührointhütte (1420 m)

Almgelände vor dem Watzmannkar

Königssee – Klinger Alm – Kühroint – Archenkanzel – Wimbachbrücke (evtl. Abstieg über Rinnkendlsteig nach St. Bartholomä)

Viel interessanter als der übliche Aufstieg nach Kühroint von Wimbachbrücke (Sandstraße) ist der Weg von Königssee aus, der zunächst entlang der Kunsteis Bob- und Rodelbahn verläuft. Vom Parkplatz über die Seeklause zur Rodelbahn. Nach etwa einer Dreiviertelstunde zweigt ein Weg nach links ab zur Klingeralm (930 m), dort über den Bach, bei der späteren Wegteilung rechts halten, steil empor zu einem Wildgatter und weiter auf dem Ziehweg zum Ende der Forststraße Herrenroint. Dort rechts aufwärts (Tafel), eine Forststraße wird überquert, zur Hochfläche und eben durch den Wald zur Weidefläche von Kühroint mit den Almen und

Herbst auf der Almfläche von Kühroint – im Hintergrund Kleiner Watzmann und Watzmann-Mittelspitze

der Kührointhütte (1420 m). Unbedingt empfehlenswert ist ein Besuch der 30 Minuten entfernten Archenkanzel, einer der schönsten Aussichtspunkte des Berchtesgadener Landes. Zu ihr gelangt man auf dem zunächst breiten Weg, der gleich neben der Hütte in südlicher Richtung führt. Nachdem man etwa 100 Meter abgestiegen ist, geht es in wenigen Minuten links empor zur Kanzel oberhalb der Archenwand (1342 m, Bänke) mit herrlichem Blick auf den Königssee und die umliegenden Berge. Der Abstieg (Sandstraße) von Kühroint über die Schappbachalm hinab nach Wimbachbrücke (Busverbindung nach Königssee) oder Hammerstiel ist gänzlich unproblematisch. Der Abstieg durch steiles Felsgelände über den Rinnkendlsteig nach St. Bartholomä dagegen verlangt Schwindelfreiheit und Trittsicherheit! Wegen der außergewöhnlichen Tiefblicke auf den Königssee empfiehlt sich eine Begehung im Abstieg. Wenige Minuten vor der Archenkanzel zweigt der Steig rechts ab zum engen Einschnitt des „Rinnkendls", um danach mit Stufen und Drahtseilen versehen in zahlreichen Kehren, zuletzt nahe am See querend nach St. Bartholomä zu gelangen. Die Rückfahrt erfolgt mit dem Boot (2–2½ Std. für den Abstieg, beachte letzte Bootsfahrt nach Fahrplan!).

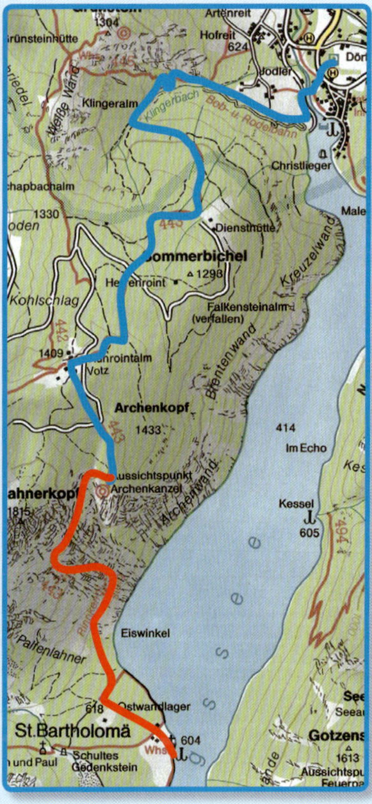

Ausgangspunkt: Großparkplatz am Königssee (602 m).
Gehzeiten: 2–2½ Std. bis Kühroint, Abstieg nach Wimbachbrücke 1¾ Std., nach St. Bartholomä (Rinnkendlsteig) 2–2½ Std..
Höhenunterschied: 850 m.
Anforderungen: Weg bis zur Archenkanzel und Abstieg nach Wimbachbrücke ohne jede Schwierigkeit; Abstieg über Rinnkendlsteig nur für Geübte!
Höchster Punkt: Kühroint (1420 m).
Einkehrmöglichkeit: Kührointhütte, evtl. Gasthaus in St. Bartholomä.
Sehenswertes: Watzmannmassiv, Tiefblick von der Archenkanzel.
Varianten: Abstieg nach St. Bartholomä über Rinnkendlsteig.

Kührointhütte mit Bergopfer-Gedenkkapelle St. Bernhard

16 Klausbachtal

Urnatur zwischen Hochkalter und Reiteralm

Hintersee – Engert Holzstube – Bindalm – Hirschbichlpass (1152 m) – Litzlalm (1320 m)

Ein landschaftlicher Höhepunkt des Berchtesgadener Landes ist das Klausbachtal im Westen des Nationalparks. Auf ca. sieben Kilometer Länge erstreckt es sich vom Hintersee bis zum Hirschbichlpass, einem Grenzübergang zu Österreich. Seinen Namen verdankt es dem zur Holztrift angelegten Stauwehr („Klause“) auf der Passhöhe. Das Tal bietet die Möglichkeit zu einer ausgedehnten, meist nur mäßig ansteigenden Talwanderung mit großartigen Gebirgsansichten. 300 Meter nach dem Gatter am Parkplatz beginnt ein Fußweg. Ausführliche Beschreibung des Klausbachtales (einschließlich Rotwildfütterung im Winter) s. Seite 74.

Hintersee und Klausbachtal, hinten die Leoganger Steinberge

Ausgangspunkt: Großer Parkplatz am Beginn der Hirschbichlstraße (Wildgatter) ca. ½ km südlich des Hintersees (790 m).
Gehzeiten: Parkplatz Hintersee – Bindalm 1¾ Std.; Bindalm – Hirschbichl ¼ Std.; Litzlalm ½ Std.; Rückweg 2 Std.; Gesamtzeit 5 Std., bequeme Tagestour.
Höhenunterschied: 550 m.
Anforderungen: bequeme, breite Wanderwege.
Höchster Punkt: Litzlalm (1310 m).
Einkehrmöglichkeit: Ghs. Auzinger, Bindalm, Ghs. Mooswacht am Hirschbichl, Litzlalm.

Sehenswertes: Nationalpark-Informationsstelle (Klausbachhaus), urnatürliches Gebirgstal, Steilabstürze der „Ramsauer Dolomiten", Ausbruchstelle des großen Bergsturzes von 1999 am Kleinen Mühlsturzhorn. Almmuseum Bindalm.
Varianten: Lohnend ist die Wanderung vom Hirschbichl hinab nach Weißbach b. Lofer (ca. 1½ Std.) mit dem landschaftlichen Höhepunkt der Seisenbergklamm. Zurück ins Berchtesgadener Land geht es mit dem RVO Wanderbus.

17 Wimbachgrieshütte (1327 m)

Wanderung auf Schuttströmen im Nationalpark

Wimbachbrücke – Wimbachschloss – Wimbachgrieshütte

Durch das Wimbachtal lässt sich für jedermann – wie kaum sonstwo – auf bequeme Weise ein Ausflug mitten hinein in eine hochalpine Landschaft unternehmen. Das schutterfüllte Tal ist eines der großartigsten und ursprünglichsten Täler des deutschen Alpenraums (ausführliche Beschreibung s. Seite 77).

Vom Ausgangspunkt Wimbachbrücke (Nationalpark-Informationsstelle) gelangt man nach kurzem Aufstieg (¼ Std.) zum Beginn der Wimbachklamm (gebührenpflichtig, begehbar von Anfang Mai bis Mitte Oktober). Eine Viertelstunde dauert der Gang über die in den Fels gehauene Weganlage mit ihren Treppchen und Holzstegen, bis man ganz unvermittelt das Klammende erreicht (die Klamm ist auf einem breiten Fahrweg umgehbar). Weiter führt der nun wieder breite Weg zunächst ganz flach in das großartige Tal hinein. Hinter einer großen Steinmauer am Ende des Griesstroms tritt der Wimbach zutage. Nun mäßig ansteigend, an der Quellwasserfassung Berchtesgadens vorbei, zum Wimbachschloss (Tages-Gaststätte, keine Übernachtung). Das altehrwürdige Gebäude wurde 1784 vom letzten Berchtesgadener Fürstpropst, Joseph Conrad von Schroffenberg, als Jagdhaus errichtet. Später nutzten es die Wittelsbacher für ihre Hofjagden.

Vom Schloss führt der Weg weiter erst durch Wald, dann über den Schuttstrom

Wimbachgrieshütte vor der gewaltigen Hochkalter-Ostwand

zur Wimbachgrieshütte unter den südwestlichen Ausläufern der mächtigen Watzmann-Südspitze.

Großartig ist der Blick auf die umliegenden Berge, die das hintere Wimbachtal wie eine Arena aus Stein umrahmen. Von allen Seiten münden Schuttströme ein.

Die Hütte ist Ausgangspunkt für anspruchsvolle Gipfelbesteigungen und Hüttenzustiege (Watzmann-Südspitze, Kärlinger- und Ingolstädter Haus im Steinernen Meer, St. Bartholomä über Trischübelpass und Sigeretplatte). Es handelt sich jedoch ausnahmslos um mehrstündige Steige in hochalpinem Gelände, die nur von wirklich Geübten (mit entsprechender Ausrüstung) begangen werden sollten!

Für den Rückweg entlang des Aufstiegsweges nach Wimbachbrücke sind 2 Std. zu veranschlagen.

Ausgangspunkt: Parkplatz Wimbachbrücke am östlichen Ortsende von Ramsau (624 m).
Gehzeiten: Wimbachbrücke – Wimbachschloss 1¼ Std.; Wimbachschloss – Wimbachgrieshütte 1¼ Std.; Rückweg 2 Std.; Gesamtzeit 5 Std., Tagestour.
Höhenunterschied: 700 Meter.
Anforderungen: leichter Wanderweg mit mäßigen Steigungen.
Höchster Punkt: Wimbachgrieshütte (1327 m).
Einkehrmöglichkeiten: Wimbachschloss (keine Übernachtung), Wimbachgrieshütte.
Sehenswertes: Wimbachklamm; Griesstrom; großartige Hochgebirgskulisse.
Varianten: Hüttenanstieg ins Steinerne Meer zum Kärlinger Haus (3–4 Std.); St. Bartholomä über Trischübelpass und Sigeretplatte (3½ Std.); beide nur für Geübte!

Großer Griesstrom im Wimbachtal

17

Ramsau
Schwabe
Resch
Anfang
Wimbach
Bartler
Hammerstiel
Waldhauser
Unterschönau
Grünstein
1304
Grünsteinhütte
Wimbachklamm
Schapbachriedel
Stubenalm
Klingeralm
Schapbach Diensthütte
Eckaualm
Kitzkartauern
Stanglahnerkopf
Schottmalhorn
Grubenalm
Schapbachalm
Schapbachboden
Gugelalm (verf.)
Mitterkaseralm
Kohlschlag
Sommerbichl
Herrenroint
Gugel
Schüttalpl
Wimbachschloß
Watzmannhaus
Falzalm
Kührointalm
Archenkopf
Aussichtspunkt Archenkanzel
NATIONALPARK
Hocheck
Kl. Watzmann
Mooslahnerkopf
Mittelspitze
Watzmann
Watzmannkinder
Südspitze
Hochmaiseck
Eiswinkel
Ostwandlager
St.Bartholomä
St.Johann und Paul
Schultes Gedenkstein
Zirbeneck
Griesspitze
Kirche
Burgstallst.
Unterkunftshaus
Auf dem Gries
Hachelwände
Hirschwiese
Hachelköpfe
Tabakmanni
Schrainbachalm
Holzstube
Mausalpeck
Kastl
Rauhe Köpfe
Sigeretplatte
Unterlahneralm (verfallen)
Graskopf
Hundstodkendelkopf
Glaidkopf
Neuhüttenalm (verf.)
Salletalm
Sagereckwand
Gr. Hundstod
Simetsberg
Oberlahneralm (verf.)
Sagereckalm (verf.)
Schneiber
Halsköpfl
Halsgrube
Halsalm (verf.)
Hundstodscharte
Kl. Hundstod
Grenzköpfe
Bärenloch
Ofenloch
Kuhscheibe
Grünsee
Funtensee
Ingolstädterhaus
Schönbichlalm (verf.)
Hirsch
Schäferhütte
Geigen
Glunkerer
Grünseealm (verf.)
Kärlingerhaus Funtenseehaus
Pfaumpalfen

Zur Eiskapelle unter der Watzmann-Ostwand

Am Wandfuß der höchsten Ostalpenwand

St. Bartholomä – Eisbachtal – Eiskapelle

Schon die Fahrt über den Königssee nach St. Bartholomä, dem Ausgangspunkt der Wanderung, ist ein Erlebnis. Von der Kirche aus führt nach Passieren der letzten Häuser ein breiter Weg (Nr. 446) in westlicher Richtung auf die gigantische Felswand des Watzmanns zu. Nach etwa 15 Minuten überquert man den Eisbach, der Weg beginnt zu steigen, und bald kommt man an der spätgotischen Waldkapelle Johannes und Paul aus dem Jahr 1617 vorbei (s. Seite. 106). Ganz in der Nähe entspringt eine Quelle, die als heilkräftig galt und jahrhundertelang als „Fieberbrunnen" aufgesucht wurde. Gerade führt der Weg weiter durch reinen Laubwald, wie er im Nationalpark eher selten vorkommt. Im Lawinenbereich fällt auf, dass die Bäume verkrüppelt gewachsen sind. Zu Füßen der mächtigen Watzmann-Ostwand ist ein meist schmutzig-braunes Schneefeld zu sehen, mit der Eiskapelle an seinem unteren Ende. So wird der torartige Austritt des Schmelzwassers aus dem von Lawinenschnee gespeisten Firnfeld genannt. Form und Größe der „Eiskapelle" verändern sich im Lauf der Jahreszeiten. Nicht immer ist sie leicht zu entdecken. Von dem Gletschertor, wie es in alten Berichten beschrieben wird (als domartige Höhle von 20 Metern Höhe und 30 Metern Breite, in die man im Sommer bis zu 200 Meter vor-

Frisches Grün der Buchen im Eisbachtal. Blick nach Osten zum Hohen Göll

dringen konnte) ist heute fast nichts mehr übriggeblieben. Vor Betreten wird in jedem Fall gewarnt (Einsturzgefahr)! Dem hier entspringenden Eisbach und seinen mitgeführten Geröllmassen verdankt die Halbinsel von St. Bartholomä ihre Entstehung. Nur noch schmale, sich immer wieder verfächernde Pfade führen zum Talschluss. Häufig lassen sich in den umliegenden Wänden Gämsen beobachten. Am 6. Juni 1881 gelang dem Ramsauer Bergführer Johann Grill, nach seinem Hausnamen „Kederbacher" genannt, mit dem Wiener Otto Schück in 14 Stunden die Erstbegehung der Watzmann Ostwand (Schwierigkeitsgrad bis IV). 6–8 Std. muss man heute für eine Durchsteigung rechnen, nicht selten kommt es aber auch vor, dass Kletterer von der Dunkelheit überrascht werden und in der Wand biwakieren müssen. Besonders Wetterstürze und Steinschlag sind in der Riesenwand gefährlich. Hundert Bergsteiger verloren seit der Erstbegehung ihr Leben.

• • • • • • • • • •

Ausgangspunkt: St. Bartholomä am Königssee (604 m).
Gehzeiten: St. Bartholomä – Eiskapelle 1¼ Std., Rückweg 1 Std.; Gesamtzeit ca. 2½ Std.; einschließlich Schifffahrt bequeme Tagestour.
Höhenunterschied: 250 Meter.
Anforderungen: Einfacher Wanderweg durch Wald und freies Gelände.
Höchster Punkt: Eiskapelle (ca. 850 m).
Einkehrmöglichkeit: Ghs. in St. Bartholomä.
Sehenswertes: Königssee, Wallfahrtskirche St. Bartholomä, Waldkapelle Johannes und Paul, Watzmann Ostwand, Firnfeld am Fuß der Wand (Eiskapelle).
Variante: Rundwanderweg von St. Bartholomä in nordwestlicher Richtung zur Wildfütterung, und am See entlang zurück (ca. ½ Std.), beschildert.

Eiskapelle am Fuß der Watzmann Ostwand

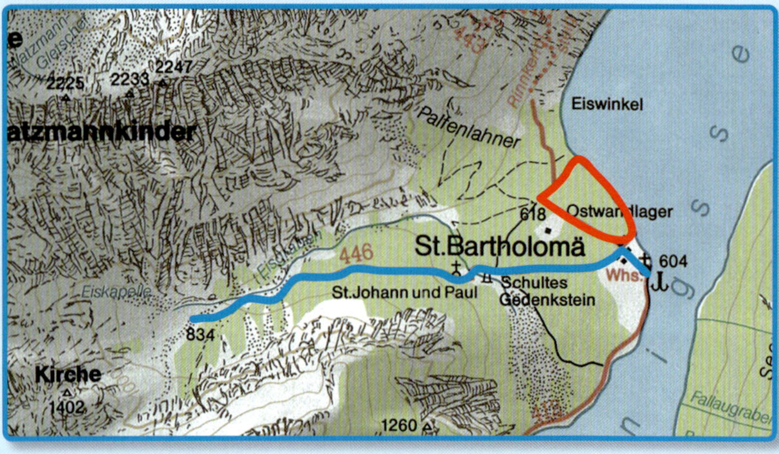

Obersee – Fischunkelalm – Talschluss

Gebirgseinsamkeit nah am Massentourismus

Salet – Obersee – Fischunkel-Alm – Röthbach–Wasserfall

Etwa 700 000 Menschen besuchen jährlich den einzigen fjordartigen Gebirgssee Deutschlands. Bemerkenswerterweise kehrt auch in der Hauptsaison schon einige hundert Meter hinter den Bootsanlegestellen Ruhe ein. Das gilt für St. Bartholomä ebenso wie für die Endstation Salet. Nur wenige machen sich auf zur Eiskapelle unter der Watzmann-Ostwand (s. Seite 155) oder zum großartigen Talschluss hinter dem Obersee, wo der Röthbach 450 Meter über die Felsen herabstürzt.

Vom Landungssteg Salet sind es nur wenige Minuten bis zur bewirtschafteten Saletalm (keine Übernachtung). Dem breiten Weg folgend kommt man nach 10 Minuten zum viel kleineren Obersee. 1200 Meter lang und 500 Meter breit liegt er 11 Meter höher als der Königssee, mit dem ihn ein schmaler Wasserlauf verbindet. Bootsverkehr gibt es am Obersee keinen. Ein ¾-stündiger Wanderweg führt auf der rechten Seeseite zur inmitten von Wiesen gelegenen bewirtschafteten Fischunkelalm. Die bescheidene, schindelgedeckte Hütte mit ihren Holzbänken und Tischen im Freien lädt zur Rast, angeboten werden typische Almspeisen wie Milch, Speck oder Käse. Talauswärts hat man einen schönen Blick über den See zu den Hachelköpfen und zur Watzmann-Ostwand, die schon in einiger Entfernung liegt. Wer eindrucksvolle Gebirgslandschaften liebt, sollte den ½-stündigen Weiterweg zum Talschluss unter der Röthwand nicht versäumen. Über sanft ansteigende Wiesen führt der Steig. Ringsum ragen steile Wände auf. Über einem märchenhaft verwunschenen Wald mit aufeinandergetürmten Felsbrocken stürzt ganz in der Nähe der Röthbach

Blick vom Röthsteig auf den Talschluss von Fischunkel

in die Tiefe. Im Talgrund versickert sein Wasser und speist als unsichtbare Quelle den Obersee.

Kaum zu glauben, dass durch die Röthwand, die vor einem liegt, der steile aber gut begehbare Röthsteig angelegt ist. Im 700 Meter höher gelegenen Becken der Röth unter den Teufelshörnern gelang in den 30er Jahren die Einbürgerung von Steinböcken.

• • • • • • • • • •

Ausgangspunkt: Salet (602 m, Endstation Königsseeschifffahrt, Schiffsverkehr nur von etwa Mitte April bis Mitte Oktober).
Gehzeiten: Bootsfahrt ¾ Std, Hin- und Rückweg je 1½ Std.
Höhenunterschied: etwa 100 m.
Anforderungen: leichte Talwanderung.
Höchster Punkt: Talschluss der Fischunkel (ca. 700 m).

Einkehrmöglichkeit: Saletalm, Fischunkel-Alm.
Sehenswertes: Königssee, Obersee, umliegende Berge des Nationalparks, Röthbach-Wasserfall.

Röthbachfall im Talschluss

Watzmannhaus (1930 m), evtl. Watzmann-Hocheck (2651 m)

„König Watzmann“ auf die Schulter oder aufs Haupt

Wimbachbrücke (oder Hammerstiel) – Stubenalm – Mitterkaseralm – Falzalm – Watzmannhaus – evtl. Watzmann-Hocheck

Der erste Gipfel des Watzmanngrates, das Hocheck (2651 m), besonders aber die lange Gratüberschreitung über die Mittelspitze (2713 m) zur Südspitze (2712 m) hinüber gehören für Bergsteiger zu den begehrtesten Zielen in den Berchtesgadener Alpen. Aber auch für den Wanderer ist mit dem Anstieg zum Watzmannhaus ein lohnendes Ziel und eine Annäherung an „König Watzmann“ geboten. Die geräumige Alpenvereinshütte bietet Platz für 170 Personen, was an schönen Wochenenden immer noch zu wenig ist. Wesentlich ruhiger geht es an den Wochentagen zu, was der, der es sich aussuchen kann, für eine evtl. Übernachtung berücksichtigen sollte!

Von Wimbachbrücke (oder von Hammerstiel über die Schapbach-Holzstube) auf breitem Weg zur Stubenalm.

Weiter führt der Weg über die Mitterkaseralm und in zunehmender Steilheit durch lichten Lärchenwald zur Falzalm, schließlich über freie Hänge in Serpentinen zum schon lange sichtbaren Watzmannhaus auf dem Falzköpfl. Da man, als die Hütte 1888 erbaut wurde, fürchtete, sie könnte sich zum Wildererne st entwickeln, baute man sie auf der vom Tal aus einsehbaren Erhebung.

Der erste Wirt war kein geringerer als der Erstbegeher der Watzmann-Ostwand, Johann Grill (Kederbacher).

Watzmannhaus auf dem Falzköpfl

20 Wer nicht den gleichen Weg absteigen will, dem bietet sich kurz oberhalb der Falzalm die Abstiegsvariante über den Falzsteig zur Kührointhütte (1420 m) an. Nach einer ausgesetzten, aber gut versicherten Steilstufe geht es ziemlich eben zur Almfläche von Kühroint hinüber.

Der Weiterweg zum Gipfel des Hocheck (2–2½ Std.) ist – nach Hüttenübernachtung – für trittsichere Wanderer (mit entsprechender Ausrüstung!) ein durchaus vertretbares Ziel. Eine Watzmannbesteigung an einem Tag (2000 Höhenmeter Aufstieg!) kommt nur für sehr konditionsstarke Bergsteiger in Frage. Zuerst in einer weit ausholenden Schleife, dann in Serpentinen im sich aufsteilenden Gelände gewinnt der Weg an Höhe.

Die schwierigste Passage ist an der sogenannten Schulter zu bewältigen. Drahtseile und eingehauene Tritte erleichtern am „Hochstieg" das Vorwärtskommen. Darüber legt sich das Gelände wieder zurück, längs des Grates führt der Weg zum Gipfel (2651 m) mit seiner vielgerühmten Aussicht.

Für den Übergang zum höchsten Punkt der Berchtesgadener Alpen, der Watzmann-Mittelspitze (2713 m), ist für den Hin- und Rückweg jeweils ½ Std. zu veranschlagen (teilweise ausgesetzt, Drahtseilversicherungen, Eisenklammern etc.).

Falzalm am Aufstieg zum Watzmannhaus

Der Übergang zur Mittelspitze, besonders aber der Weiterweg zur Südspitze („Watzmann-Überschreitung", 1½–2 Std. ab Mittelspitze, 600 Meter Drahtseilversicherungen!) ist nur wirklich trittsicheren und konditionsstarken Bergsteigern zu empfehlen. Der Abstieg ins Wimbachtal wird häufig unterschätzt. Er ist lang und kaum weniger anspruchsvoll als die Gratüberschreitung (2½–3½ Std. von der Südspitze bis zur Wimbachgrieshütte, weitere 1½–2 Std. bis zum Parkplatz Wimbachbrücke).

Ausgangspunkt: Parkplatz Wimbachbrücke am östlichen Ortsende von Ramsau (624 m) oder, etwas kürzer, Wanderparkplatz Hammerstiel (700 m, Asphaltstraße von Oberschönau).
Gehzeiten: 3½–4 Std. zum Watzmannhaus, Abstieg 2–2½ Std., Gesamtzeit ca. 6 Std. (Abstiegsvariante über Kührointhütte + 1 Std.), Tagesbergtour; (Gipfelanstieg zum Watzmann-Hocheck + 2–2½ Std. Aufstieg, Zweitagesbergtour!).
Höhenunterschied: 1300 m bis zur Hütte (Watzmann-Hocheck + 700 m).
Anforderungen: unschwierige Wanderwege und Steig (bis zum Watzmannhaus!), Anstieg zum Watzmann-Hocheck auf schotterigem Weg bis auf eine Steilstufe („Hochstieg") unschwierig und nicht aus-

Watzmannhaus der Sektion München des Deutschen Alpenvereins

gesetzt; Watzmann-Gratüberschreitung zur Südspitze nur für konditionsstarke und geübte Bergsteiger!

Höchster Punkt: Watzmannhaus (1930 m), Watzmann-Hocheck (2651 m) oder Mittelspitze (2713 m).

Einkehrmöglichkeit: Mitterkaseralm, Watzmannhaus, (Abstiegsvariante Falzsteig: Kührointhütte).

Sehenswertes: grandiose Hochgebirgseindrücke.

Varianten: Abstieg vom Watzmannhaus über den Falzsteig zur Kührointhütte. Gratüberschreitung vom Watzmann-Hocheck (2651 m) über die Mittelspitze (2713 m) zur Watzmann-Südspitze (2712 m) und Abstieg ins Wimbachtal (Klettersteig!).

21 Untersberg (1973 m)

Klassischer Anstieg auf den sagenumwobenen Plateauberg

Hintergern – Stöhrweg – Stöhrhaus (1894 m) – Berchtesgadener Hochthron

Wer sich der Südostecke Deutschlands von Norden her nähert, z. B. auf der Autobahn München–Salzburg, dem fällt von weitem ein Koloss von Berg mit langestreckter breiter Hochfläche auf, der sich übergangslos aus dem Alpenvorland aufbaut. Ganz anders als die Nordseite, wo dunkle Wälder bis zur Hochfläche hinaufreichen, tritt die Südseite des Untersberges, Berchtesgaden zugewandt, in Erscheinung. Die prallen, 300 Meter hohen Südwände unter dem bayerischen Gipfel „Berchtesgadener Hochthron" bieten eine Fülle extremer Kletterrouten. Auf dem Stöhrweg hat man die Untersbergwände mit ihren gelbgrauen Wänden und Pfeilern dauernd vor sich, der Gedanke, dort klettern zu müssen, lässt schaudern. Der Stöhrweg ist der leichteste und kürzeste Anstieg auf den Untersberg. Schon 1896 regte Kommerzienrat Paul Rudolf Eduard Stöhr den Bau eines Unterkunftshauses an und spendete für diesen Zweck den damals immensen Betrag von 6000 Mark. 1901 wurde die nach ihm benannte Hütte unweit des Gipfels fertiggestellt.

Vom Parkplatz hinter dem Gasthaus Bachgütl auf der Straße bergan zum Untersberglehen (hier keine Parkmöglichkeit) und durch den Wald in Kehren steiler aufwärts, bis man unterhalb der Rauhen Köpfe auf den von links vom Aschauer Weiher heraufführenden Weg trifft. Auf diesem geht es ziemlich eben und hervorragend aussichtsreich – immer die prallen Untersbergwände vor Augen – unterhalb der Almbachwand dahin bis zum sogenannten „Leiterl", wo man in Kehren durch die Felsen hinauf zur Hochfläche gelangt (bei 1600 m). Nun nach rechts und in weiteren Kehren hinauf zum Stöhrhaus (1894 m). Der Weiterweg zum Gipfel (Berchtesgadener Hochthron, 1973 m) ist leicht und kurz. Abstieg über den Aufstiegsweg (2½ Std.) oder, deutlich länger, über den Scheibenkaser: Nach dem „Leiterl" links ab in Richtung Scheibenkaser/Ettenberg (Mark. 466), nach langer Querung unter den Südwänden des Untersberges zum schön auf einem Wiesenhang gelegenen Scheibenkaser hinab, weiter absteigend in Richtung Ettenberg, kurz vor der Fahrstraße, die von Marktschellenberg heraufführt, nach rechts auf markiertem Weg zur Theresienklause in der Almbachklamm, über den Almbach und auf dem wieder ansteigenden Weg (teilweise steil) bis man wieder auf ebenes Gelände kommt. Am Dürrlehen vorbei und zurück zum Ausgangspunkt in Maria Gern (3¼ Std. ab Stöhrhaus).

Ausgangspunkt: Berchtesgaden, Hintergern, Parkmöglichkeiten ca. 600 m hinter Ghs. Bachgütl (800 m).
Gehzeiten: 3 Std. zum Stöhrhaus + 20 Min. zum Gipfel, Abstieg 2½ Std., Gesamtgehzeit ca. 6 Std. (Abstiegsvariante + 1 Std.), Tagesbergtour.
Höhenunterschied: 1170 m.
Anforderungen: gut angelegter, leichter Bergsteig und Wirtschaftswege.
Höchster Punkt: Berchtesgadener Hochthron (1973 m).
Einkehrmöglichkeit: Stöhrhaus (1894 m).
Sehenswertes: Südabstürze des Untersberges (evtl. Kletterer), Hochplateau, eindrucksvolles Gipfelpanorama.
Variante: Abstieg über Scheibenkaser.

22 Schellenberger Eishöhle im Untersberg (1570 m)

Besuch in Deutschlands einziger Eishöhle

Schellenberger Wehrturm – Toni-Lenz-Hütte – Schellenberger Eishöhle (evtl. Abstieg zum Höhleneingang von der Bergstation der Untersbergseilbahn)

Im Untersberg über Marktschellenberg befindet sich Deutschlands einzige Eishöhle (Beschreibung s. Seite 82). Einen Tagesausflug ist die einzige Eisschauhöhle Deutschlands allemal wert. Seit ihrer Erschließung in der zweiten Hälfte des 19. Jahrhunderts wurden im höhlenreichsten Berg der Berchtesgadener Alpen bislang noch weitere 400 Höhlen erforscht.

Vom Parkplatz am alten Wehrturm am Ortsausgang von Marktschellenberg auf markiertem, steilem Weg durch den Buchenwald zum verfallenen Bachkaser. Nun stark rechts und weiter durch den Wald zur verfallenen Jagdhütte Mitterkaser. Über Latschenhänge in Serpentinen weiter zur bewirtschafteten Unterkunftshütte des Höhlenvereins (Toni-Lenz-Hütte, 1551 m) unter den Ostabstürzen des Salzburger Hochthrons (2½–3 Std.). Von der Hütte führt der Weg in südwestlicher Richtung leicht ansteigend durch die Latschenhänge zum Sammelplatz unweit des Höhleneinganges (¼ Std., stündlich Führung).

Etwas weniger Zeitaufwand (1½ Std.) erfordert der Abstieg zum Höhleneingang über die Mittagsscharte und den Thomas-Eder-Steig nach Seilbahn-Auffahrt mit der

Thomas-Eder-Steig von der Mittagsscharte zum Höhleneingang

Untersbergbahn zum Geiereck (1805 m). Der durch eine steile Felswand angelegte Steig bietet Ausblicke, wie sie sonst Kletterern vorbehalten sind.

• • • • • • • • • •

Ausgangspunkt: Marktschellenberg, Parkplatz hinter dem alten Wehrturm am Ortsausgang in Richtung Salzburg (480 m) bzw. Talstation der Untersbergseilbahn in Grödig/St. Leonhard.
Gehzeiten: 2½–3 Std. bis zur Hütte, ¼ Std. zum Höhleneingang, Führung durch die Höhle 1 Std, Abstieg 2½ Std., Gesamtgehzeit (mit Höhlenführung) 7 Std., ausgefüllte Tagesbergtour.
Höhenunterschied: 1100 m.
Anforderungen: Markierter, problemlos begehbarer Bergsteig; für den Besuch der Eishöhle ist warme Kleidung ratsam.
Höchster Punkt: Schellenberger Eishöhle (1570 m).
Einkehrmöglichkeit: Toni-Lenz-Hütte (1551 m).
Sehenswertes: Eishöhle, Blick auf das Schellenberger Tal.
Variante: Der Höhleneingang und die Toni-Lenz-Hütte sind auch von der Bergstation der Untersbergseilbahn über die Mittagsscharte und den Thomas-Eder-Steig erreichbar (1½ Std.).

23 Traunsteiner Hütte (1557 m) auf der Reiteralm, evtl. Großer Weitschartenkopf (1979 m)

Plateaugebirge abseits des Massentourismus

Oberjettenberg – Schrecksattel – (Neue) Traunsteiner Hütte – evtl. Großer Weitschartenkopf

Die Reiteralm im Westen des Nationalparks ist ein typisches Plateaugebirge. Der kürzeste Zugang zur Hochfläche, wo die Traunsteiner Hütte steht, führt über den Schrecksattel. Der westseitig exponierte Weg bietet eindrucksvolle Blicke in die steilen Nordabbrüche des Gebirges, die bei Kletterern hoch im Kurs stehen, sowie ins Saalachtal. Am Schrecksattel ändert sich ganz plötzlich die Szenerie: Die Hochfläche ist eine Welt für sich. Blicke ins Tal sind nicht mehr möglich.

Durch welliges Gelände mit vielen Latschen, Lärchen und Zirben führt der Weg in Richtung der Reiter Steinberge, die weit im Süden stehen. Die Traunsteiner Hütte ist am Rand einer großen Wiesenfläche (Reitertrett) erbaut, die schon seit Jahrhunderten als Almweide genutzt wird. Eine Besteigung des Großen Weitschartenkopfes (1979 m) mit seiner prächtigen Aussicht (1 Std. ab Hütte) ist für gute Geher durchaus an einem Tag zu machen, auch wenn man am selben Tag wieder ins Tal absteigen will. Die Besteigung eines der Hochgipfel der Reiter Steinberge (Häuselhorn, Wagendrischelhorn, Stadelhorn) kommt in der Regel nur als Zweitagestour in Frage.

Vom Parkplatz nahe der Bundeswehrseilbahn auf der (für KFZ gesperrten) Teerstraße bis zu deren Ende und auf der nach rechts abzweigenden Forststraße (Schild), vorbei an der Rastnock Diensthütte, bis etwa 10 Minuten später ein Fußweg nach links hochführt.

Durch Wald, vorbei an einer Trinkwasserquelle, geht es weiter, bevor man unter den steilen Wänden des Wartsteins querend ganz unvermittelt zur Schreckwies' gelangt. Durch lichten Lärchenwald führt der Weg bis direkt unter die abweisende Felswand, um nach einer Linksquerung über einige weite Kehren bald die Einschartung des Schrecksattels (1620 m) zu erreichen. Weiter ca. ½ Std. in südlicher Richtung über die Hochfläche zur Traunsteiner Hütte.

Frühwinterliche Gratüberschreitung auf der Reiteralm, hinten die Hochgipfel Wagendrischelhorn und Häuselhorn

Zum Großen Weitschartenkopf führt von der Hütte ein schmaler Steig unschwierig über dessen grasige Südosthänge, oben durch dichte Latschen. Ein wundervoller Ausblick über die Steilwände ins grüne Saalachtal hinab bis zum klotzigen Wilden Kaiser weit im Westen, in der anderen Richtung über's Reitertrett zu den Hochgipfeln der Reiteralm ist der Lohn für eine Stunde Aufstieg. Abstieg zur Hütte und Talabstieg auf dem Aufstiegsweg.

Von den Hochgipfeln der Reiter Steinberge ist das Wagendrischelhorn (2251 m) der am leichtesten zu besteigende. Der Gipfel ist im Winter ein beliebter Skiberg. Die Anstiege auf das Häuselhorn (2284 m) und Stadelhorn (2286 m) durch teilweise steiles Felsgelände sind anspruchsvoller. Der Zeitaufwand ist für alle drei Gipfel mit 2½ Std. ab Hütte in etwa vergleichbar, eine grandiose Aussicht bieten alle.

• • • • • • • • • •

Ausgangspunkt: Oberjettenberg, von Berchtesgaden über die Deutsche Alpenstraße (B 305) über Ramsau – Schwarzbachwacht; kurz vor Unterjettenberg in markanter Rechtskurve links ab zum Parkplatz nahe der Bundeswehrseilbahn (630 m).
Gehzeiten: 3½ Std. (bis Schrecksattel 3 Std., weitere ½ Std. zur Traunsteiner Hütte), Abstieg 2½ Std., Gesamtzeit ca. 6 Std. (Gipfelbesteigung Weitschartenkopf + 1 Std. Aufstieg), Tagesbergtour.
Höhenunterschied: 950 m bis zur Hütte (Weitschartenkopf + 400 m).
Anforderungen: unschwierige Wanderwege und Steige.
Höchster Punkt: Schrecksattel (1620 m), evtl. Großer Weitschartenkopf (1979 m).
Einkehrmöglichkeit: Traunsteiner Hütte.
Sehenswertes: Steilwände der Reiteralm-Nordseite, Tiefblicke ins Saalachtal, Hochplateau mit reicher Flora, Hochgebirgslandschaft der Reiter Steinberge.
Varianten: Reiter Steinberge (Häuselhorn, Wagendrischelhorn, Stadelhorn), als Zweitagestouren (2½ Std. ab Hütte).

24 Purtscheller Haus (1692 m), evtl. Hoher Göll (2522 m)

Auf den Eckerfirst in der Göll-Nordostflanke

Rossfeldstraße – Eckersattel – Purtschellerhaus – (evtl. Gipfelanstieg Hoher Göll)

Der östlichste im Kranz der Berchtesgadener Berge ist der Hohe Göll, ein Klotz von Berg. Unter Kletterern berühmt ist seine Westwand, die sich gewaltig im Talschluss des Endstales über Scharitzkehl aufbaut.

Dem Gipfel nordwestlich vorgelagert ist der Kehlstein, südwestlich liegt der breite Rücken des Hohen Bretts. Am schönsten ist der Göllstock anzusehen, wenn die Abendsonne an seinen Flanken höhersteigt. Die Göll-Westwand erstrahlt an schönen Sommerabenden nicht selten in einem wunderbaren Abendrot. Die erste Morgensonne dagegen streift die kaum weniger gewaltige Ostwand des Berges, die vom Rossfeld aus gut einsehbar ist.

Die nach Ludwig Purtscheller, einen der bedeutendsten Erschließer der Alpen im 19. Jahrhundert, benannte Hütte auf dem Eckerfirst ist ein leicht zu erwanderndes Tourenziel. Der Weiterweg zum Hohen Göll über den „Schustersteig" bleibt erfahrenen Bergsteigern vorbehalten. Die Erstbesteigung des Hohen Göll gelang im Jahr 1801 auf ziemlich der gleichen Route dem Salzburger Geistlichen Valentin Stanig.

Vom Parkplatz bei der Enzianhütte führt ein Fahrweg am linken Rand der Eckerleiten zum Eckersattel (1415 m). Hierher gelangt man auch vom Ahornkaser in 15 Min. auf breitem Weg absteigend. Rechts auf der bayerischen Seite etwas steiler oder auf der österreichischen Seite auf bequemem Weg zum Purtschellerhaus. Wanderer können von der Hütte aus über den grasbewachsenen Rücken des Eckerfirstes noch einige Minuten höhersteigen. Spätestens bei den Felsen des Nordostgrates ist es aber Zeit, umzukehren. Abstieg vom Purtschellerhaus über den Aufstiegsweg.

Der Weiterweg auf den Hohen Göll über den Salzburger Steig (Klettersteig) erfordert neben einer entsprechenden Ausrüs-

tung Schwindelfreiheit und Trittsicherheit und kommt nur für Geübte als Zweitagestour in Frage.

Vom Haus zu den Felsen des NO-Grates: Man quert unter einem Felsriegel, dann im schrofigen Gelände empor zu einem Gratabsatz (Kreuz). Weiter oben hat man zwei Möglichkeiten (Tafeln): der bequemere Weg verliert auf der Ostseite einige Höhenmeter und führt dann über Bänder, nah an den Abbrüchen gegen den Wilden Freithof hinauf zum sog. Kamin (Eisenstifte), der auf den Grat leitet. Hier vereinigt er sich wieder mit dem gesicherten Klettersteig („Schusterroute"), der nahe der Gratkante heraufkommt. Am Grat trifft man auf den Klettersteig vom Kehlstein über den Mannlgrat.

Nun auf dem breiten, geröllbedeckten Rücken (Göllleitn) in einer guten ½ Std. zum Gipfel. Abstieg wie Aufstieg (kürzeste Möglichkeit) oder durch das Alpeltal zur Straße nach Hinterbrand (1350 Höhenmeter Abstieg, mühsam, 2½–3 Std.).

Eine großzügige und bei konditionsstarken Gehern beliebte Tour ist die Göll-Überschreitung mit Aufstieg vom Purtscheller Haus zum Gipfel und Abstieg über das Hohe Brett (2340 m) zum Stahlhaus (1731 m). Vom Gipfel des Hohen Göll südlich am Grat entlang abwärts, unter dem Großen Archenkopf querend über Geröll und Schnee zu einer Scharte und steil hinauf zum nunmehr westlich ziehenden Kamm des Brettriedels. Dem Kamm folgend (eine ausgesetzte Stelle) zum wenig ausgeprägten Gipfel des Hohen Brett und westlich hinab zu einem Eisenkreuz (Jägerkreuz). Nun scharf links dem Steig über die süd-exponierten Hänge hinab zum Stahlhaus am Torrener Joch.

Ausgangspunkt: Berchtesgaden, Rossfeldstraße (Mautpflicht), Parkplatz bei der Enzianhütte am Fuß der Eckerleiten (1200 m) oder Parkplatz an der Abzweigung zum Ahornkaser (1540 m).
Gehzeiten: Purtschellerhaus: 1½ Std. ab Enzianhütte oder 1 Std. ab Ahornkaser, Abstieg ¾ Std., Gesamtgehzeit 2 Std., Halbtagestour. Anstieg zum Hohen Göll über „Salzburger Steig" (Klettersteig) nur als Zweitagestour, 2½ Std. ab Hütte.

24 **Höhenunterschied:** zur Hütte 500 m oder 250 m, je nach Ausgangspunkt (Gipfel Hoher Göll + 850 m).
Anforderungen: bis zur Hütte bequeme Wirtschafts- und Wanderwege, Göllbesteigung Klettersteig nur für Geübte, im Frühsommer oft steile und gefährliche Schneefelder!
Höchster Punkt: Purtschellerhaus (1692 m) oder Höher Göll (2522 m).
Einkehrmöglichkeit: Purtschellerhaus.
Sehenswertes: Nordabstürze des Kuchler Kammes, Göll-Ostwand, Blick über das Berchtesgadener Land und das Salzachtal.
Varianten: Göll-Überschreitung (nur für ausdauernde und geübte Bergsteiger!), 3½–4 Std. vom Göll-Gipfel bis zum Stahlhaus, weitere ca. 2 Std. für Abstieg ins Tal.

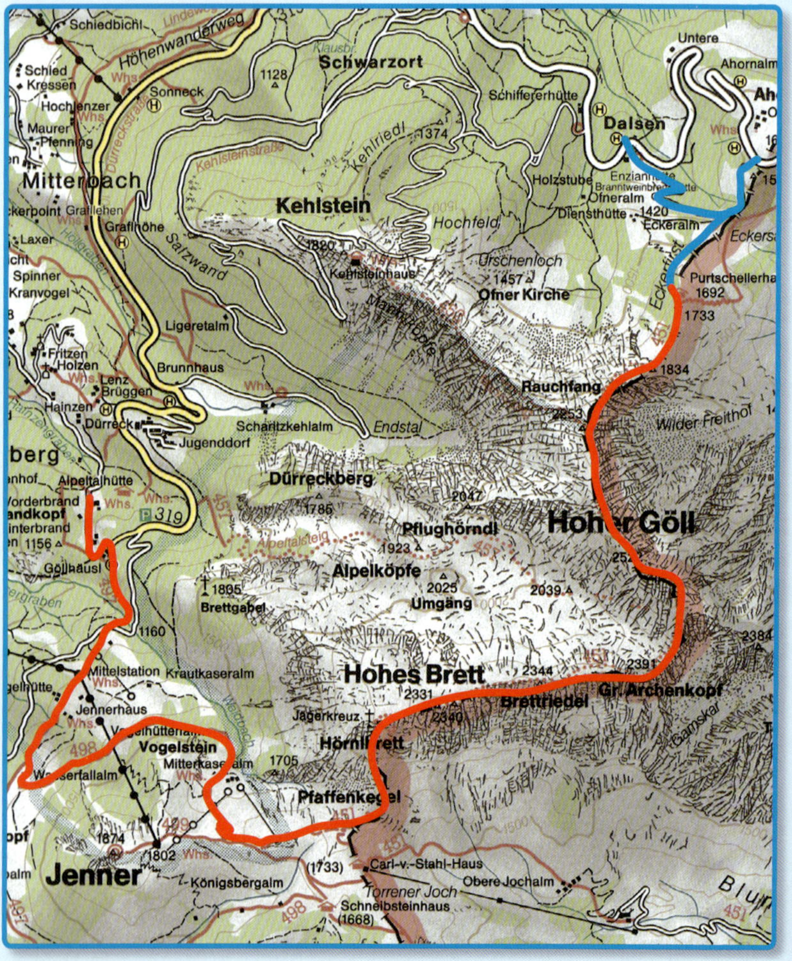

Blaueishütte (1680 m) am Hochkalter, evtl. Schärtenspitze (2153 m)

Zum nördlichsten Gletscher der Alpen

Hintersee – Schärtenalm – Blaueishütte – evtl. Schärtenspitze

Der Hochkalter (2607 m) ist nach dem Watzmann der zweithöchste im Kranz der Berge um Berchtesgaden. Im streng nach Norden gerichteten Blaueiskar hat der Gipfel eine Besonderheit vorzuweisen: das Blaueis ist der nördlichste Gletscher der Alpen. Leider hat die Klimaerwärmung dem kleinen Gletscher arg zugesetzt. Seine Tage sind vermutlich bald gezählt. Die Wanderung zur Blaueishütte führt ganz in seine Nähe. Gewaltig sind die Wände, die das Blaueiskar umrahmen.

Vom Parkplatz am Ostufer des Hintersees gelangt man über einen Fußweg bald zu einer Forststraße, der man folgt, bis scharf links (nicht zu übersehen) ein Wirtschaftsweg abzweigt. Auf ihm in weiten Kehren durch den Wald zur bewirtschafteten Schärtenalm (1362 m). Weiter führt der Weg zunächst ziemlich eben, dann über eine stabile Holzbrücke um ein Felseck herum und schließlich entlang der das Kar nordöstlich begrenzenden Steilwand des Steinbergs empor zur Blaueishütte. An einer Geländestufe des von riesigen Felstrümmern übersäten Blaueiskares in hochalpiner Umgebung erbaut, bietet sie einen eindrucksvollen Blick auf den nahen Blaueisgletscher und den Gipfelaufbau des Hochkalters. In der anderen Richtung unten liegt der Hintersee, gegenüber die Rei-

Hochkalter mit Blaueisgletscher und Hütte am unteren Bildrand

25 teralm. Nachdem die alte Blaueishütte, die im Kar weiter oben stand, im Winter 1955 von einer Staublawine hinweggefegt worden war, baute man die Hütte an dem etwas tieferen sicheren Standort wieder auf.

Nach einer Rast ist der Weiterweg (40 Min.) durch das Kar zum unteren Ende des Blaueisgletschers auf jeden Fall empfehlenswert. Die zunächst flachen, schuttbedeckten Gletscherreste steilen sich bald auf, schroffe Felswände ragen ringsum auf, der Ernst des Hochgebirges ist hautnah spürbar. Vor einer Begehung der steileren Bereiche ist zu warnen!

Etwas weiter (1½ Std.) ist der Weg von der Hütte zur Schärtenspitze, deren zackiger Gipfel schon vom Tal aus die Blicke auf sich zieht. Auf dem Weg zum Gletscher zweigt man in der Nähe eines riesigen Felsblocks nach links ab und gelangt zum Wandfuß der Schärtenwand. Nach einer Steilstufe (Drahtseilversicherung) geht es über begrünte, schrofige Hänge gut markiert in Serpentinen hinauf zum Grat und zum nicht sehr geräumigen Gipfel. Jäh bricht unmittelbar hinter dem Gipfelkreuz die senkrechte Nordwand ab. Gewaltig ist der Tiefblick zum nahen Blaueisgletscher mit den dusteren umliegenden Wänden und ins Ramsauer Tal. Gegenüber baut sich die gewaltige Westflanke des Watzmanns über dem Wimbachtal auf.

Der Rückweg zur Blaueishütte verläuft auf dem Anstiegsweg, ebenso der Abstieg von der Hütte ins Tal.

Ausgangspunkt: Ramsau, Parkplatz am Ostufer des Hintersees (850 m).
Gehzeiten: 2½ Std. (bis Schärtenalm 1¾ Std., weitere ¾ Std. bis zur Blaueishütte), Abstieg 2½ Std., Gesamtzeit ca. 5 Std. (Variante Schärtenspitze + 1½ Std. Aufstieg), Tagesbergtour.
Höhenunterschied: 850 m (Schärtenspitze + 500 m).
Anforderungen: breite Wirtschaftswege und gut begehbarer Steig (der Anstieg zur Schärtenspitze erfordert Trittsicherheit!).
Höchster Punkt: Blaueishütte (1680 m), evtl. Schärtenspitze (2153 m).
Einkehrmöglichkeit: Schärtenalm, Blaueishütte.
Sehenswertes: Blaueiskar, Blaueisgletscher, Tiefblick zum Hintersee.
Varianten: Zungenende des Blaueisgletschers, Schärtenspitze.

Blaueishütte und Hochkalter

Kärlingerhaus (1630 m) im Steinernen Meer, evtl. Viehkogel (2158 m)

Weiter Hüttenanstieg in großartiger Hochgebirgslandschaft

St. Bartholomä – Saugasse – Kärlingerhaus

Das Steinerne Meer ist eine gewaltige Hochfläche mit geologischen Besonderheiten und einer reichhaltigen Flora und Fauna. Das Hochplateau mit unzähligen Felsbuckeln, Mulden und Dolinen ist eine Welt für sich. Nach Norden fällt das Steinerne Meer ins Königssee- und Wimbachtal ab, die Kette der südlichen Randgipfel bildet mit prallen, hellgrauen und gelb-rötlich leuchtenden Felswänden die großartige Bergkulisse des Mitterpinzgaus. In dieser mehr als 20 km langen Kette ragen mit dem Selbhorn (2654 m) und der Schönfeldspitze (2653 m) die höchsten Gipfel auf.

Ein zentraler Stützpunkt mitten im Steinernen Meer ist das Kärlingerhaus gleich neben dem Funtensee (1601 m). Von dort bestehen Verbindungswege zu den auf österreichischem Gebiet liegenden Hütten am Rande der Hochfläche: zum Ingolstädter Haus (2119 m) und Riemannhaus (2177 m). Der Weg von St. Bartholomä zum Kärlingerhaus ist landschaftlich außergewöhnlich schön. Die Anforderungen an die Kondition sollten nicht unterschätzt werden.

Kärlingerhaus am Funtensee

Von der Bootsanlegestelle in St. Bartholomä nach links dem markierten Weg folgen und am Seeufer entlang über die Schuttreisen des Eisbaches unter die Burgstallwand (bis 1938 Schauplatz „trockener Holzstürze"). Steil aber gut ausgebaut führt er zum Schrainbach (Wasserfall) und in Serpentinen zur Schrainbachholzstube (866 m). Weiter geht es durch den Wald, vorbei an der verfallenen Unterlahneralm, nach der man bald zur schon von weitem einsehbaren Steilpassage der so genannten Saugasse kommt.

In vielen Kehren gewinnt der zwischen den Felswänden angelegte Weg an Höhe. Man vermeide die Passage zu ungünstigen Tageszeiten an heißen Sommertagen! Oberhalb wird es Gott sei Dank gleich wieder flacher. Gemächlich führt der Weg durch den Bärengraben, vorbei an der verfallenen Oberlahneralm und am „Ofenloch" zum Funtenseesattel (1672 m) hoch und danach leicht fallend zum Kärlingerhaus (1630 m) in unmittelbarer Nähe des Funtensees.

Nur als Zweitagesunternehmung in Frage kommt eine Besteigung des Viehkogels (2158 m), der als Inselberg im westlichen Teil des Steinernen Meeres eine großartige Übersicht über die nähere Umgebung des Funtenseekessels bietet. Der von der Hütte aus gesehen mächtige Felsklotz erweist sich auf der anderen Seite als unschwierig erreichbare Hochflächenerhebung. Vom Weg zum Ingolstädter Haus zweigt man links ab ins Viehkogeltal und gelangt, vorbei an einer Diensthütte, über den grasigen Gipfelhang nach 1½–2 Std. zum Gipfel. Abstieg zur Hütte und von dort zurück nach St. Bartholomä wie Aufstieg.

26 Ebenfalls nur als Zweitagesunternehmungen (bei sicherem Wetter) kommen die Überschreitungen der verkarsteten Hochfläche zu den Hütten Riemannhaus (2177 m, 2½–3 Std.) und Ingolstädter Haus (2119 m, 3 Std.) in Frage.

Eine Aufstiegsvariante zum Funtensee besteht (nur für Geübte) über die Sagereckwand. Von Salet (Endstation der Königsseeschifffahrt) führt der Steig an den Almhütten vorbei westlich über einen begrünten Schuttkegel in den Wald und bald zu einer steilen Wandstufe mit eingehauenen Tritten und Drahtseilversicherungen. Weiter geht es in Kehren durch das Steilgelände, nach 2 Std. leicht fallend zum Talboden der verfallenen Sagereckalm (1363 m, Quelle) und wieder ansteigend zur Höhe der Grünseetauern.

Der Grünsee bleibt links unten liegen. Über zwei Steilstufen führt der Pfad um den Fuß des Glunkerers zum Funtenseesattel und in wenigen Minuten zum Kärlingerhaus (4–5 Std. ab Salet). Im Abstieg und bei Nässe ist der auf weiten Strecken durch Steilgelände verlaufende Weg nicht zu empfehlen!

Ausgangspunkt: Königssee, Bootsfahrt nach St. Bartholomä (604 m).
Gehzeiten: 3½–4 Std. zum Kärlingerhaus, Abstieg 3 Std., Gesamtgehzeit 7 Std., ausgefüllte Eintagestour (Übernachtung empfehlenswert), evtl. Gipfelbesteigung Viehkogel (+ 1½–2 Std. Aufstieg) nur als Zweitagestour!
Höhenunterschied: 1050 m (Viehkogel + 550 m).
Anforderungen: breiter und leicht begehbarer Wanderweg bis zum Kärlingerhaus (Viehkogel hochalpiner Steig), steil nur im Bereich der Saugasse, als Tagestour vergnüglich nur mit guter Kondition – man beachte die letzte Rückfahrtgelegenheit von Bartholomä zur Seelände nach Fahrplan!
Höchster Punkt: Funtenseesattel (1672 m), evtl. Viehkogel (2158 m).
Einkehrmöglichkeit: St. Bartholomä, Kärlingerhaus.
Sehenswertes: Funtensee, Karstlandschaft des Steinernen Meeres, Flora und Fauna.
Varianten: Gipfelbesteigung Viehkogel, Aufstieg zum Funtensee von Salet über Sagerecksteig.

Funtensee im Steinernen Meer

Eiskapelle
St.Johann und Paul
Schultes Gedenkstein
834
1771
Kirche
1402
1260
Burgstallst.
604
Hachelwände
1837
2066
2000
Hachelköpfe
Schrainbach
Schrainbachalm
866
Holzstube
Mausalpeck
Kastl
604
Hachelklause
Sigeretplatte
Unterlahneralm (verfallen)
613
Salleta
Saugasse
1703
Sagereckwand
Neuhüttenalm (verf.)
Simetsberg
1865
1363
Holzstube
Oberlahneralm (verf.)
Sagereckalm (verf.)
Halsköp
1719
Bärengraben
1889
Halsgrube
Simetsbergalm (vert.)
Halsalm (verf.)
1844
Schwarzensee
1751
1628
1525
1568
Scheibenwand
Ofenloch
416
1716
1474
Grünsee
Kuhscheib
2011
1863
1683
Glunkerer
Grünseealm (verf.)
1672
1932
Geigen
Pflaumpalfen
Kärlingerhaus
Funtenseehaus
1886
1975
(1630)
1601
Funtensee
Feldkogel
2376
Branntweinbrennhütte
Funtenseealm (verf.)
423
Rennergraben
Stuhlwand
Stuhljoch
Viehkogel
2448
Hochsch
2462
Stuhlgrabenkogel
1881
158

27 Hochstaufen (1771 m)

Aussichtskanzel über Bad Reichenhall

Padinger Alm – Bartlmahd – Reichenhaller Haus (1750 m) – Hochstaufen

Obwohl er nicht eigentlich zu den Berchtesgadener Alpen gehört und nur eine bescheidene Gipfelhöhe aufweist, ist eine Besteigung des Bad Reichenhaller Hausberges unbedingt empfehlenswert. Und das nicht nur wegen der Hütte wenige Meter unter dem Gipfel. Vom östlichen Eckpfeiler der Chiemgauer Alpen hat man einen prächtigen Rundumblick in alle Himmelsrichtungen: Vom Alpenvorland im Norden bis zum Hohen Dachstein weit im Osten, über's Lattengebirge in die Berchtesgadener Berge bis zu den Hohen Tauern im Süden und zum Wilden Kaiser im Westen reicht der Blick. Tief unten liegt der Reichenhaller Talkessel, den die Saalach durchfließt. Im Jahr 2003 wurde in der Nordseite des Berges ein Klettersteig eröffnet, der zu den anspruchsvollsten weit und breit zählt. Eine Begehung kommt nur für Klettersteig-Fortgeschrittene mit kompletter Ausrüstung (Selbstsicherung etc.) in Frage.

Vom Parkplatz der Beschilderung folgend auf eine Forststraße und nach 10 Minuten links ab auf einen Weg, diesem folgend zunächst flach durch den Wald, dann in zunehmend steiler und steiniger werdendem Gelände in ca. 2 Std. zur Bartlmahd, einer früheren Weidefläche an der Waldgrenze. Kurzweilig geht es weiter unter dem Mittelstaufen querend zum Verbindungsgrat zwischen diesem und dem Hochstaufen.

Der gut begehbare, mäßig steile Weg auf dem breiten Westgrat leitet, nach einigen letzten Serpentinen, zum Reichenhaller Haus in unmittelbarer Nähe des Gipfels. Eine Rast auf der luftigen Hüttenterrasse hoch über Bad Reichenhall hat man sich auf jeden Fall verdient, bevor man die wenigen Schritte zum Gipfel mit seiner grandiosen Rundumsicht steigt.

Als Aufstiegsalternative für Geübte (nicht als Abstieg!) ist der landschaftlich reizvolle Klettersteig über die „Steinernen Jager“ empfehlenswert. Man begeht die Forststraße weiter bis zum Beginn des markierten Steiges, der über die Buchmahd zu den Ausläufern des Ostgrates führt. Durch eine kurzweilige Felslandschaft mit stetig wechselnden Szenerien führt der Weg. Wo er einmal, kurz absteigend, Geröll- und Fels-

Blick vom Hochstaufen ins Saalachtal

rinnen quert, stehen oben am Grat zwei markante Felsfiguren: die „Steinernen Jager", nach denen der Weg benannt ist.

Die Sage berichtet von zwei Burschen, die versteinert wurden, als sie am Sonntag lieber zur Gamsjagd gingen als in die Kirche und beim Läuten der Kirchenglocken auch noch höhnisch lachten. Entlang von Gratrippen gewinnt der Weg dann zum Teil etwas ausgesetzt rasch an Höhe, bis schon von weitem das Reichenhaller Haus sichtbar wird. Der Zeitaufwand ist mit 2½–3 Std. dem Bartlmahdweg vergleichbar.

• • • • • • • • • •

Ausgangspunkt: Bad Reichenhall, Parkplatz bei der Padinger Alm (670 m).
Gehzeiten: 2½–3 Std. bis zum Reichenhaller Haus (+ 5 Min. zum Gipfel), Abstieg 2 Std., Gesamtgehzeit 5 Std., Tagesbergtour.
Höhenunterschied: 1100 m.
Anforderungen: gut angelegter Steig, im oberen Teil stellenweise felsig, aber unschwierig.
Höchster Punkt: Hochstaufen (1771 m).
Einkehrmöglichkeit: Padinger Alm, Reichenhaller Haus.
Sehenswertes: Tiefblick auf Bad Reichenhall, großartiger Rundumblick vom Alpenvorland über die Berchtesgadener Alpen bis zu den Hohen Tauern.
Varianten: Aufstieg über den Klettersteig der „Steinernen Jager" (2½–3 Std., im Abstieg nicht empfehlenswert!).

Reichenhaller Haus

Schneibstein (2276 m)

Auf den leichtesten 2000er der Berchtesgadener Alpen

Jenner (Seilbahn) – Stahlhaus am Torrener Joch – Schneibstein (evtl. Abstieg über „Kleine Reibn“: Windscharte – Seeleinsee – Priesberg – Königsbachalm – Hochbahn – Dorf Königssee)

Mit der Jennerbahn zur Bergstation (1804 m) und auf gutem Weg zunächst absteigend, dann unter dem Pfaffenkegel querend und wieder ansteigend zum Stahlhaus (1731 m) am Torrener Joch (¾ Std.). Hierher gelangt man auch vom Parkplatz Hinterbrand über die Jennerwiesen und die Mitterkaseralm in 2 Stunden. Von der Hütte erst auf Steig in südöstlicher Richtung, dann auf dem sanften Nordwestgrat zum Gipfelplateau mit prächtiger Aussicht nach Norden ins Bluntautal und auf

Blick vom Windschartenkopf in Richtung Seeleinsee und Kahlersberg (links)

den Göllstock, nach Süden über die gewaltige Hochfläche des Hagengebirges. Der Abstieg folgt dem Aufstiegsweg. Wer vom Torrener Joch nicht zum Jenner zurückmarschieren will, kann auf einem Wirtschaftsweg über das Schneibsteinhaus (1670 m) und die Königsbergalmen zur Mittelstation der Jennerbahn (1200 m) oder weiter ins Tal absteigen.

Eine großzügige Abstiegsvariante vom Schneibstein-Gipfel (nur bei sicheren Wetterverhältnissen!) führt durch die eindrucksvolle Hochgebirgslandschaft des westlichen Hagengebirges über den Seeleinsee und die Priesbergalmen ins Tal. Die „kleine Reibn" (was so viel wie „kleine Runde" bedeutet) ist im Winter eine beliebte Skitour. Man folgt dem sanft abfallenden Gipfelrücken in südwestlicher Richtung bis zur Windscharte (40 Min.), der Windschartenkopf bleibt links liegen. Am tiefsten Punkt der Senke zwischen Fagstein und Hochseeleinkopf kommt man am malerischen Seeleinsee (1809 m) vorbei. Eine Rast ist obligatorisch - besonders Hitzige können den eiskalten See für ein Bad nutzen - bevor der Weiterweg durch das Hochtal unter der Tauernwand („Stiergraben") in Richtung Priesberg (1460 m) hinableitet. Nach den Almen führt der Weg weiter hinab auf den ebenen Boden des Priesberger Mooses und an einer Enzianbrennhütte vorbei, um dann auf den Wirtschaftsweg zu stoßen, der vom Torrener Joch über das Schneibsteinhaus und die Königsbergalmen herabführt.

Kurz nach der Einmündung gibt es zwei Möglichkeiten: Vor den Königsbachalmen (ca. 1200 m) entweder rechts ab (Wegtafel) und die Jenner-Westflanke querend zurück zur Mittelstation oder geradeaus weiter zur bewirtschafteten Königsbachalm und ein kurzes Stück auf der Forststraße, bevor man links abzweigend über die Hochbahn (schöne Blicke auf den Königssee) zurück zur Talstation der Jennerbahn gelangt (beachte: der Höhenunterschied vom Gipfel des Schneibsteins bis ins Tal beträgt 1650 Meter!).

• • • • • • • • • •

Ausgangspunkt: Jennerbahn Talstation (630 m) oder Jenner Mittelstation (1185 m, ¼ Std. vom Parkplatz Hinterbrand).
Gehzeiten: Jenner Bergstation - Schneibstein 2¼ Std. (¾ Std. zum Stahlhaus + 1½ Std. zum Gipfel); Abstieg zum Torrener Joch 1 Std.; Abstieg vom Torrener Joch über Schneibsteinhaus und Königsbergalmen zur Jenner-Mittelstation (1½-2 Std.)

Jenner-Bergrestaurant mit Torrener Joch und Schneibstein

28 oder, von der Abzweigung zur Mittelstation weiter über die Königsbachalm und die Hochbahn absteigend, zurück zur Jennerbahn-Talstation (2–2½ Std. ab Stahlhaus). Abstieg vom Schneibstein über Seeleinsee und Priesbergalmen ins Tal („kleine Reibn“, ca. 5 Std. ab Gipfel).

Höhenunterschied: 600 Höhenmeter im Aufstieg, Abstieg ins Tal 1100 (zur Jennerbahn-Mittelstation) bzw. 1650 Höhenmeter (Tal).

Anforderungen: Torrener Joch – Schneibstein leicht begehbarer Steig, sonst meist Wirtschaftswege; Abstieg über „Kleine Reibn“ gut begehbarer Steig in hochalpinem Gelände.

Höchster Punkt: Schneibstein (2276 m).

Einkehrmöglichkeit: Stahlhaus, Schneibsteinhaus, Königsbachalm.

Sehenswertes: Hochgebirgspanorama, besonders der Blick vom Schneibstein über die menschenferne Felswildnis des Hagengebirges und des Steinernen Meeres.

Varianten: Aufstieg zum Stahlhaus (ohne Seilbahnhilfe) vom Parkplatz Hinterbrand über Jennerwiesen und Mitterkaser (2 Std.).

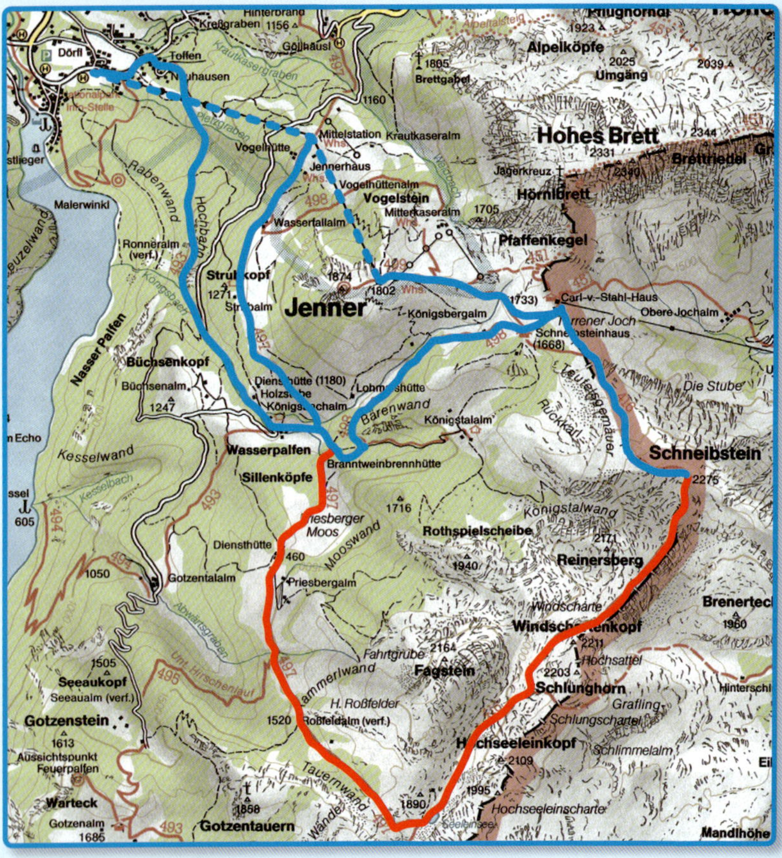

Untersberg-Überschreitung (1973 m)

Längsüberschreitung des Sagenberges

St. Leonhard – Geiereck (Seilbahn) – Salzburger Hochthron – Mittagsscharte – Berchtesgadener Hochthron – Stöhrhaus – Maria Gern

Neben der Schellenberger Eishöhle und dem Stöhrweg ist die Überschreitung des Untersberges der dritte Tourenvorschlag am gleichen Berg. Grund dafür ist, dass jede der Touren einen völlig unterschiedlichen Charakter hat und jede für sich zu den lohnendsten Unternehmungen in den Berchtesgadener Bergen gehört. Die Überschreitung des Untersberges von Norden nach Süden über seine wellige Hochfläche ermöglicht prächtige Ausblicke ins Voralpenland und auf die Berchtesgadener Berge. Trotz Seilbahnbenutzung handelt es sich um eine ausgefüllte Tagestour. Die Entfernung von der Bergstation bis zum Stöhrhaus beträgt beinahe fünf Kilometer.

Knappe 9 Minuten dauert die Fahrt mit der Untersberg-Seilbahn über 1320 Höhenmeter zum Geiereck (1805 m, 11 m hohes Gipfelkreuz). Von der Bergstation auf gutem Weg in 30 Minuten zum Salzburger Hochthron (1853 m). Weiter führt der Steig zum großen Heubergkopf, dann steil hinunter zur Mittagsscharte (hierher kann man auch vom Tal über die Toni-Lenz-Hütte und den Thomas-Eder-Steig in 4–4½ Std. gelangen). Aus der Scharte (Wegtafel) steil in südwestlicher Richtung hinauf und in aussichtsreicher Kammwanderung über die latschenbewachsene Hochfläche mit ihren unzähligen Mulden und Buckeln zum Berchtesgadener Hochthron. Vom Gipfel hat man eine hervorragende Aussicht auf den Berchtesgadener Talkessel und die umliegenden Berge. Nach Süden brechen jähe Steilwände ab, die die größte „Dichte" extremer Kletterrouten in den Berchtesgadener Alpen aufweisen. Nach kurzem Abstieg (¼ Std.) gelangt man zum auf der Hochfläche erbauten Stöhrhaus (1894 m). Für den Abstieg nach Maria Gern über den Stöhrweg (s. Seite 162) rechne man mit 2½ Std., Rückkehr zum Ausgangspunkt mit Bus oder Taxi.

• • • • • • • • • •

Ausgangspunkt: Untersbergseilbahn in St. Leonhard (456 m), 1,5 km hinter dem Grenzübergang Hangendenstein auf der B 305 von Berchtesgaden nach Salzburg.
Gehzeiten: Geiereck – Stöhrhaus 3½–4 Std., Abstieg über Stöhrweg nach Maria

Seilbahn auf den Untersberg

Abendstimmung am Stöhrhaus

29 Gern 2½ Std., Gesamtgehzeit 7 Std., ausgefüllte Tagesbergtour.
Höhenunterschied: vorwiegend Plateauüberschreitung, Abstieg 1200 Höhenmeter.
Anforderungen: unschwieriger Steig, Überquerung nur bei sicherem Wetter, bei Nebel evtl. Orientierungsschwierigkeiten, im Frühsommer Schneefelder.
Höchster Punkt: Berchtesgadener Hochthron (1973 m).
Einkehrmöglichkeit: Bergstation-Untersbergseilbahn, Stöhrhaus, Whs. in Maria Gern.
Sehenswertes: Hochfläche des Untersberges, Ausblicke auf Salzburg, ins Voralpenland und auf die Berchtesgadener Alpen.
Varianten: Aufstieg zur Hochfläche über Toni-Lenz-Hütte und Mittagsscharte (4-4½ Std.).

Lattengebirgs-Überschreitung (1738 m)

Stille Wanderung entlang des Hauptkammes

Bad Reichenhall – Predigtstuhl (Seilbahn) – Schlegelmulde – Hochschlegel – Karkopf – – Steinbergalm (verf.) – Steinerne Agnes – Rotofensattel – Hallthurm

Die Überschreitung des Lattengebirges, größtenteils in Höhenlagen zwischen 1700 und 1400 Meter, bietet schöne landschaftliche Eindrücke und bemerkenswerte Blicke auf die Berchtesgadener Gebirgsriesen.

Der im Süden über Bad Reichenhall sich aufbauende Predigtstuhl (1613 m) ist über eine Seilbahn, die 1928 als eine der ersten Deutschlands erbaut wurde, bequem erreichbar. 9 Minuten dauert die Fahrt zum Ausgangspunkt der landschaftlich reizvollen Wanderung entlang des in östlicher Richtung verlaufenden Lattengebirgs-Hauptkammes.

Vom Berghotel leicht fallend auf breitem Wanderweg zur Schlegelmulde (10 Min., bew. Alm), und auf schmalem Serpentinenweg weiter zum Hochschlegel (1688 m).

Am Lattengebirgshauptkamm. Blick über den Törlkopf auf die Berchtesgadener Gebirgsriesen

30 Immer dem Kamm folgend bis zur Abzweigung zum Karkopf, wo der Minutenabstecher zum höchsten Punkt des Lattengebirges allemal lohnt. Weiter in nordöstlicher Richtung zur Einschartung zwischen Karkopf und Dreisesselberg. Der 1680 Meter hohe Gipfel (kurzer lohnender Abstecher) hat seinen Namen von einem früheren Dreiländereck. Hier stießen einst die Grenzlinien des Kurfürstentums Bayern, der Fürstpropstei Berchtesgaden und des Fürstbistums Salzburg zusammen. Zurück in die Einschartung und links teilweise etwas steil hinab in eine große Mulde. Bald kommt man zur Wiesenfläche der ehemaligen Steinbergalm (1299 m), einem schönen Rastplatz.

Links geht es weiter durch den Buchenwald, bis man nach ca. 20 Minuten an der auffallenden Felsgestalt der Steinernen Agnes (50 Meter oberhalb des Weges) vorbeikommt. Die Sennerin Agnes wollte lieber zu Stein werden, als sich dem Teufel hingeben, der ihr in der Gestalt eines Wildschützen nachgestiegen war. Eine Ersteigung der markanten Felsgestalt (mit Klimmzug auf den pilzförmigen „Kopf") ist nur geübten Kletterern möglich. Ziemlich eben geht es weiter, nach wenigen Minuten zweigt ein Steig rechts ab, der vorbei an der Rotofen-Diensthütte auf einem Rücken steil nach Winkl hinabführt. Die klassische Überschreitung quert weiter die Bergflanke zum Rotofensattel. Jenseits der Scharte zwischen dem Kopf (Rotofenturm, 1369 m) und der Brust (Signalkopf, 1396 m) der „Schlafenden Hexe" in Serpentinen durch den Wald hinab zur Bundesstraße und zur Bahnstation Hallthurm (Bushaltestelle).

Blick ins Bischofswiesener Tal, hinten der Hohe Göll

Ausgangspunkt: Predigtstuhlseilbahn in Bad Reichenhall/Kirchberg (470 m), 20 km von Berchtesgaden.
Gehzeiten: Predigtstuhl – Rotofensattel 2½–3 Std., Abstieg nach Hallthurm 1 Std., Gesamtgehzeit 4 Std., einfache Tagesbergtour.
Höhenunterschied: 150 Höhenmeter Aufstieg, Abstieg 1 050 Höhenmeter.
Anforderungen: unschwierige Steige, Trittsicherheit vorteilhaft.
Höchster Punkt: Karkopf (1738 m).
Einkehrmöglichkeit: Predigtstuhl-Berghotel, Schlegelalm.
Sehenswertes: Panoramablicke auf die Gebirgsstöcke der Berchtesgadener Alpen, Felsgestalt der Steinernen Agnes.
Varianten: möglich ist ein direkter Abstieg von der Steinernen Agnes nach Winkl/Bichllehen; ebenfalls lohnend – allerdings wesentlich kraftraubender – ist die Überschreitung in der umgekehrten Richtung Hallthurm – Predigtstuhl (4½–5 Std.).

Rastplatz bei der verfallenen Steinbergalm

RADTOUREN

Das Berchtesgadener Land bietet eine Fülle von Möglichkeiten für alle Ansprüche vom Radwandern bis zum Mountain-Biking. Einfache Radtouren in den Tälern führen an landschaftlichen und kulturellen Sehenswürdigkeiten vorbei, anspruchsvolle Routen leiten auf Forststraßen hoch hinauf in die Berge. Sie können gut mit Gipfelanstiegen kombiniert werden. Wegen der großen Höhenunterschiede und der Gefährlichkeit der Abfahrten kommen letztere nur für geübte Sportler in Frage.

14 regionale Radwege mit insgesamt über 500 km Streckenlänge sind in beiden Richtungen durchgängig mit Symbolen beschildert. Durch das Berchtesgadener Land führt der Streckenverlauf von sieben überregionalen Radwegen (Bodensee-Königssee-Radweg, Tauernradweg, Mozart-Radweg u. a.).

Wer den Schwerpunkt seiner sportlichen Betätigung auf das Radfahren legen will, dem ist der Kauf einer Karte mit eingezeichneten Radwegen (z. B. Kompass-Karte Nr. 14) oder eines speziellen Führers (z. B. Köberl/Stumtner 2004) anzuraten.

Im Folgenden wird eine Auswahl besonders lohnender Unternehmungen vorgestellt.

Die Radtouren auf einen Blick

Tour	Fahrstrecke	Höhenmeter	Fahrzeit	Seite
Rund um den Untersberg	50 km	350 Hm	3 Std.	187
Rund um die Reiteralm	52 km	1100 Hm	5 Std.	188
Litzlalm	10 km*	550 Hm	1–1½ Std.	189
Kühroint	8 km*	800 Hm	1½–2 Std.	190
Rossfeld-Höhenringstraße	21 km	800 Hm	1½–2 Std.	191
Saalachtal-Runde	30 km	150 Hm	2–2½ Std.	192
Steinberg-Runde	70 km	450 Hm	3½–4 Std.	193

* einfache Strecke

Rund um den Untersberg

Beliebte Radtour im Berchtesgadener Land

Berchtesgaden – Marktschellenberg – St. Leonhard – Grödig – Glanegg – Fürstenbrunn – Veitlbruch – Großgmain – Pass Hallthurm – Berchtesgaden

Für Rennräder, Trekkingräder und Mountain-Bikes gleichermaßen geeignet, meist Radwege und wenig befahrene Nebenstraßen, durchgehend asphaltiert; wer die Runde (wie hier beschrieben) gegen den Uhrzeigersinn befährt, hat kurze steile Passagen bergauf zu bewältigen, kann sich dafür aber auf langen Kilometern leicht bergab an einem relativ mühelosen Vorwärtskommen erfreuen. Die Tour kann selbstverständlich auch in der anderen Richtung durchgeführt werden.

Von Berchtesgaden dem Tal der Ache folgend (teilweise Radwege und Nebenstraßen, auch die B 305 lässt sich auf dem breit ausgebauten Randstreifen gut befahren) nach Marktschellenberg und über den Grenzübergang Hangendenstein nach St. Leonhard, links ab und vorbei an der Untersbergseilbahn nach Grödig. Die nächsten kleinen Ortschaften Glanegg und Fürstenbrunn liegen bereits am Fuß der bewaldeten Nordabhänge des Untersberges. Nach Fürstenbrunn folgt ein kurzes, sehr steiles Teilstück (ca. 200 Höhenmeter), bis man ab der kleinen Kapelle beim ehemaligen Steinbruch (Veitlbruch) auf der wenig befahrenen Straße zum „Latschenwirt“ hinunterrollen kann.

Untersberg-Ostabstürze über dem Tal der Ache

Wer sich gleich nach der genannten, im Wald gelegenen Gastwirtschaft auf einer kleinen Sandstraße links hält, erspart sich eine Abfahrt und anschließende Steigung in Richtung Großgmain. Beim Steinerwirt kommt man wieder auf die Hauptstraße, entlang der ein asphaltierter Radweg nach Großgmain führt. Sofort nach der Landesgrenze scharf links abbiegen und entlang des Weißbaches leicht ansteigend hinauf zur B 20 zwischen Bad Reichenhall und Berchtesgaden.

Auf dem asphaltierten Radweg zunächst mäßig ansteigend, dann über kurze Steilstufen im Wald zur Passhöhe Hallthurm (693 m). Nun nicht die Hauptstraße befahren, sondern weiter auf der für den öffentlichen Verkehr gesperrten Sandstraße zuerst durch Wald, dann über Wiesen zurück zur B 20, auf die man beim Haus Eisenrichter trifft.

Asphaltierte Radwege durch das Bischofswiesener Tal meist leicht fallend ermöglichen eine genußreiche Rückkehr zum Ausgangspunkt Berchtesgaden.

Länge: 50 km.
Höhenmeter: 350 m.
Reine Fahrzeit: 2½–3 Std..
Allgemeines: Für Rennräder und Mountainbikes gleichermaßen geeignet.

Rund um die Reiteralm

Sportliche Paradetour in großartiger Landschaft

Oberjettenberg – Rastnock Diensthütte – Aschauer Klause – Reit – Lofer – Scheffsnoth – – Wildental – Pass Hirschbichl – Klausbachtal – Hintersee – Schwarzbachwacht – Oberjettenberg

Optimaler Ausgangspunkt für die landschaftlich großartige Tour ist die Abzweigung der Deutschen Alpenstraße (B 305) nach Oberjettenberg (Anfahrt von Berchtesgaden über Ramsau – Schwarzbachwacht, kurz vor Unterjettenberg in markanter Rechtskurve links ab, Parkmöglichkeiten gleich nach der Abzweigung).

Auf der wenig befahrenen Asphaltstraße taleinwärts, bei Gabelung links (Richtung Traunsteiner Hütte) und vorbei an der Bundeswehrseilbahn bis zum Ende der Teerstraße, rechts ab auf Forststraße.

Über Steigungen und Flachstücke in Folge kommt man zur Rastnock-Diensthütte, die etwas links oberhalb des Weges liegt.

Gleich hinter der Hütte verfolgt man die halbrechts abgehende Forststraße, die durch zwei Felsentore landschaftlich ausgesprochen reizvoll in die Aschau hinabführt.

Dort geht es, vorbei an der Aschauer Klause, wieder bergauf, bis in einer Linkskurve ein Fußweg abzweigt (Schild), der einige hundert Meter durch den Wald zu einem Sattel (Landesgrenze) führt, von dort Abfahrt auf Forststraße nach Reit (teilweise steil, vorsicht!). Nach der Saalachbrücke am (flussaufwärts) rechten Ufer dem Rad-/Fußweg (Schild „Tauernradweg/Mozartradweg“) folgen, bis zu einer asphaltierten Straße, die wieder zur Bundesstraße hinaufführt. Auf der alten Straße autofrei bis Lofer. Dort links halten (Beschilderung „Saalachtalrunde/Scheffsnoth“) und über schönes Wald- und Wiesengelände – Lofer bleibt rechts liegen – nach Scheffsnoth. Von dort auf Radweg am (flussaufwärts) linken Saalachufer in Richtung St. Martin. Kurz vor der Saalachbrücke verfolgt man die im spitzen Winkel links abgehende asphaltierte Straße hinauf ins Wildental (Wegweiser „Hirschbichl/Litzlalm“).

Am Ende des ebenen Talbodens nach rechts über den Bach zur Forststraße, die auf der gegenüber liegenden Hangseite hinaufführt (Wegweiser „Hirschbichl/Litzlalm“). Nach einer langen Steigung (400 Höhenmeter) kommt man zur Abzweigung zur Litzlalm.

Der Abstecher von 10 Minuten zur bewirtschafteten Alm (1320 m) ist unbedingt empfehlenswert. Die Steigung ist geschafft, es folgt eine lange Abfahrt zunächst auf gepflegter Sandstraße zur Passhöhe Hirschbichl (1153 m, Gasthaus), weiter auf der für den öffentlichen Verkehr gesperrten Asphaltstraße in nördlicher Richtung durch das Klausbachtal (Steilstufe Mitterberg 28 %) zum Hintersee. An der Kreuzung nach links in Richtung Schwarzbachwacht, am See entlang und über ein Steilstück, oben sofort links auf Sandweg („König-Max-Weg“), den man verfolgt, bis er wieder in die asphaltierte Straße einmündet. Auf dieser weiter zur Passhöhe Schwarzbachwacht (870 m) , von dort geht es nur noch bergab, entweder auf der Bundesstraße (B 305) oder über die Schwarzbachalmen (beschilderter, oben steiler Sandweg vom großen Parkplatz an der Passhöhe) zum Ausgangspunkt.

• • • • • • • • • • •

Länge: 52 km.
Höhenmeter: 1100 m.
Reine Fahrzeit: 4–5 Std..
Allgemeines: Meist Forststraßen, Radwege und wenig befahrene Nebenstraßen, am besten mit Mountain-Bike, landschaftlich hervorragend, beliebt.

Litzlalm (1320 m)

Radtour durch urnatürliches Gebirgstal

Parkplatz Hintersee – Klausbachtal – Pass Hirschbichl – Litzlalm

Das Klausbachtal (s. Seite 74) ist bei Wanderern und Radfahrern gleichermaßen beliebt. Die Wanderer halten sich besser auf dem Fußweg, die Radfahrer auf der neu asphaltierten Straße, die nur von Almbauern mit Sondergenehmigung bzw. vom RVO-Wanderbus befahren werden darf.

Vom Parkplatz Hintersee zunächst in kaum merklicher Steigung taleinwärts, bis nach ca. 3 Kilometern die erste Steigung beginnt, die an einer Furt unter den eindrucksvollen Südabstürzen der Reiteralm („Ramsauer Dolomiten") endet. Flach geht es weiter, vorbei an der Engert-Holzstube zum Mitterberg. Mit 28 % Steigung auf etwa 150 Höhenmeter ist der die steilste Passage weit und breit – wer hier nicht absteigen muss, hat die Reifeprüfung für Mountainbiker geschafft! Am ebenen Talboden der Bindalm angekommen, ist es über eine letzte Steigung nicht mehr weit bis zur Passhöhe Hirschbichl (1158 m, Landesgrenze, Gasthaus). Rechts ab (Schranke) und auf einer gut präparierten Sandstraße zur Litzlalm (1320 m) in wundervoller Lage mit Prachtaussicht auf die Ramsauer Dolomiten und die gegenüber liegenden Urtäler des Hochkaltergebirges. Abfahrt wie Auffahrt.

Länge: 10 km (einfache Strecke).
Reine Fahrzeit: 1–1½ Std.
Höhenmeter: 550 m.
Allgemeines: Für Trekkingräder und Mountain-Bikes geeignet, Steilstück Mitterberg 28 %! (für Abfahrt gute Bremsanlage nötig!), bis Hirschbichl asphaltierte Straße (für öffentlichen Verkehr gesperrt), dann gute Sandstraße, landschaftlich außergewöhnlich

Litzlalm mit Kammerlinghorn

Kührointhütte (1420 m)

Auf Forststraße zur Almfläche vor dem Watzmann

Wimbachbrücke – Schapbach – Holzstube – Benzinkurve – Kühroint (Abstecher zur Archenkanzel empfehlenswert)

Die asphaltierte Straße von Wimbachbrücke in Richtung Kühroint geht gleich nach den letzten Häusern in eine Sandstraße über, die man bis zur Hütte verfolgt. Über steile und flachere Passagen in Folge kommt man zur Schapbach-Holzstube, es folgt ein kurzes Flachstück, bevor die Straße über Almwiesen, vorbei an der Schapbachalm, ziemlich lang (der Anblick etwas entmutigend) in gleichmäßiger Steigung hinaufführt.

Schneller als gedacht erreicht man aber den Wald jenseits der Almflächen und die sogenannte Benzinkurve unter dem breiten Watzmannkar. Nach der markanten Kehre quert die steil angelegte Straße in der entgegengesetzten Richtung die Hänge zum Rand der Hochfläche. Dort hat man das Gröbste geschafft. Wesentlich flacher, aber immer noch ansteigend, geht es weiter durch den Hochwald zur Almfläche von Kühroint.

Unbedingt empfehlenswert ist ein Abstecher zur Archenkanzel (20 Minuten) mit prächtigem Blick auf den Königssee. Wer immer noch Kraft und Lust hat, kann in 1¼ Std. den Mooslahnerkopf (1815 m) mit ebenfalls prächtiger Aussicht besteigen. Abfahrt von Kühroint wie Auffahrt.

Länge: 8 km (einfache Strecke).
Höhenmeter: 800 m.
Fahrzeit: 1½–2 Std.
Allgemeines: Nur für Mountain-Bikes geeignet, Sandstraße, beliebtes Biker-Ziel.

Blick von der Archenkanzel auf die Halbinsel St. Bartholomä am Königssee, hinten Steinernes Meer mit Funtenseetauern und Schönfeldspitze

Rossfeld-Höhenringstraße

Mit dem Fahrrad auf der berühmten Höhenringstraße

Oberau – Mautstelle Nord – Rossfeld – Mautstelle Süd – Oberau

Die verkehrsreiche und steile Straße von Unterau ist für Radfahrer nicht empfehlenswert. Von Oberau (700 m) ist die Steigung der Straße ebenso wie das Verkehrsaufkommen angenehmer und weit genug ist es trotzdem noch. Trotz des Asphaltbelages sollte die Rossfeldstraße, was die Anforderungen an die Kondition betrifft, wegen der langen Passagen von beträchtlicher Steilheit (13 %) nicht unterschätzt werden. Anstrengend geht es schon los von Oberau bis zur ersten Kehre, wo nach links die Straße nach Bad Dürrnberg abzweigt. Das folgende, etwas weniger steile Teilstück bietet schöne Ausblicke auf den Berchtesgadener Talkessel, bevor die lange Gerade nach dem ehemaligen Gasthaus Dora einige Willenskraft erfordert. Danach wird es noch um eine Spur steiler, die Strecke vorbei am Pechhäusl bis zur Mautstelle (Nord) ist die kräfteraubendste der Tour. Angenehmer zu fahren schlängelt sich die Straße nach der Mautstelle zur Scheitelstrecke (1550 m) hinauf, von dort schöner Blick in alle Himmelsrichtungen (Einkehrmöglichkeit im Ahornkaser, 200 Meter abseits der Straße). Es folgt eine sausende Abfahrt über die Mautstelle Süd zurück nach Oberau.

• • • • • • • • • •

Länge: 21 km.
Höhenmeter: 800 m.
Fahrzeit: 2–Für Rennräder, Trekking- und Mountain-Bikes geeignet, asphaltierte Straße, schöne Ausblicke, bei den Einheimischen als „Feierabendsport“ beliebt.

Scheitelstrecke der Rossfeld-Höhenringstraße

Saalachtal-Runde

Radausflug ins Saalachtal

Bad Reichenhall – Kibling – Saalachsee – Fronau – Schneizlreuth – Saalachbrücke hinter der Landesgrenze – Haiderbauer – Unterjettenberg – Bad Reichenhall

Ausgangspunkt ist der Parkplatz der Predigtstuhlbahn. Eine kurze Steigung auf der Asphaltstraße ist gleich geschafft, und schon kann man zum Saalachsee hinabrollen, an dessen nördlichem Ende das Gasthaus Kibling steht. Weiter geht es auf einem Sandweg am See entlang bis in die Fronau, wo die Nordwände der Reiteralm duster über dem Tal stehen (dort beliebter Radfahrertreff Gasthaus Saalachtal); gleich danach kommt man zur Saalachbrücke der Bundesstraße, die man (als Wermutstropfen) drei Kilometer bis Schneizlreuth verfolgt, wo man die Hauptverkehrsstraße auch schon wieder verlassen kann. Hinter dem Gasthaus Schneizlreuth beginnt ein besonders schöner Abschnitt der Saalachrunde:

Die B 21 verläßt den Talboden nach rechts ansteigend, das wald- und wiesenreiche Saalachtal bleibt bis zur Landesgrenze autofrei. Durch Wald und am Fluss entlang führt eine kleine Sandstraße zum

Spazier- und Radweg an der Saalach in Höhe Jettenberg

Dachsbauern, die folgende Steigung, wieder auf Asphalt, ist die größte der gesamten Tour, danach geht es wieder abwärts zur Saalachbrücke gleich hinter der Landesgrenze. Am Fluss entlang und über die Wiesenflächen des Keßler- und Schwaigerbauern kommt man zum Haiderbauern (bewirtschaftet, einfache Brotzeiten) in schöner Lage am Ausgang der Aschauer Klamm.

Weiter geht es auf einer Sandstraße an der Saalach entlang zur Saalachbrücke in Schneizlreuth. Nun entweder über die Brücke und das kurze Stück auf der B 21 zurück wie bei der Hinfahrt bis nach Unterjettenberg oder (etwas zeitaufwändiger) dem Fußweg folgend am (flussabwärts) rechten Saalachufer (je ein kurzes Steilstück Auffahrt und Abfahrt) nach Unterjettenberg. Von dort auf schönem Rad-/Fußweg abseits der Straße entlang des Flusses und des Saalachsees zurück zum Ausgangspunkt.

Wer es ganz gemütlich haben will, beschränkt sich auf die Umrundung des Saalachsees. Die Holzbrücke beim Gasthaus Saalachtal ermöglicht die Überquerung des Flusses nach Unterjettenberg. Die Streckenlänge reduziert sich auf 13 km.

Länge: 30 km.
Höhenmeter: 150 m.
Reine Fahrzeit: 2–2½ Std.
Allgemeines: Meist Sandwege abseits der Straßen, wenig Steigungen, landschaftlich sehr schön, für Trekkingräder und Mountain-Bikes gleichermaßen geeignet, sehr beliebt.

Steinberg-Runde

Auf Radwegen rund um die Loferer und Leoganger Steinberge

Lofer – Waidring – St. Ulrich – Hochfilzen – Leogang – Weißbach – St. Martin – Lofer

Die wunderschöne Radtour in der Nachbarschaft Berchtesgadens ist die Anfahrt über ca. 45 km von Berchtesgaden auf jeden Fall wert. Günstiger Ausgangspunkt ist das Ortszentrum von Lofer (Parkplätze). Die Tour ist durchgehend beschildert.

Am Ortsende von Lofer dem Radweg entlang der Strubach folgen, am Ende der Gefällstrecke auf der alten, für KFZ gesperrten Straße durch schöne Wiesenlandschaften nach Waidring. Einige km hält man sich auf der ansteigenden Straße in Richtung St. Ulrich, nach der Teufelsklamm, am Ende der Steigung bei St. Adolari links ab und landschaftlich besonders reizvoll auf den Spazier-Radweg am Ufer des Pillersees entlang (Jausenstation, Bademöglichkeit) nach St. Ulrich. Weiter auf dem Spazier-Radweg, bis man nach links in ein kleines Tal in Richtung Hochfilzen abbiegen kann.

Mäßig, aber stetig steigend zieht die wenig befahrene Asphaltstraße am Bach entlang, vorbei am kleinen Wiesensee zum höchsten Punkt der Runde (1000 Meter-Tafel). Erst geht´s bergab, im Ortsbereich von Hochfilzen noch einmal mäßig bergauf, bis zum Beginn des asphaltierten Radweges nach Leogang. Vorbei am Pießensee, unter den Südabstürzen der Leoganger Steinberge, zieht der Weg durch das wiesenreiche weite Tal. Einige kurze Gegenanstiege sind noch zu bewältigen, bevor es nur noch bergab geht bis Leogang und weiter nach Saalfelden, das über Lenzing umfahren wird.

Die Hauptverkehrsstraße (B 311) wird überquert, weiter geht es auf dem asphaltierten Radweg das Saalachtal hinaus über Weißbach und St. Martin zurück nach Lofer. Auf der ganzen Strecke finden sich gemütliche Wirtshäuser.

Länge: 70 km.
Höhenmeter: 450 m.
Reine Fahrzeit: 3½–4 Std.
Allgemeines: Fast durchgehend asphaltierte Radwege oder wenig befahrene Nebenstraßen, alle Fahrräder, landschaftlich vielseitig und außergewöhnlich, sehr beliebt.

Waidringer Tal zwischen Sonnenwänden und Loferer Steinbergen (rechts)

Rund um die Berchtesgadener Alpen

Berchtesgaden – Bad Reichenhall – Lofer – Saalfelden – Maria Alm – Filzensattel (1290 m) Dienten – Dientner Sattel (1370 m) – Mühlbach a. Hochkönig – Bischofshofen – Werfen – - Golling – Berchtesgaden

Gesamte Fahrstrecke: 170 km

Interessanter Tagesausflug in Höhen bis 1500 Meter um acht der neun Gebirgsstöcke der Berchtesgadener Alpen (außer Untersberg) mit vielen interessanten Gebirgsansichten und Talorten. Halbtages- oder Tagesausflug je nach Aufsuchen von Sehenswürdigkeiten.

Von Berchtesgaden über den Pass Hallthurm nach Bad Reichenhall und weiter auf der B 21 in Richtung Lofer. Vorbei am aufgestauten Saalachsee kommt man zum Ort Jettenberg (Abzweigung der Deutschen Queralpenstraße), über dem sich die Nordabstürze der Reiteralm aufbauen. Weiter geht es entlang der Saalach bis Schneizlreuth (von rechts mündet die Deutsche Alpenstraße ein) und leicht ansteigend zum Steinpass (Staatsgrenze). Die nächste reizvolle Ortschaft, Unken (spätbarocke Pfarrkirche, Festung Kniepass aus dem 13. Jahrh.) liegt nach der Fertigstellung der Ortsumfahrung durch einen langen Straßentunnel nun abseits vom Verkehrslärm.

Ebenfalls abseits der Durchgangsstraße liegen Reit und Au/Mayrberg mit sehenswerten alten Bauernhöfen.

Weitgehend unreguliert, ein echter Gebirgsfluss mit Sand- und Kiesbänken, durchfließt die Saalach das wald- und wiesenreiche Tal mit seinen Kuppen und Hügeln. Links begrenzen die Westabstürze der Reiteralm das Flusstal, kilometerbreite Wandfluchten aus grauem Kalk (markant die Felsformation der „Drei Brüder“ und die gewaltige Alpawand), rechts liegen die schrofigen Ausläufer des Sonntagshorns, des höchsten Berges der Chiemgauer Alpen.

Bald kommt man nach Lofer (45 km ab Berchtesgaden) im Talkessel vor den Loferer Steinbergen (s. Seite 216). Beim Kreisverkehr links ab und weiter dem Saalachtal folgend in Richtung Saalfelden. Hinter St. Martin (spätbarocke Pfarrkirche, Wallfahrtskirche Maria Kirchenthal von 1701) ist das Tal wenig besiedelt. Tief hat der einstige Saalachgletscher das Tal ausgehobelt und der Fluss den Talboden mit Schutt aufgefüllt, übergangslos gehen Wiesengründe in steile Bergflanken über. In kurzem Abstand am Weg liegen die wenig bekannten, eindrucksvollen „Saalachtaler Naturgewalten“ Vorderkaserklamm, Lamprechtshöhle und Seisenbergklamm. Von Weißbach führt ein schmales Sträßchen zum Hirschbichlpass hoch (Landesgrenze, Schranke), wo auf der bayerischen Seite das Klausbachtal zum Hintersee ins Ramsauer Tal abfällt.

Wenig später werden zum ersten Mal die Südabstürze des Steinernen Meeres sichtbar. Nicht zu übersehen sind die Rohrleitungen, die Wasser vom 1415 Meter hoch gelegenen Dießbachstausee dem Kraftwerk gleich neben der Straße zuleiten. Nach dem Gut Brandlhof weitet sich das Tal zum Becken, in dessen Zentrum Saalfelden (Kirche, schöner Ortskern, Heimatmuseum im Schloss Ritzen, Gebirgspanorama Steinernes Meer mit Schönfeldspitze, Ramseider Scharte, Sommerstein u. a.) liegt.

Beim Kreisverkehr links (Richtung Dienten) und entlang der Urschlauer Ache nach Maria Alm (Wallfahrtskirche von 1374 mit höchstem Kirchturm des Salzburger Landes, 83 m), weiter zunehmend ansteigend nach Hinterthal.

Sichtbar ist die Einschartung im Gratverlauf (Torscharte), die das Steinerne Meer vom Hochkönigstock trennt. In Hinterthal (1016 m) beginnt die kurvenreiche Steigung zum Filzensattel (1290 m), wo die Straße nach Dienten (1074 m, Kirche „Auf dem Bühel" von 1410) hinabführt.

Kaum unten angekommen, hält man sich sogleich wieder links, wo eine gut ausgebaute Straße zum Dientner Sattel (1370 m) leitet, wo das Birgkarhaus steht. Von hier sieht man den Gipfel des Hochkönigs (2941 m) mit dem Matrashaus. Unter der eindrucksvollen Hochkönig-Südwand geht es hinab nach Mühlbach (Bergbaumuseum, Kirche, Hochkönig-Skischaukel), wo am Ortsende die Manndlwandstraße zum Arthurhaus (1502 m) abzweigt, dem Ausgangspunkt für eine Besteigung des Hochkönigs.

Von Mühlbach führt die Straße durch eine Schlucht kurvenreich hinunter ins Salzachtal nach Bischofshofen (Verkehrsknotenpunkt, moderne Einkaufs- und Industriestadt, mittelalterliche Kirchen, letzte Station der alljährlichen Vierschanzen-Tournee), hinter der die formschönen Gipfel des Tennengebirges aufragen.

Von Bischofshofen kann man entweder auf der Autobahn (A 10, Vignettenpflicht) oder – interessanter – auf der gut ausgebauten, verkehrsarmen Bundesstraße (B 159) nach Berchtesgaden zurückfahren.

Die Bundesstraße führt durch die Ortschaft Werfen (Wander- und Skigebiet Werfenweng, Feste Hohenwerfen, Eisriesenwelt) und den alten Eisenort Tenneck. Hinter Tenneck verschmälert sich das Tal, bis schließlich neben dem Salzachfluss nur noch die Straße und eine Bahnlinie Platz finden. Rechts fallen die dusteren Nordwände des Hochkogels, links die unzugänglichen Steilflanken der östlichen Randgipfel des Hagengebirges ins Tal ab. In Höhe Pass Lueg (553 m) überwindet die Salzach noch eine tief eingeschnittene Klamm, die sogenannten Salzachöfen, bevor sich das Gelände gegen Salzburg hin wieder weitet. Über Golling, Kuchl und Hallein geht es zurück nach Berchtesgaden.

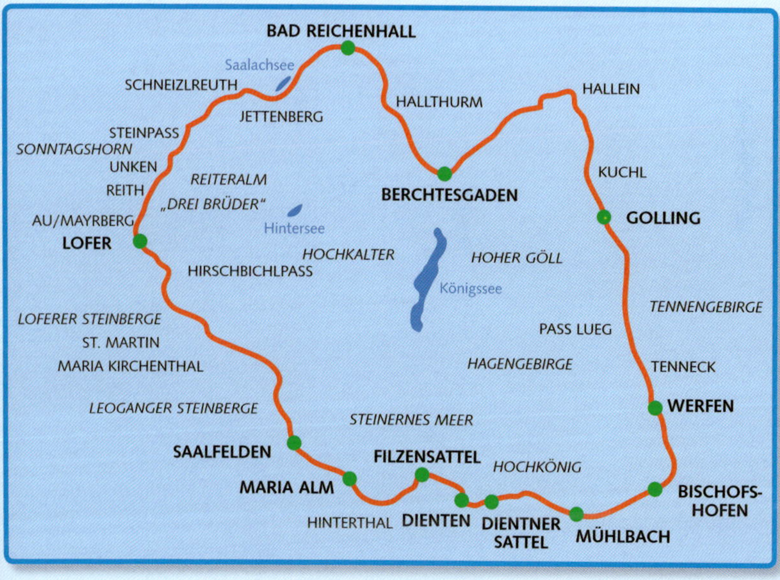

Salzkammergut-Vierseenrundfahrt

Berchtesgaden – Hallein – Wiestal – Fuschl – St. Gilgen – Strobl – St. Wolfgang am Wolfgangsee – Strobl – Bad Ischl – Mitterweißenbach – Weißenbach a. Attersee – Mondsee – Berchtesgaden

Fahrstrecke: 200 km

Salzkammergut, schon der Name hat Klang. Man verbindet mit ihm Romantik und heile Welt, Berglandschaften und Seen, kurzum alles, was der stressgeplagte Städter sich für seinen Urlaub wünscht.

Die Region ist eine Wiege der mitteleuropäischen Kultur (Hallstattkultur, 800–400 v. Chr.) und ein Zentrum des früheren Salzbergbaus (Hallstatt, Bad Ischl, Altaussee).

Bemerkenswert ist die Vielfalt der Landschaften: Im Süden und Osten stehen die hohen, verkarsteten Kalkstöcke des Dachsteins und des Toten Gebirges, im Norden die Kalkvoralpen mit dem Höllengebirge, Schafberg und Traunstein sowie bewaldete Sandsteinberge. Dazwischen liegen in Wannen eiszeitlicher Gletscher über 40 Seen: Mondsee, Wolfgangsee, Fuschlsee, Attersee, Traunsee, Toplitzsee, Grundlsee, um nur die bekanntesten zu nennen. Zahlreiche Orte wie St. Gilgen, St. Wolfgang, Bad Mitterndorf, Bad Goisern, Bad Aussee, Mondsee, Gmunden oder Bad Ischl sind klassische Orte der Sommerfrische. Letzteren erwählte Kaiser Franz Joseph von Österreich zur Sommerresidenz und besuchte ihn in seinen 68 Regierungsjahren nicht weniger als 65 mal.

Einen interessanten Überblick über das Salzkammergut von Berchtesgaden aus gewinnt man auf der „Vierseenrundfahrt“:

Von Berchtesgaden über Marktschellenberg nach St. Leonhard, dort rechts ab in Richtung Hallein, der alten Salinenstadt

Attersee im Salzkammergut

am Salzachufer. Ab Hallein der kurvigen Straße ins Wiestal folgend, vorbei am lang gestreckten Wiestalstausee (interessante Blicke zurück auf die Berchtesgadener Alpen), erreicht man bald die Bundesstraße (B 158) von Salzburg nach Bad Ischl. Durch eine Voralpenlandschaft wie im Bilderbuch führt die Straße am Fuschlsee vorbei nach St. Gilgen am Wolfgangsee (Seebadeort, Schiffsstation, Seilbahn auf den Zwölferkogel, Pfarrkirche von 1736, heimatkundliches Museum).

Von Strobl sollte man einen Abstecher nach St. Wolfgang (Schiffsstation, Zahnradbahn auf den Schafberg, Pfarrkirche mit Altar von Michael Pacher von 1481) mit dem vielbesungenen „Weißen Rössl" nicht versäumen.

Zurück in Strobl führt die bestens ausgebaute Straße weiter nach Bad Ischl, dem Mittelpunkt des Salzkammerguts. Von Bergen umkränzt breitet sich die liebenswerte Kurstadt an der Traun aus und weckt Erinnerungen an das österreichische Kaiserhaus, an Komponisten und Dichter.

Traunabwärts gelangt man nach Mitterweißenbach, wo ein landschaftlich besonders reizvoller Streckenabschnitt dem waldreichen Tal des Weißenbaches folgend nach Weißenbach am Attersee führt. Der Attersee ist der größte See des Salzkammerguts.

Entlang seines südlichen Endes und über eine schmale Landzunge kommt man zum Mondsee, an dessen Südseite sich der Schafberg steil erhebt. Bis zum gleichnamigen Ort an seinem Nordende bleibt der prachtvolle See links liegen. Von hier am besten auf der Autobahn (A1, Vignettenpflicht!) über Salzburg nach Berchtesgaden. (Wer keine Vignette kaufen will, fährt am besten über Thalgau zur B 158 und über den Wiestalstausee zurück nach Berchtesgaden).

Großglockner-Hochalpenstraße (2428 m)

Berchtesgaden – Bad Reichenhall – Steinpass (Staatsgrenze) – Lofer – Saalfelden – Zell am See – Bruck a.d. Glocknerstraße – Fusch – Ferleiten (1142 m, Maut) – Fuscher Törl (2428 m) – Kaiser-Franz-Josefs-Höhe (2369 m)

Fahrstrecke: Berchtesgaden – Kaiser-Franz-Josefs-Höhe: 130 km

Eine interessante und (bei gutem Wetter) sehr lohnende Autofahrt führt von Berchtesgaden aus in etwa zwei Stunden mitten in die Hochgebirgswelt des Nationalparks Hohe Tauern. Schon die Anfahrt durch das Saalachtal nach Zell am See ist landschaftlich ausgesprochen schön. Von dort ist es nicht mehr weit bis Bruck, wo die Straße nach rechts in Richtung Großglockner abzweigt. Am Ortsausgang von Fusch, beim Bärenwerk (834 m), beginnt die Steigung der berühmten Großglockner-Hochalpenstraße. Am ebenen Talboden von Ferleiten (1142 m), hinter dem sich eindrucksvoll der Fuscherkarkopf (3331 m) aufbaut, ist die Maut zu entrichten (der Preis für die Tageskarte beinhaltet freien Eintritt zu allen Ausstellungen entlang der Straße). Gleich neben der Mautstelle kann ein Wildpark mit mehr als 200 Tieren (Braunbären, Wölfe, Luchse u. a.) besichtigt werden.

13 km sind es noch von der Mautstelle bis zum Fuscher Törl. In gleichmäßiger Steigung mit grandiosen Ausblicken auf die umliegenden Dreitausender Fuscherkarkopf, Wiesbachhorn, Hoher Tenn, Hohe Dock und andere führt die gut ausgebaute Straße zur Waldgrenze und weiter durch

Terrasse der Kaiser-Franz-Josefs-Höhe mit Großglockner, Johannisberg und Pasterzengletscher

hochalpines Gelände zum Fuscher Törl (2428 m, Aussichtsterrasse mit Großglocknerblick, hervorragender Fotostandort). Kurz davor zweigt eine schmale und kurvige Straße ab zur Edelweißspitze, dem mit 2571 Meter höchsten Punkt der Großglockner-Hochalpenstraße. Der Panoramagipfel bietet einen Blick auf mehr als 30 Dreitausender, weit im Norden sind ganz klein die Berchtesgadener Alpen auszumachen. Nicht versäumen sollte man die Weiterfahrt vom Fuscher Törl über die Panoramastraße zur Kaiser-Franz-Josefs-Höhe (21 km ab Fuschertörl). Im Besucherzentrum auf 2369 Meter Seehöhe (großes Parkhaus, Kioske, Restaurant etc.) steht man direkt vor Österreichs höchstem Berg, dem Großglockner (3798 m). Eindrucksvoll ist auch der Blick zur Pasterze hinab, den längsten Gletscher der Ostalpen, den man in seiner ganzen Ausdehnung überblickt. Will man keine weiten Umwege machen, fährt man die gleiche Strecke zurück.

Großglockner-Hochalpenstraße

Geöffnet von Anfang Mai bis Anfang November

Tel.: +43 (6546) 650
www.grossglockner.at

Großglockner-Hochalpenstraße im Nationalpark Hohe Tauern, hinten der Fuscherkarkopf

Krimmler Wasserfälle

Berchtesgaden – Bad Reichenhall – Steinpass (Staatsgrenze) – Lofer – Saalfelden – Zell am See – Mittersill – Krimml (1067 m)

Fahrstrecke: Berchtesgaden – Krimml: 130 km

Die höchsten Wasserfälle Österreichs bieten ein faszinierendes Naturschauspiel im Nationalpark Hohe Tauern. Direkt am Eingang zu den Wasserfällen informiert die „Wasser Wunder Welt Krimml" (Aqua-Park, Multivisionskino etc.) auf unterhaltsame Weise rund ums Wasser. Entlang der Fälle – die Gesamthöhe von 380 Meter verteilt sich auf drei Stufen von 140, 100 und 140 Meter – ist ein eindrucksvoller Weg angelegt. Sehr lohnend ist auch eine Wanderung durch das flache, landschaftlich sehr schöne Gletschertal oberhalb der Wasserfälle zum Krimmler Tauernhaus (1622 m), ca. 3 Std. ab Krimml, 2 Std. vom oberen Ende der Wasserfälle (Busfahrdienst ab Krimml, Tel.: +43 (65 64) 83 27).

Krimmler Wasserfälle

Geöffnet 1. Mai bis 31. Okt. täglich 10.00 bis 17.00 Uhr

Tel.: +43 (65 64) 2 01 13
www.wawuwe.at

Blick zum Großvenediger von der Straße nach Krimml

UNTERNEHMUNGEN BEI REGENWETTER

Auswahl

Natürlich kann auch im Berchtesgadener Land nicht immer nur die Sonne scheinen. Wenn es einmal regnet, sollte sich keiner die Laune verderben lassen. Regentage müssen nicht trist sein. Auch wenn sich die Berge hinter einem dicken Wolkenvorhang verstecken, kann man eine Menge unternehmen:

Besuchen Sie ein Museum! Die Auswahl ist groß, z. B.:

- Schlossmuseum (s. Seite 116)
- Heimatmuseum (s. Seite 115)
- Dokumentationszentrum für Orts- und Zeitgeschichte am Obersalzberg (s. Seite 112)

Besichtigen Sie einen der einheimischen Betriebe, z. B.

- Enzianbrennerei Grassl (s. Seite 117)
- Töpferei Hoesslin (s. Seite 242)
- Schönauer Krippenställe (s. Seite 241)
- Fisch-Erlebniswelt Königssee (s. Seite 234)

Fahren Sie unter die Erde! Ins Salzbergwerk Berchtesgaden (s. Seite 110), wo aber gerade an Regentagen mit langen Wartezeiten gerechnet werden muss.

Legen Sie einen Bade- oder Gesundheitstag ein! Nutzen Sie das umfangreiche Angebot der Watzmann-Therme (s. Seite 229)!

Machen Sie einen Einkaufsbummel! Eine Menge Geschäfte in Berchtesgaden erwarten Sie. Viele Geschäfte unter einem Dach finden Sie im Einkaufszentrum Panoramapark in Bischofswiesen.

Gönnen Sie sich einen Café oder Tee in einem der vielen Berchtesgadener Café's.

Gehen Sie mal wieder ins Kino! Die Schwabenlichtspiele in der Königsseerstraße (gegenüber dem Bahnhof) oder die Kurlichtspiele im Kongresshaus bieten Programme.

Machen Sie einen Ausflug zu einem der Nachbarorte! Auch außerhalb Berchtesgadens warten viele Sehenswürdigkeiten und Museen. Für Regenwetter besonders geeignet ist das „Haus der Natur“ in Salzburg (s. Seite 219).

Wenn das Wetter nicht allzu schlecht ist: Gehen Sie ruhig wandern. Grundsätzlich haben Wanderungen z. B. durch die Almbachklamm oder ein Ausflug zum Königssee gerade bei Regenwetter einen besonderen Reiz. Ein Regenschirm passt in jeden Rucksack.

Watzmann-Therme in Berchtesgaden

BERCHTESGADEN IM WINTER

Der Winter im Berchtesgadener Land ist nicht nur für den Wintersportler interessant.

Gerade die Nebensaison, in der es viel ruhiger zugeht, eignet sich bestens zur Erholung, Entspannung und Bewegung. Wenn im Alpenvorland und im norddeutschen Tiefland oft wochenlanges Inversionswetter herrscht und dichter Nebel die Stimmung trübt, scheint in Berchtesgaden die Sonne vom klaren Winterhimmel. Gerade dem winterlichen Reizklima können besondere gesundheitsförderliche Effekte bescheinigt werden.

„Winterfrische“ in Berchtesgaden beinhaltet: Wandern auf 120 km geräumten Wegen, Eisstockschießen auf zugefrorenen Seen, Eislaufen in einer modernen Halle, Rodeln auf Naturbahnen oder gar auf der Hausbahn des Olympiasiegers Georg Hackl, Fahrten mit dem Pferdeschlitten durch die Winterlandschaft, Fackelwanderungen mit anschließender Hütteneinkehr, Sonnenbaden, Langlaufen oder ein Spaziergang zur Hirschfütterung am Hintersee - die Auswahl ist groß.

Tipp: Gerade im Winter hat eine Fahrt über den Königssee ihren besonderen Reiz. Die Schifffahrt fährt nur mit halber Besetzung, es gibt keine Wartezeiten und die Schiffe sind beheizt. Trübes Wetter mit Nebel oder leichtem Schneefall verstärkt die Stimmungen am See zusätzlich. Bei

Anspruchsvolles Skigelände auf der Jennerwiese

andauernder Kälte friert der See so zu, dass er tragfähiges Eis aufweist. Ein Gang zu Fuß nach St. Bartholomä ist ein unvergleichliches Erlebnis.

Für Kinder und Erwachsene gleichermaßen interessant ist die Hirschfütterung im Klausbachtal, welche vom Parkplatz Hintersee zu Fuß in ½ Std. erreichbar ist. Für die Besucher der Fütterung ist unmittelbar vor dem Zaun ein Damm aufgeschüttet, sodass sich das Rotwild (darunter kapitale Hirsche) in idealer Weise beobachten lässt (s. Seite 76).

Ski Alpin und Snowboard

Wintersportler finden im Berchtesgadener Land in Höhenlagen zwischen 600 und 1800 Meter über 50 km präparierte Skipisten. In allen Skigebieten bieten die Skischulen des Berchtesgadener Landes Kurse für Ski-Alpin und Snowboard an. Für Kinder am besten geeignet sind Hochschwarzeck, Rossfeld und Gutshof/Obersalzberg.

Jenner

Das Skigebiet Jenner mit fast 1200 Meter Höhenunterschied bietet die längsten und steilsten Abfahrten. Auf den Berg führt vom Dorf Königssee aus eine Gondelbahn. Zwei Doppelsesselbahnen und drei Schlepplifte erschließen die Pisten am Mitterkaser und an den Jennerwiesen.

Seit 2001 verfügt das Gebiet über eine Beschneiungsanlage. Tipp: Auf der Terrasse der Jennerbahn-Bergstation gibt es Liegestühle. Großartig ist die Aussicht ins verschneite Hagengebirge.

Rossfeld

Eher leichte Abfahrten bietet das Skigebiet Rossfeld an der deutsch-österreichischen Grenze bis 1600 Meter Höhe. Drei Schlepplifte erschließen vorwiegend Wiesenhänge in sonniger Lage, die sich schon bei geringer Schneehöhe vergnüglich befahren lassen. Bei guter Schneelage ist die Abfahrt bis Oberau möglich, sonst bis zur Mautstelle Nord (Busdienst).

Bemerkenswert auf den freien Hängen des Rossfelds ist die schöne Aussicht in alle Richtungen, die man beim Skifahren nebenbei genießen kann. Kein Skigebiet hat länger Sonne. Neuerdings gibt es jeden Mittwoch Abend Flutlicht-Skibetrieb.

Tipp: Es empfiehlt sich die Einkehr auf der Rossfeld-Skihütte. Ein Geheimtipp sind die Liegestühle am Ahornkaser.

Rossfeld-Skigebiet

Götschen

Nachtskilauf am Götschen

Seit der Saison 1998/99 ist das Skigebiet Götschen Bundesleistungszentrum für Damen Ski-Alpin und Snowboard. Am Nordhang des Götschenkopfes (bis 1300 m) erwarten den Sportler eine Dreiersesselbahn und zwei Schlepplifte, FIS-Abfahrten und eine wettkampftaugliche Halfpipe mit Musikbeschallung. Schneesicherheit gewährleistet eine Beschneiungsanlage. Eine leistungsstarke Flutlichtanlage ermöglicht Nachtskilauf (jeweils an Dienstagen und Freitagen), ein ganz besonderes Erlebnis. Bei geeigneter Schneelage ist die Abfahrt vom Götschenkopf über 700 Höhenmeter nach Bischofswiesen möglich.

Hochschwarzeck

Eine Sesselbahn und fünf Schlepplifte erschließen zwischen 1000 und 1400 Meter gepflegte, sonnige Pisten, die besonders für Familien mit Kindern sowie für Anfänger geeignet sind. Nebenbei bietet das Gebiet Gelegenheit für schöne Winterwanderungen auf geräumten Wegen. Auf der sonnigen Panoramaterrasse des Nutzkasers kann man nicht selten sogar im Winter schon im Freien sitzen. Ein Treffpunkt für Eltern mit Kleinkindern ist der Wiesenhang gleich neben dem großen Parkplatz des Sessellifts. Auf dem flachen Hang ist an Wochenenden regelmäßig Hochbetrieb mit Schlitten und Plastikrutschen sowie Skizwergen, die mit Elternhilfe die ersten Gleitversuche auf Skiern absolvieren. Für die Erwachsenen gibt es eine Schneebar. Der Hang liegt bereits im Hochwinter bis spät am Nachmittag in der Sonne.

Gutshof/Obersalzberg

Das preiswerte Familienskigebiet Gutshof liegt am Obersalzberg in der Nähe des Kehlstein-Busparkplatzes. Die hervorragend präparierten Pisten bis zu 1000 Meter Länge mit fünf Schleppliften eignen sich besonders für weniger geübte Skiläufer. Eine Beschneiungsanlage sorgt für konstant gute Schneeverhältnisse, Flutlicht erlaubt Skivergnügen bis in die Abendstunden.

Skigebiete in der Umgebung

Mehrere großzügige und bekannte österreichische Skigebiete wie z. B. Obertauern, die Hochkönig-Skischaukel (Mühlbach-Dienten-Maria Alm), die Steinplatte bei Waidring oder die Loferer Alm sind mit dem Auto in etwa einer Stunde erreichbar.

Tourenskilauf

Das Berchtesgadener Land ist ein Paradies für Tourenskiläufer. Die Anstiege bis 2000 Höhenmeter kommen nur für erfahrene und gut ausgerüstete Skibergsteiger in Frage. Interessierte sollten sich Spezialliteratur besorgen (z. B. S. Brandl: Berchtesgadener und Chiemgauer Alpen. 50 Skitouren für Einsteiger).

Ski Nordisch

Insgesamt sind im Berchtesgadener Talkessel ca. 60 km gespurte Loipen geboten. Die längste Schleife führt vom Langlaufzentrum Aschauer Weiher nach Bischofswiesen und zurück. Die höchsten Loipen liegen in gut 1000 Meter Seehöhe im Skigebiet Hochschwarzeck/Ramsau und unter der Westwand des Hohen Göll, wo in eindrucksvoller Umgebung die schneesichere Loipe Scharitzkehl gespurt ist. Loipen sind bei geeigneter Schneelage auch auf den weiträumigen Flächen von Schönau am Königssee gespurt.

In ca. einer Stunde Fahrzeit kommt man zu den großartigen Langlaufloipen westlich von Ruhpolding im Naturschutzgebiet Chiemgauer Alpen. Das weitgehend unbesiedelte Tal mit den Seen Weitsee, Mitter-, Löden- und Forchensee, in dem sie angelegt sind,

Langlaufzentrum Aschauer Weiher in sonniger Lage

ist landschaftlich außergewöhnlich schön und sehr schneesicher. Einige Kilometer weiter kommt man schon nach Reit im Winkl, wo in einem weiten sonnigen Talbecken bis zu 400 km Loipen gespurt sind.

Rodeln

Kunsteis-Bob- und Rodelbahn Königssee

Neben internationalen Wettkampfveranstaltungen im Bob- und Rodelsport findet auf der Hausbahn (1350 Meter Länge, 18 Steilkurven) des dreimaligen Olympiasiegers Georg Hackl („Hackl Schorsch") auch Gästerodeln statt (Auskunft bei der Kurdirektion).

Naturrodelbahnen

Mit dem Schlitten befahrbare Wege gibt es:

- am Obersalzberg von der Bergstation der Obersalzbergbahn (kurzer Fußmarsch zum Beginn der Rodelbahn) bis zum Eisstadion an der Schießstättbrücke, ca. 5 km
- vom Gmerk an der Rossfeldstraße bis Oberau, ca. 1,5 km

- in Bischofswiesen vom Antoniberg bis Egglerplatz, ca. 1,5 km
- in Ramsau von der Bergstation des Hirscheck-Sessellifts zum Parkplatz Schwarzeck, ca. 4 km
- in Marktschellenberg die Rodelbahn vom Rossboden/Ettenberg ins Tal, ca. 4 km.

Eislauf

Kunsteisstadion in Berchtesgaden, Schießstätte.

Eislaufhalle in Bad Reichenhall/ Münchner Allee, Saison von Anfang Oktober bis Mitte März.

Der Hintersee friert regelmäßig, der Königssee im Durchschnitt alle sieben Jahre zu. Eine Schlittschuhfahrt bzw. ein Gang nach St. Bartholomä gehören zu den schönsten Wintererlebnissen des Berchtesgadener Landes.

Eisstockschießen

Winterliches Treiben am Hintersee

Bahnen in Berchtesgaden / Schießstätte, am Hintersee sowie in allen Gemeinden des inneren Landkreises.

NACHBARORTE

Bad Reichenhall (470 m)

Die Salinen- und Kurstadt

Eine knappe halbe Autostunde von Berchtesgaden entfernt liegt in einem weiten, windgeschützten Talkessel, durchflossen von der Saalach und umgeben von Staufen, Zwiesel, Müllnerhorn, Lattengebirge und Untersberg das bayerische Staatsbad. Nach Nordosten öffnet sich das Talbecken zum Alpenvorland hin. Funde lassen auf eine Besiedlung des Talkessels schon zur Stein- und Bronzezeit (vor 4000 Jahren) schließen. Die Geschichte Reichenhalls ist die Geschichte seines Salzwesens (reich-an-hall = keltisch: reich an Salz). Als die Römer nach ihrem Zug über die Alpen dorthin kamen, fanden sie bereits beachtliche Siedeanlagen vor, die sie weiter ausbauten. Über Salzstraßen wurde ein reger Handel mit dem „Weißen Gold“ geführt. Im Mittelalter wurde der Ort zuerst von den Salzburger Erzbischöfen, später den bayerischen Herzögen beherrscht. Neben dem Salz prägen Brandkatastrophen und Saalachhochwasser die Geschichte der Stadt. 1196

Bad Reichenhall mit Predigtstuhl, im Hintergrund die Berchtesgadener Alpen

ließ sie der Salzburger Erzbischof als Strafaktion erstmals niederbrennen. Weitere Großfeuer, denen jeweils fast die ganze Stadt zum Opfer fiel, entstanden durch Unachtsamkeit oder gingen von den Siedeanlagen der Saline aus. Verheerende Schäden richteten immer wieder die Hochwasser der Saalach an. Regelmäßig besonders betroffen waren die großen, aufwändig gefertigten Triftanlagen oberhalb der Luitpoldbrücke („Salzburger Wehr") in der Nähe der Predigtstuhlbahn.

Die Anlage diente zum Auffangen des auf dem Fluss von weither getrifteten Salinenbrennholzes, das über ein aufwändiges Kanalsystem (von dem heute nichts mehr übriggeblieben ist) zu den Holzlagerplätzen in der Stadt geleitet wurde. Der Übel nicht genug, forderte im 16. und 17. Jahrhundert die Pest viele Opfer.

Nach der letzten Brandkatastrophe von 1834 etablierte sich der Ort als Kurort. Seine heutige Bedeutung verdankt Reichenhall, das sich seit 1899 Staatsbad nennen darf, den altbekannten Solequellen des Lattengebirges. Unter dem Gruttenstein, im sogenannten Quellenbau der Alten Saline, entspringen dicht beieinander 22 natürliche Quellen mit bis zu 24 % Salzgehalt. Ihnen verdankt die Stadt mit ihren 18 500 Einwohnern ihren Weltruf als Spezialbad für Erkrankungen der Atmungsorgane (besonders Asthma und chronische Bronchitis) sowie des rheumatischen Formenkreises. Neben der Reichenhaller Quellsole kommen Öle und Extrakte der in den umliegenden Bergen wachsenden Latschenkiefer zum Einsatz. Eine Vielzahl von Kurmittelhäusern und Sanatorien steht für Anwendungen bereit. Vornehme, zum Teil noch aus der Gründungszeit des Staatsbades stammende Villen bestimmen das Stadtbild. Große Zonen der Innenstadt wurden in zwei Bauabschnitten (1975/1992) zu verkehrsfreien Zonen umgewandelt. Einen Spaziergang durch die Reichenhaller Fußgängerzone mit ihren vielen Brunnen und Geschäften sollte kein Besucher des Berchtesgadener Landes versäumen.

Unbedingt sehenswert ist die Alte Saline, wo unter dem Hauptbrunnhaus nach wie vor die Solequellen sprudeln (Führung und Salzmuseum), das Gradierwerk mit Solebrunnen im Kurgarten, die Altstadt um den Florianiplatz, der Rathausplatz und die großzügige Fußgängerzone, das Heimatmuseum und einige Kirchen (bes. Münster St. Zeno und Pfarrkirche St. Nikolaus). Im 1988 erbauten Kurgastzentrum findet der Gast neben der Staatlichen Kurverwaltung ein Spielkasino, einen Theatersaal, ein Restaurant, Läden sowie Aufenthalts- und Leseräume. Nicht versäumen sollte man eine Fahrt mit der ältesten original erhaltenen Großkabinenbahn Deutschlands zum 1614 Meter hohen Predigtstuhl. Oben besteht die Möglichkeit zu leichten und kurzen Wanderungen (im Sommer und Winter) ebenso wie zu großzügigen Gratüberschreitungen (s. Seite 183). Auf der einen Seite tief drunten liegt der Reichenhaller Talkessel, im Süden ragen die Felsmassive der Berchtesgadener Alpen auf.

In der näheren Umgebung von Bad Reichenhall sind 150 km gut markierte Wanderwege angelegt, der Thumsee bietet eine der schönsten natürlichen Bademöglichkeiten weit und breit. Sehenswert ist der Seerosenteich („Seemösl“) am östlichen Seeende.

Salzburg (423 m)

Die Mozartstadt

Wie Bad Reichenhall etwa 20 km von Berchtesgaden entfernt liegt die weltbekannte Festspielstadt Salzburg. Hoch überragt die Feste Hohensalzburg die von der Salzach durchflossene, in ein weites Rund von Bergen und Hügeln eingebettete Stadt.

Salzburg hat eine bewegte Geschichte hinter sich. Kulturgeschichtliche Funde gibt es schon aus der Steinzeit. Die Illyrer schürften im Land nach Kupfer und begannen mit dem Salzbergbau. In der keltischen Hallstadtzeit begann der für den Reichtum des Landes bedeutende Salzhandel. Während der Römerzeit war Salzburg Hauptstadt eines Verwaltungsbezirks

Altstadt von Salzburg mit Feste Hohensalzburg aus der Luft

der Provinz Noricum. Nach dem Abzug der Römer kamen im 6. Jahrhundert slawische und germanische Volksstämme ins Land.

Im frühen Mittelalter bauten die Bayernherzöge Festungen in der Region. Die Gründung des Klosters St. Peter im 7. Jahrhundert durch den hl. Rupert bedeutete den Ursprung des selbständigen Bistums, das Stadt und Land Salzburg ab 739 bis zur Säkularisation 1803 regieren sollte. 1805 kam das Land zu Österreich, 1809 durch Napoleon zu Bayern und 1816 durch den Wiener Kongress wieder zu Österreich. 1918 wurde es Bundesland der Republik Österreich. Heute ist Salzburg die Hauptstadt des gleichnamigen Bundeslandes und mit 144 000 Einwohnern die viertgrößte Stadt Österreichs.

Kuppeln und Türme, Bauten aus der Renaissance und aus dem Barock geben der Stadt ein festliches Aussehen und verleihen ihr ein unnachahmliches Flair. Mit 4 000 kulturellen Veranstaltungen im Jahr gehört Salzburg zu den führenden Kulturschauplätzen weltweit.

Aufgrund der außergewöhnlichen Schönheit der Altstadt, der Geschlossenheit des historischen Stadtbildes und der Harmonie von Architektur und Landschaft wurde die Salzburger Altstadt 1996 von der UNESCO zum Weltkulturerbe erklärt. Die Salzburger Festspiele sind Anziehungspunkt für Kulturbegeisterte aus aller Welt, meist sind sie Monate im voraus ausgebucht.

Die Vielzahl der Sehenswürdigkeiten der Stadt kann hier nicht einmal annäherungsweise dargestellt werden. Für einen Kurzbesuch bietet sich jedoch folgendes „Pflichtprogramm“ an: Als Ausgangspunkt für einen Stadtrundgang wählt man am besten das Neutor. Der Besucher sollte einen Blick auf die Pferdeschwemme (erbaut 1695) und das Festspielhaus werfen, dann aber unbedingt in die Getreidegasse einbiegen und hier das geschäftige Treiben auf engstem Raum innerhalb reizvoller alter Häuser betrachten. Hier findet man auch Mozarts Geburtshaus (* 27. 1. 1756, heute Museum). Wenn man gleich danach durch eines der für Salzburg typischen Durchhäuser mit reizvollen Innenhöfen, Cafés und Geschäften spaziert, kommt man bald zum Universitätsplatz mit der Kollegienkirche. Über die Sigmund-Haffner-Gasse erreicht man die gotische Franziskanerkirche (gegründet im 8. Jahrhundert, Pfarrkirche von 1139–1635) und über die Franziskanergasse das uralte Kloster St. Peter mit Stiftskirche und dem Peterskeller. Gleich neben der sehenswerten Peterskirche befindet sich der Eingang des romantischen und vielbesuchten Petersfriedhofes. Von hier gelangt man auf den Kapitel- und Domplatz und steht gleich darauf vor dem Dom, vor dessen prachtvoller Barockfassade während der Festspielzeit Hugo von Hofmannsthals „Jedermann“ aufgeführt wird. Ganz in der Nähe liegen zwei berühmte Salzburger Cafés, die ihren ganz besonderen

Reiz haben: das Café Glockenspiel, das man vom Dom aus über den Residenzplatz erreicht und das weltberühmte Tomaselli nordwestlich des Doms.

Empfehlenswert ist auch ein Besuch (zu Fuß oder mit Standseilbahn) der 119 Meter über der Stadt gelegenen Festung Hohensalzburg, die ab 1077 erbaut wurde. Besonders sehenswert in der größten, vollständig erhaltenen Festungsanlage Europas ist das mittelalterliche Fürstenzimmer und das Burgmuseum sowie der herrliche Blick auf die Altstadt – besonders auf Dom und Domplatz – und ins Umland.

Hallein (448 m)

Alte Salzstadt am Salzachufer

Stadtplatz von Hallein

Die verwinkelten Gassen und liebevoll renovierten Häuser machen die als Ganzes unter Denkmalschutz stehende Altstadt von Hallein zu einem Kleinod mittelalterlicher Baukunst. Ein Spaziergang durch die Altstadt ist eine Reise auf den Spuren jener Zeit, in der man Salz noch „Weißes Gold" nannte. Die behäbigen Bürgerhäuser weisen kunstvolle Fassadenmalereien auf, man kommt an Torbögen und Arkadenhöfen vorbei, enge Gässchen wechseln ab mit großzügigen Plätzen, neben vielen Brunnen finden sich noch Reste der alten Stadtbefestigung. Ihre Entstehung verdankt die 15 km südlich von Salzburg am Ufer der Salzach gelegene Stadt den Salzvorkommen am Dürrnberg. Die ersten bescheidenen Salzsiedepfannen zur Verarbeitung der Dürrnberger Sole wurden 1191 zur erzbischöflich-salzburgischen Großsaline Hallein erweitert. Über Jahrhunderte machte diese dem Berchtesgadener Salz Konkurrenz, erst die Einstellung der Solegewinnung am Dürrnberg 1989 bedeutete das Aus für die Halleiner Saline. Eine der Hauptattraktionen des Ortes ist das Keltenmuseum (s. Seite 221)

Anger (558 m)/Höglwörth

Pfarrdorf an der Pforte zum Gebirge

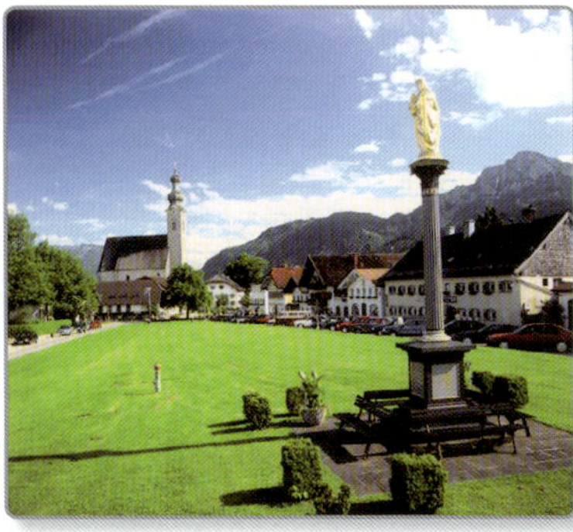

Dorfplatz von Anger

König Ludwig I. soll Anger bei einem Besuch als „schönstes Dorf Bayerns" bezeichnet haben. Auch wenn es für diesen Ausspruch keine verbürgten Quellen gibt, der alte Teil des Ortes, gelegen auf einer Anhöhe vor den steil abfallenden Nordseiten von Hochstaufen und Zwiesel, ist schon einen Besuch wert. Weithin sichtbar steht am höchsten Punkt die Pfarrkirche Mariä Himmelfahrt von 1450. Verschont vom Durchgangsverkehr gruppieren sich die Häuser, manche noch aus dem 18. Jahrhundert, um die große Dorfwiese.

Wenige Kilometer hinter Anger liegt der reizvolle, in 40 Minuten leicht umwanderbare Höglwörther See, einer der wärmsten Badeseeen weit und breit, mit dem Kloster Höglwörth.

Das um 1125 als Augustiner-Chorherrenstift entstandene Kloster konnte bis nach der Säkularisation 1803 überdauern, wurde aber 1817 doch aufgelöst und ging in Brauereibesitz über. Eine Besichtigung der Räume ist deshalb heute nicht möglich, frei zugänglich ist aber der Innenhof und die barocke Stiftskirche St. Peter und Paul. Nicht versäumt werden sollte eine Einkehr beim „Klosterwirt“, einer urbayerischen Gastwirtschaft mit einem Bilderbuch-Biergarten.

Inzell (693 m)

Ort der Eisschnellläufer

Inzell und Ruhpolding ergeben zusammen mit Reit im Winkl das sogenannte Chiemgauer Feriendreieck. Der Luftkurort und Wintersportplatz Inzell liegt in einem weiten, an kleinen Gewässern reichen Tal. Außer dem Ortszentrum umfasst die Gemeinde noch zahlreiche kleinere Ortsteile, die malerisch in dem wiesenreichen Talkessel ausgebreitet sind. Die Berge ringsum erreichen Höhen bis 1800 Meter. In früherer Zeit lebten die Bewohner des nun 800 Jahre alten Alpendorfes aus den Erträgen von Salztransporten und Holzwirtschaft sowie vom Bergbau, der am Rauschberg und an der Staufen-Nordseite bereits im 16. Jahrhundert betrieben wurde. 1725 und 1749 fiel das Dorf großen Bränden zum Opfer.

Inzell

Besonders bekannt wurde Inzell durch sein 1965 gegründetes Bundesleistungszentrum für den Eisschnelllauf-Sport. Das zuvor 1959 am Frillensee (923 m) etablierte Trainings- und Wettkampfzentrum für diese Sportart musste nach vier Jahren wieder aufgegeben werden. Das Freihalten der Eisfläche wie auch die Gangbarmachung des gut einstündigen Zugangs von Inzell her, damals ein Fußweg, war in den strengen schneereichen Wintern einfach nicht möglich. Nach der Premiere der ersten Kunsteisschnelllaufbahn Deutschlands stiegen die Übernachtungszahlen des Ortes mit seinen gut 4000 Einwohnern steil an. Das mehrfach sanierte Stadion mit modernster Kältetechnik und Platz für 20000 Zuschauer bewährte sich mittlerweile bei neun Weltmeisterschaften, mehreren Europameisterschaften und dutzenden von nationalen und internationalen Großveranstaltungen.

Die Umgebung von Inzell mit mehr als 150 km gepflegten Wanderwegen ist ein Paradies für Spaziergänger und Bergwanderer. Im Winter ist das Gelände bestens für Skilanglauf geeignet. Sehenswert sind die nach dem Brand von 1724 neu aufgebaute Pfarrkirche St. Michael und die romanische St.-Nikolaus-Kapelle in Einsiedl. Auch der gepflegte Kurpark ist einen Besuch wert. Von Inzell führt durch die Weißbachschlucht eine eindrucksvolle Teilstrecke der Deutschen Alpenstraße ins Saalachtal. Die Schlucht ist das Nadelöhr der Annäherung an Berchtesgaden von Nordwesten her.

Gleich hinter Zwing können im Naturdenkmal „Gletschergarten" in der Würmeiszeit vom Saalachgletscher glattgeschliffene Felsen besichtigt werden.

Ruhpolding (659 m)

Klassischer bayerischer Ferienort

Ruhpolding wurde wahrscheinlich im 9. und 10. Jahrhundert von den Bajuwaren von Inzell her besiedelt. „Miesenbachertal" (von mittelhochdeutsch Mies = Sumpf, Moor) nannte man den Talkessel damals. Ein möglicher Grund für die Besiedlung war, dass die Menschen in dem unwegsamen Waldtal Schutz vor den eindringenden Ungarn suchten.

Sie ließen sich nieder und betrieben Land- und Forstwirtschaft, die bis Ende des 19. Jahrhunderts die wichtigsten Erwerbszweige darstellten. 924 findet sich die erste urkundliche Erwähnung. 1619 wurde die Saline in Traunstein eröffnet. Holz- und Triftarbeit zur Versorgung der Sudpfannen mit Brennholz waren jahrhundertelang eine unverzichtbare Einkommensquelle der Miesenbacher Bauern. Im 16. und 17. Jahrhundert blühte zusätzlich der Bergbau am Rauschberg und Unternberg. Gefördert wurden Bleierz und Galmei. Aus der Zeit stammt das Schmelzwerk am Fuß des Rauschbergs, die heutige „Schmelz" zwischen Ruhpolding und Inzell.

Ruhpolding vor den Chiemgauer Alpen

Das abgeschiedene Tal wurde bekannter, als ab 1529 die bayerischen Herzöge den Wildreichtum der umliegenden Wälder erkannten und sich regelmäßig zur Jagd einfanden.

„Die Nummer eins unter den oberbayerischen Urlaubsorten": diesen Titel beansprucht der Ort heute für sich. Mit 6200 Fremdenbetten zählt Ruhpolding zu den meistbesuchten Urlaubsorten in ganz Bayern. Die Anfänge des Fremdenverkehrs begannen ganz zaghaft gegen Ende des 19. Jahrhunderts. Zu einem enormen Aufschwung kam es in den dreißiger Jahren, als der Berliner Reisebürobesitzer Dr. Degener die maßgeblichen Gemeindevertreter zur Bereitstellung eines Kontingents von 350 Betten verpflichten konnte. Kaum war der Vertrag spruchreif, organisierte er gleich einen ganzen Zug für seine Kunden. Der erste Urlauber-Sonderzug in der Geschichte des deutschen Fremdenverkehrs rollte nach Ruhpolding – und der Massentourismus war geboren!

Sport wird heute groß geschrieben in Ruhpolding. Vor allem der Biathlonsport rückt den Ort immer wieder ins Rampenlicht der Weltöffentlichkeit. Vier Weltmeisterschaften fanden bereits statt. Die Weltcuprennen, die jeweils im Januar veranstaltet werden, gehören zu den Highlights jeder Saison.

Sehenswert in Ruhpolding sind die Kirchen, von denen die zwischen 1738 und 1757 erbaute Pfarrkirche St. Georg die größte und schönste ist. Vom rechten Altar blickt die berühmte „Ruhpoldinger Madonna" herab. Romanisch schlicht ist die Darstellung der Figur, deren Blick aus großen starren Augen rätselhaft in den Raum gerichtet ist. Entstanden wahrscheinlich um 1230 handelt es sich um eines der ältesten derartigen Kunstwerke in Bayern.

Empfehlenswert ist auch eine Fahrt mit der Seilbahn auf den nahen Rauschberg (1671 m).

Traunstein (600 m)

Zentrum des Chiemgaus

Östlich vom Chiemsee und dem „Chiemgauer Feriendreieck" nörd-

Traunstein, Mittelpunkt des Chiemgaus

lich vorgelagert, liegt die Große Kreisstadt Traunstein. Über die Entstehung des Namens geht die Sage, dass in alten Zeiten ein Fuhrmann mit schwerer Fracht durch eine Furt der Traun wollte. Als der Wagen in der Mitte des Flusses nicht vor und zurück ging, fing der Mann, als man in Haslach gerade zum Gebet läutete, zu fluchen an: „Ich wollte, dass doch alles gleich zu Stein werde!" – und sogleich waren Ross und Mann und Wagen in einen großen Stein verwandelt, der heute noch an der östlichen Ortseinfahrt an der Traun zu sehen ist. Tatsächlich weisen der Flussname „Traun" zusammen mit dem für Burgen und feste Plätze stehenden „Stein" weder auf einen versteinerten Fuhrmann, noch auf ein sonstiges Ereignis hin, sondern lediglich auf eine Burg oder Siedlung an der Traun.

Zwar finden sich in Güterverzeichnissen der Salzburger Kirche von 790 Hinweise auf Besitzungen in der Nähe von Traunstein, über die Frühgeschichte der Siedlung ist jedoch wenig bekannt. Die erste ausdrückliche Erwähnung findet der Ort als „Trauwenstain" 1245. Ab 1275 fällt der bis dahin dem Erzbistum Salzburg zugehörige Chiemgau und somit auch Traunstein an die seit 1180 in Bayern regierenden Wittelsbacher. Die Lage nahe der Grenze zum Erzstift Salzburg auf einer Anhöhe über der Traun am Flussübergang der wichtigen Salzhandelsroute von Reichenhall nach München machte die Siedlung für die neuen Machthaber höchst interessant. Sie wurde ausgebaut und mit einer Wehranlage versehen. Die Bedeutung des Ortes wuchs, als 1617 von Reichenhall eine Soleleitung dorthin verlegt wurde. Bis 1910 stand die Saline Traunstein in Betrieb.

Salz, das „weiße Gold" war für den Ort, dem 1375 das Stadtrecht bestätigt wurde, bis ins Mittelalter der mit Abstand bedeutendste Wirtschaftsfaktor. Von den Gräueltaten des 30-jährigen Krieges blieb Traunstein weitgehend verschont, nicht aber von der Pest, die 1635/36 wütete. 1704 zündeten ungarische Panduren die Stadt an, 1851 legte ein noch schlimmeres Feuer fast die ganze Stadt in Schutt und Asche. Enormer Fleiß der Bürger ermöglichte den Wiederaufbau innerhalb weniger Jahre.

Etwa 18 000 Menschen leben heute in Traunstein, das 14 000 Arbeitsplätze, vornehmlich in den Bereichen mittelständisches Handwerk und Gewerbe, Schule und Verwaltung sowie moderne Dienstleistungen anbietet – als historisch gewachsenes Zentrum des Chiemgaus. Sehenswert ist der geräumige Stadtplatz mit Bürgerhäusern im Stil der Inn-Salzach-Städte und die in der Nähe gelegene, 1342 erstmals erwähnte Pfarrkirche.

Reit im Winkl (695 m)

Berühmter Ferienort

Da allein schon die Anfahrt über die Deutsche Alpenstraße herausragende landschaftliche Eindrücke vermittelt, verdient der renommierte Ferienort eine Aufnahme in die Liste der lohnenden Ausflugsziele rund um Berchtesgaden.

Reit im Winkl mit Unterberg und Wildem Kaiser im Hintergrund

Man lernt dabei gleich drei Teilstrecken der Deutschen Alpenstraße kennen, die, hervorragend ausgebaut, wohl zu den schönsten des ganzen 450 km langen Straßenprojekts vom Bodensee nach Berchtesgaden zählen: 1) die Straße über Schwarzbachwacht ins Saalachtal; 2) die Passage durch die Weißbachschlucht zwischen Schneizlreuth und Inzell sowie 3) die Strecke von Inzell nach Ruhpolding, besonders aber das folgende Teilstück durch das urnatürliche Seengebiet des Naturschutzgebietes Chiemgauer Alpen mit dem Weit-, Mitter-, Löden- und Forchensee. In dem Gebiet (bei Laubau) wurde am 24. 10. 1835 der letzte Bär in den Berchtesgadener Alpen geschossen.

Zwischen Ruhpolding und Reit im Winkl kommt man am Parkplatz/Mautstation Seegatterl vorbei. Im Sommer kann man auf der Mautstraße zur berühmten Winklmoosalm (1183 m) hochfahren, wo es sich bestens wandern lässt, z. B. zum höchsten der umliegenden Berge, dem Dürrnbachhorn (1776 m). Im Winter ist die Straße gesperrt, Pendelbusse befördern die Skifahrer hinauf zu den Liften auf der „Winklmoos", der Heimat von Rosi Mittermaier, die – unvergessen – 1976 bei den Olympischen Spielen zweimal Gold und einmal Silber für Deutschland gewann. Mit 13 Liftanlagen (stündliche Förderleistung 19500 Personen) und 50 km präparierten Pisten lässt das Skigebiet Winklmoosalm-Steinplatte (740–1870 m) keine Wünsche offen. Meist schon Ende November beginnt dort oben die Saison.

Reit im Winkl selbst liegt in einem breiten, sonnigen Tal an der Grenze zu Tirol. Der ausgesprochen schneesichere Ort ist im Winter Austragungsort internationaler nordischer Skiwettkämpfe. Als Hauptursache der Schneesicherheit gilt die ausschließlich in Richtung Westen gerichtete Öffnung des Tales, die Schneewolken regelrecht einfängt und festhält. In und um Reit im Winkl warten 400 km gepflegte Langlaufloipen! Auch im Sommer hat der als heilklimatischer Kurort anerkannte Ort mit seinem typisch oberbayerischem Dorfcharakter eine Menge zu bieten: Tennis, Reiten, ein beheiztes Freibad, eine 18-Loch Golfanlage und zahlreiche Wanderwege.

Lofer (640 m)

Ausflug ins Saalachtal

Vier Orte liegen hinter der Staatsgrenze am Steinpass im österreichischen Saalachtal: Unken, Lofer, St. Martin und Weißbach. Mit 2000 Einwohnern ist Lofer der bevölkerungsreichste der vier Orte. Der im Talkessel unter den Loferer Steinbergen gelegene Ort ist im Sommer ein idealer Ausgangspunkt für Wanderungen und Bergtouren. Viele Besucher kommen auch nur, um gemütlich im Ortszentrum (Fußgängerzone) zu flanieren oder um die Saalachtaler Küche zu probieren.

Sehenswert ist die Pfarrkirche mit Fresken aus dem 15. Jahrhundert und der Triftsteig durch die Teufelsschlucht in Richtung Unken.

Drei wenig bekannte, besonders eindrucksvolle Naturdenkmäler („Saalachtaler Naturgewalten") liegen ganz in der Nähe, im Gemeindegebiet von St. Martin und Weißbach: die Vorderkaserklamm, die Lamprechtsofenhöhle und die Seisenbergklamm. Jedes Ziel für sich lohnt einen Besuch.

Im Winter bietet das Skigebiet der Loferer Alm (640–1750 m, 14 Lifte, 46 km Abfahrten) ein schneesicheres, nicht allzu anspruchsvolles Skigebiet. Im Tal finden sich 80 km gespurte Loipen.

Frühling in Lofer vor den Loferer Steinbergen

Auf einen Blick — Nachbarorte von Berchtesgaden

Ort	Höhe	Einwohner	Entfernung
Bad Reichenhall	470 m	18 000	17 km
Salzburg	423 m	144 000	20 km
Hallein	448 m	18 500	12 km
Anger	558 m	1 500	28 km
Inzell	693 m	4 000	35 km
Ruhpolding	659 m	6 500	45 km
Traunstein	600 m	18 500	62 km
Reit im Winkl	695 m	2 700	63 km
Lofer	640 m	2 000	41 km

MUSEEN & AUSFLUGSZIELE IN DER UMGEBUNG

Auf den folgenden Seiten finden Sie eine Auswahl interessanter Museen und lohnender Ausflugsziele in der Umgebung von Berchtesgaden.

Angeführt sind jeweils detaillierte Informationen über Öffnungszeiten und Kontaktmöglichkeiten.

Auf einen Blick

Museen

Haus der Natur

Anschrift Haus der Natur Museumsplatz 5 A-5020 Salzburg
Öffnungszeiten Tägl. (auch an Sonn- und Feiertagen) von 9.00–17.00 Uhr
Kontakt Tel.: +43 (662) 84 26 53 oder 84 23 22 www.hausdernatur.at

In der Salzburger Altstadt, nahe Neutor. Faszinierendes, didaktisch hervorragendes Naturkundemuseum über verschiedenste Bereiche der belebten und unbelebten Natur; 80 Schauräume mit Exponaten von der Steinzeit (urzeitliche Tierskelette) bis zur Weltraumforschung. Lebendiges Museum mit Aquarien (Mittelmeerfische, tropische Korallen, Piranhas, elektrische Fische u.a.), Reptilienzoo (Alligatoren, Leguane, Gift- und Riesenschlangen etc.) sowie Insektenschau (Skorpione, Vogelspinnen u.v.m.), Volkssternwarte, Sonderausstellungen.

Mozarts Geburtshaus

Anschrift Mozarts Geburtshaus Getreidegasse 9 A-5020 Salzburg
Öffnungszeiten Tägl. 9.00–18.00 Uhr Juli und August bis 19.00 Uhr

Im Herzen Salzburgs, in der Getreidegasse, steht jenes Haus, das der „Hochfürstl. Salzburgische Kammermusikus“ Leopold Mozart zusammen mit seiner Frau 26 Jahre lang bewohnte. Von sieben Kindern überlebten nur zwei das Kindesalter: Maria Anna Walburga („Nannerl“) und der am 27. Januar 1756 geborene Wolfgang Amadeus.

Das Haus ist über drei Stockwerke als Museum eingerichtet. Im Mittelpunkt stehen Originalinstrumente Mozarts und authentische Portraits sowie Möbel und Gegenstände des täglichen Gebrauchs aus der Zeit Mozarts.

Festungsmuseum

Anschrift Festungsmuseum Festung Hohensalzburg A-5020 Salzburg
Öffnungszeiten 15.03.–14.06.: 9.30–17.30 Uhr 15.06.–14.09.: 9.30–18.00 Uhr 15.09.–14.03.: 9.30–17.00 Uhr
Kontakt Tel.: +43 (662) 62 08 08-400

Die Festung Hohensalzburg (erbaut ab 1077) ist eine der größten erhaltenen mittelalterlichen Burganlagen Europas. Das Festungsmuseum wurde in prachtvollen, neu restaurierten Räumen des sog. Hohen Stocks der Festung im September 2000 neu eröffnet. Es präsentiert Zeugnisse der Burggeschichte und des Wohnens auf Burgen (ein mittelalterlicher Goldschatz, Waffen, Rüstungen, Folterinstrumente, eine komplette Burgküche, gotische Möbel etc.).

Residenz Salzburg

Anschrift
Residenz Salzburg
Residenzplatz 1
A-5020 Salzburg

Öffnungszeiten
Januar bis Dezember
tägl. 10.00–17.00 Uhr

Kontakt
Tel.: +43 (662) 80 42-26 90

Das ehemalige Repräsentationsgebäude der Salzburger Erzbischöfe erhielt am Ende des 16. Jahrhunderts seine heutige Form und präsentiert sich seitdem als prächtige Frühbarockanlage. Zu besichtigen sind die Prunkräume sowie die Residenzgalerie mit ihrer großartigen Sammlung europäischer Maler des 16. bis 19. Jahrhunderts.

Bad Reichenhaller Heimatmuseum

Anschrift
Heimatmuseum Bad Reichenhall
Getreidegasse 4
83435 Bad Reichenhall

Öffnungszeiten
Geöffnet von Mai bis Oktober dienstags bis freitags 14.00–18.00 Uhr

Kontakt
Tel.: (0 86 51) 53 24

Im früheren Getreidestadel von 1559 finden sich Zeugnisse der frühesten Siedlungsgeschichte des Saalachtales: Funde aus der Stein–, Bronze-, Kelten-, und Römerzeit sowie aus den Jahrhunderten der bajuwarischen Landnahme. Am bedeutendsten ist der größte bronzezeitliche Hortfund nördlich der Alpen. Natürlich widmet sich das in historischen Gemäuern eingerichtete Museum besonders der Reichenhaller Stadtgeschichte: Zu sehen sind Gegenstände des bäuerlichen Lebens und sakrale Kunst ebenso wie Waffen, Werkzeuge, Möbel, Hausrat etc.

Alte Saline Bad Reichenhall

Anschrift
Alte Saline Bad Reichenhall
83435 Bad Reichenhall

Öffnungszeiten
01.05.–31.10.
10.00–11.30 Uhr
14.00–16.00 Uhr
01.11.–30.04.
Dienstag und Donnerstag sowie jeden 1. Sonntag im Monat von 14.00–16.00 Uhr.

Kontakt
Tel.: (0 86 51) 70 02-146
www.salzbergwerk-berchtesgaden.de

Steigen Sie hinab zum Ursprung der Salzgewinnung. Unter der Burg Gruttenstein findet sich ein weit verzweigtes Netz von Stollen und Schächten. Hier entspringen aus den Klüften des Lattengebirges die Bad Reichenhaller Solequellen mit bis zu 24 % Salzgehalt, welche die Stadt schon früh reich machten. Gleich am Eingang, in der Maschinenhalle, kann man zwei riesige Wasserräder bestaunen, die seit 150 Jahren ohne Unterbrechung die Sole aus der Tiefe schöpfen. Eine Führung durch den Quellenbau und das anschließende Salzmuseum informieren ausführlich über alle Einzelheiten der Salzgewinnung. Lassen Sie sich von der Geschichte des „Weißen Goldes" faszinieren! Die Führung durch den Quellenbau dauert ca. 45 Minuten. Neuerdings erhältlich sind Kombi-Tickets Salzbergwerk Berchtesgaden und Alte Saline Bad Reichenhall.

Salzburger Freilichtmuseum

Anschrift Salzburger Freilichtmuseum A-5084 Großgmain bei Salzburg
Öffnungszeiten Ende März bis Anfang November tägl. außer Montag von 9.00–18.00 Uhr
Kontakt Tel.: +43 (662) 85 00 11

Über 60 bäuerliche Originalbauten des Salzburger Landes aus fünf Jahrhunderten: Bauernhöfe, Handwerkerhäuser, Schmiede, Sägewerk, Dorfschule, Almen etc. aus dem Salzburger Land wurden in ein 50 ha umfassendes Areal am Fuß des Untersbergs übertragen. Sie bieten dem Besucher Einblick in das ländliche Leben und Wirtschaften vergangener Zeiten. Die liebevoll gepflegten Bauerngärten vor den Höfen mit ihren historischen Zäunen, die Anlage der Wege, Brücken und Teiche lassen den Museumsbesuch nebenbei zu einem erholsamen Ausflug werden. An den Wochenenden finden oft Handwerksvorführungen und andere kulturelle Veranstaltungen statt. Für die Kinder gibt es einen Erlebnisspielplatz.

Keltenmuseum Hallein

Anschrift Keltenmuseum Hallein Pflegerplatz 5 A-5400 Hallein
Öffnungszeiten 03.04.–31.10. tägl. 9.00–17.00 Uhr
Kontakt Tel.: +43 (62 45) 8 07 83 www.keltenmuseum.at

Grab- und Siedlungsfunde, die laufend durch neueste Grab- und Forschungsergebnisse ergänzt werden, sowie Werkzeuge und Geräte aus dem prähistorischen Salzbergbau geben einen umfassenden Einblick in eines der ältesten und bedeutendsten Zentren der Salzgewinnung. Im Erdgeschoss und 1. Stock erfährt der Besucher viel Interessantes über die Welt der Kelten, jener Stämme, die etwa 700 v. Chr. von Westen (Gallien, Spanien) kommend den Alpenraum zu besiedeln begannen. Über zwei Jahrhunderte waren sie eines der bestimmenden Völker Europas, bis die römischen Feldherrn Drusus und Tiberius 15 v. Chr. ihrer Vorherrschaft im heutigen Oberbayern ein Ende bereiteten. Im 2. Stock wird die nahezu

1000-jährige Geschichte des Halleiner Salzwesens von ihren Anfängen über die Entwicklung zum früheren Zentrum der Salzproduktion im Ostalpenraum bis zur endgültigen Schließung der Saline Hallein im Jahr 1989 dargestellt.

Mammutmuseum Siegsdorf

Anschrift
Südostbayerisches Naturkunde- und Mammutmuseum Siegsdorf
Auenstraße 2 (Ortsmitte, an der Traunbrücke)
83313 Siegsdorf

Öffnungszeiten
zu Ferienzeiten (Sommer wie Winter) täglich
Anfang Mai bis Anfang November: Dienstag bis Sonntag 10.00–18.00 Uhr

Kontakt
Tel.: (08662)13316
www.museum-siegsdorf.de

Das Naturkundemuseum Siegsdorf vermittelt auf über 650 m² Ausstellungsfläche 250 Millionen Jahre Entwicklungsgeschichte Südostbayerns. 1995 eröffnet, verdankt das Museum seine Entstehung der Entdeckung von 40 000 Jahre alten Mammut-Knochen im nahen Gerhartsreiter Graben sowie der Schenkung einer umfangreichen Privatsammlung von Versteinerungen aus dem Chiemgau.

Darüber hinaus erfährt der Besucher viel Interessantes über geologische Vorgänge ebenso wie Lebewesen aus der Urzeit, wie z. B. Flugsaurier und Höhlenbären. Letztlich können von Erwachsenen und Kindern in einem Steinzeit-Schnupperkurs selbstständig Werkzeuge aus Feuerstein, Schmuck und Amulette etc. gefertigt werden.

In Sichtweite zum Museum steht „Rudi“, die Rekonstruktion des Siegsdorfer Mammutfundes in Originalgröße (3,60 Meter Schulterhöhe!).

EFA-Museum für Deutsche Automobilgeschichte in Amerang/Chiemgau

Anschrift
EFA-Museum für Deutsche Automobilgeschichte
Wasserburger Straße 38
83123 Amerang / Chiemgau,

Öffnungszeiten
Ganzjährig geöffnet täglich außer Montag von 10.00–18.00 Uhr

Kontakt
Tel.: (08075)8141
www.efa-automuseum.de

Das interessante Automobilmuseum über 100 Jahre deutsche Automobilgeschichte lohnt die weite Anfahrt (auf der Autobahn A 8 Richtung München bis Abfahrt Bernau, weiter über Prien – Bad Endorf nach Amerang). Zu besichtigen sind auf 6 000 m² Ausstellungsfläche 220 Exponate aus der deutschen Produktion ab 1886 bis heute. Darunter finden sich Roller und Kleinfahrzeuge ebenso wie extravagante Renn- und Tourenwagen. Eine sehenswerte Bereicherung ist die Modelleisenbahnanlage der Spurgröße II, die in dieser Art und Größe (500 m²) einmalig auf der Welt ist.

Untersbergmuseum

Anschrift
Untersbergmuseum
A-5082 Grödig-Fürstenbrunn

Öffnungszeiten
Mai bis Okt.: Mi, Do, Sa, So sowie Feiertage von 13.00–18.00 Uhr
Nov. bis April: Mi, Do, Sa, So sowie Feiertage von 13.00–17.00 Uhr

Kontakt
Tel.: +43(6246)76411

Am Fuße des Untersberges, nahe dem Ursprung der Glan, wurde das Museum 1990 eröffnet, das u. a. über die Gewinnung von Marmor einst und heute, den Aufbau und Betrieb von Kugelmühlen, die Sagen des Untersberges oder die Wasserversorgung der Stadt Salzburg aus Quellen des Berges informiert. Ganz in der Nähe befinden sich heute noch in Betrieb stehende Brüche des berühmten Untersberger Marmors.

Glockenschmiede Ruhpolding

Anschrift
Glockenschmiede Ruhpolding
Haßlberg 6
83324 Ruhpolding

Öffnungszeiten
Mitte Mai bis Mitte Oktober:
Montag bis Freitag 10.00–12.00 und 14.00–16.00 Uhr
1. Juli bis 16. September:
täglich 10.00–16.00 Uhr

Die in der Mitte des 17. Jahrhunderts entstandene Glockenschmiede am Fuße des Hochfelln gehört zu den wenigen noch bestehenden Hammerschmieden in Bayern. Das bedeutende Kulturdenkmal informiert über eine Handwerkstradition, die besonders im 19. Jahrhundert in hohem Ansehen stand. 1826 zählte man um Ruhpolding noch 13 Schmieden. Im Glockenschmiede-Laden kann man Kuhglocken in allen Größen und Formen, Eisenpfannen und ähnliches erwerben.

Holzknechtmuseum Ruhpolding

Anschrift
Holzknechtmuseum Ruhpolding
Laubau 12 (an der Deutschen Alpenstraße)
83324 Ruhpolding

Öffnungszeiten
1. Mai bis 30. September
tägl. 10.00–17.00 Uhr
1. Oktober bis 30. April
tägl. 13.00–17.00 Uhr
montags geschlossen
1. November–24. Dezember geschlossen

Kontakt
Tel.: (08663)639

Das von einem gemeinnützigen Verein betriebene Holzknechtmuseum ist mit Recht eines der am meisten besuchten Museen des ganzen Chiemgaues. Es zeigt anhand zahlreicher Ausstellungsstücke die Entwicklung der Waldarbeit vom Beginn der Salinenzeit bis heute. An das Museum angeschlossen ist ein 3 ha großes Freigelände mit alten Forsthütten und anderen historischen forstlichen Bauwerken. Das Museum ermöglicht eine

Vorstellung, mit welchen Strapazen die Holzarbeit über Jahrhunderte verbunden war.

Bergbaumuseum Achthal

Anschrift Bergbaumuseum Achthal An der Straße von Neukirchen nach Oberteisendorf
Öffnungszeiten Mai bis Ende September: Dienstag bis Samstag von 13.00–16.00 Uhr und Sonntag von 10.00–12.00 Uhr Montag geschlossen
Kontakt Anmeldung für Sonderführungen: (0 86 66) 71 49 oder 10 29

Das Museum gibt Zeugnis über die jahrhundertealte Eisengewinnung am Teisenberg. Von 959 bis 1810 zerschnitt die Landesgrenze zwischen Bayern und Salzburg die Eisenlagerstätte.

Auf der bayerischen Seite wurde das gewonnene Eisenerz im benachbarten Bergen verhüttet. Auf der Salzburger Seite gründete Erzbischof Matthäus Lang im Jahr 1537 das Hüttenwerk Achthal.

Auch nach der endgültigen Angliederung des heutigen Rupertiwinkels an Bayern im Jahr 1818 verblieb die Aktienmehrheit in Salzburger Hand. Nach dem Verkauf der Anlagen an Bayern wurde der Bergbau 1925 eingestellt.

Das 1984 gegründete Bergbaumuseum vermittelt durch verschiedene Darstellungen die Arbeitsweise und Lebenswelt der damaligen Zeit mit all ihren Nöten und Gefahren. Gußexponate demonstrieren die hohe Qualität des Achthaler Eisens.

AUSFLUGSZIELE

Herrenchiemsee

Anschrift Chiemsee-Schifffahrt Seestraße 108 83209 Prien am Chiemsee
Öffnungszeiten Ganzj. nach Fahrplan Schloss Herrenchiemsee: 1.04.–3.10 9.00–18.00 Uhr 4.10.–31.10. 9.40–17.00 Uhr 1.11.–31.03. 9.40–16.00 Uhr. Dauer der Schlossführung 30–35 Minuten
Kontakt Chiemsee-Schifffahrt Tel.: (0 80 51) 60 90 Schloss Herrenchiemsee Tel.: (0 80 51) 68 87-0 www.herren-chiemsee.de

Der Chiemsee, „Bayerisches Meer" genannt, gab dem Chiemgau seinen Namen. Mit einer Fläche von 80 km² und einer Tiefe bis 73 Meter ist der 518 Meter hoch gelegene See der größte in Bayern. Er wäre noch größer, hätte man nicht im 19. Jahrhundert den Seespiegel durch Eintiefung der abfließenden Alz bei Seebruck abgesenkt. Seine Entstehung verdankt der See dem gegen Ende der letzten Eiszeit vor ca. 15 000 Jahren abschmelzenden großen Chiemseegletscher, der in der Umgebung noch einige andere Vertiefungen schuf, in denen sich reizvolle

Seen bildeten (Waginger See, Simssee u. a.).

Als Ludwig II. 1873 das unvergleichlich schön gelegene „Herrenwörth“, das heutige Herrenchiemsee erwarb, hatte die Insel eine bereits mehr als zwei Jahrtausende währende Geschichte hinter sich. Ab dem 13. Jahrhundert bis zur Säkularisation war die Insel Mittelpunkt eines Bistums, von dem heute noch das „Alte Schloss“ und der „Inseldom“ zeugen. Der Drang nach Menschenferne hatte Ludwig zum Kauf der Insel im Chiemsee bewogen. Hier sollte endlich sein „neues Versailles“ entstehen. In zwei Reisen nach Paris hatte der König das Schloss Versailles des „Sonnenkönigs“ Ludwig XIV. in allen Einzelheiten studiert. Es schien ihm der Inbegriff fürstlichen Glanzes, den er in einem eigenen Bauwerk nachzuahmen gedachte.

Mit der Planung des „Neuen Schlosses Herrenchiemsee“ wurde Georg Dollmann beauftragt. Nach vielen Abänderungen und Erweiterungen konnte am 21. Mai 1878 der Grundstein gelegt werden. Trotz der großen Schwierigkeiten, die das Legen der Fundamente und der Transport der Baumaterialien über den See bereiteten, konnten die vom König dauernd zur Eile angetriebenen Bauleute bereits 1881 den Rohbau der gewaltigen Anlage fertigstellen.

Die Innenausstattung prägt ein verschwenderischer Prunk, mit dem Ludwig sein französisches Vorbild noch zu übertreffen suchte. Aus ganz Europa ließ er die kostbarsten Baustoffe zusammentragen. Über vier Jahre zog sich die Ausstattung des Treppenhauses, der Paradezimmer und der Wohnzimmer des Königs mit eingelegten Fußböden, geschnitzten Vertä-

Abendstimmung am Chiemsee

felungen, Stuckmarmorverkleidungen, mit Wand- und Deckengemälden, mit Skulpturen und kostbaren Möbeln hin. Allein die königliche Bettdecke für das Paradeschlafzimmer beschäftigte 20 Näherinnen sieben Jahre lang.

Hauptraum des Schlosses wurde die Große Spiegelgalerie, die sich in einer Ausdehnung von 98 Metern über die ganze Gartenfront des Gebäudes erstreckt. Beherrschendes Moment des Saales mit seinen raumhohen Fenstern auf der einen Seite und den Wandspiegeln auf der anderen sind 44 Standleuchter und 33 große Glaslüster. Wie mag es ausgesehen haben, wenn der Raum nachts im Licht von 2000 Kerzen erstrahlte!

Die Vorstellungen des Königs, wie er zu seiner Insel gelangen wollte, nämlich in einer Schwanengondel an einem Drahtseil in 50 Meter Höhe über dem See – natürlich bei bengalischer Beleuchtung – waren trotz größter Bemühungen der Konstrukteure schließlich doch nicht realisierbar. Insgesamt war Herrenchiemsee das ehrgeizigste und kostspieligste seiner Unternehmen.

Nach 7-jähriger Bauzeit (1878–85), in der er den säumigen Architekten Dollmann gegen Julius Hofmann ausgetauscht und 16 Millionen Goldmark verbraucht hatte, meldete die Kabinettskasse Bankrott. Der Tod Ludwigs II. 1886 bedeutete schließlich das endgültige Aus für das Unternehmen. Ganze neun Tage hatte der Märchenkönig bis dahin in dem Schloss verbracht.

Eisriesenwelt Werfen

Anschrift
Eisriesenwelt Werfen

Öffnungszeiten
Höhlen- und Seilbahnbetrieb vom 1.05.–26.10. 9.00–15.30 Uhr (letzte Führung) oder 16.30 Uhr (letzte Führung im Juli und August)

Kontakt
Tel.: +43 (6468) 5248 oder 5291
www.eisriesenwelt.at

Die Eisriesenwelt im Tennengebirge bei Werfen (Salzburger Land) im verkarsteten Dachsteinkalk ist die größte erschlossene Eishöhle der Erde (Gesamtlänge 50 km, Schauhöhle ca. 1 km).

Der Eingang liegt in der steilen Westwand des Hochkogels (2282 m) in 1641 m Höhe, durch Bergstraße und Seilbahn von Werfen aus erreichbar. Sehenswert sind die Posselthalle, die Hymirhalle (Zone des stärksten Eiswachstums) und der Odinsaal; durch das „Eistor" gelangt man in den „Alexander-von-Mörk-Dom" mit dem Urnengrab des Ersterforschers A. von Mörk. Der anschließende Eispalast ist die letzte Halle des Eisteils. 1920 wurden die ersten Führungen durchgeführt. Seit 1929 steht die Eisriesenwelt unter Naturschutz. Jährlich besuchen die Höhle etwa 180000 Personen.

Die Führung (nur mit autorisiertem Führer) dauert etwa 1 Std. 15 Min., für den Besuch sollte man insgesamt 3–4 Std. einkalkulieren. Die Temperaturen liegen auch im Sommer um den Gefrierpunkt.

Burg Hohenwerfen

Anschrift Burg Hohenwerfen A-5450 Werfen
Öffnungszeiten April, Oktober, November: 9.30–16.30 Uhr Mai, Juni, September: 9.00–17.00 Uhr Juli, August: 9.00–18.00 Uhr (im März und April: Montag Ruhetag)
Kontakt Tel.: +43 (64 68) 76 03-0 www.salzburg-burgen.at

Hoch über dem Salzachtal erhebt sich das mächtige Bollwerk aus dem 11. Jahrhundert und bietet den Besuchern tägliche Burgführungen (inkl. Waffenausstellung, Fürstenzimmer, Flugvorführungen der Greifvögel des Salzburger Landesfalkenhofes und das 1. Österreichische Falknereimuseum).

Märchenpark Ruhpolding

Anschrift Märchenpark Ruhpolding Vorderbrand 7 83324 Ruhpolding
Öffnungszeiten Ostern bis 3. November tägl. von 9.00–18.00 Uhr
Kontakt Tel.: (0 86 63) 14 13, www.maerchenpark.de

Die Anfahrt ist ab Ruhpolding beschildert („Märchen-Familienpark"). Mitten im Bergwald auf dem Gelände einer alten Hörndlsäge erleben Jung und Alt Vergnügen und Abenteuer. Man trifft Rübezahl und Schneewittchen, schlafende Hexen und brüllende Bären. Höhen und Tiefen erlebt man auf dem Rücken eines riesigen Drachens mit Platz für 35 Personen, einen fast freien Fall kann man auf der Höllenrutsche erleben und vieles mehr.

An Zeit sollte man drei Stunden bis zu einem ganzen Tag einplanen.

Rauschbergbahn bei Ruhpolding

Anschrift Rauschbergbahn bei Ruhpolding Knogl 12 (Alpenstraße) 83324 Ruhpolding
Öffnungszeiten Betrieb ganzjährig (außer November) tägl. von 9.15–17.00 Uhr.
Kontakt Tel.: (0 86 63) 59 45 Info-Telefon (0 86 63) 13 81 www.ruhpolding.de/rauschbergbahn

Drei Kilometer südlich vom Ortszentrum Ruhpolding liegt die Talstation der 1952 erbauten Bahn. Nur ca. fünf Minuten dauert die Fahrt der 20 Personen fassenden Gondeln von der Talstation (710 m) zur Bergstation (1 626 m) knapp unterhalb des Rauschberg-Westgipfels. Am Berg erwarten den Besucher neben einer großartigen Aussicht viele Wandermöglichkeiten, ein drei Kilometer langer Alpen-Lern- und Spielpfad, Sonnen in Strandkörben und eine gemütliche Gastronomie

Predigtstuhlbahn Bad Reichenhall

Anschrift	Predigtstuhlbahn 83435 Bad Reichenhall
Betrieb	9.00–17.00 Uhr ½-stündlich oder nach Bedarf
Kontakt	Tel.: (0 86 51) 21 27 www.predigtstuhl-bahn.de

Die Predigtstuhlbahn, erbaut 1927, ist die älteste im Originalzustand erhaltene Großkabinenbahn Deutschlands. Unmittelbar an die Bergstation angebaut ist das Predigtstuhl-Berghotel, von dessen Aussichtsterrasse man einen herrlichen Blick in die Berchtesgadener Alpen und hinunter nach Bad Reichenhall genießen kann.

Oben gibt es viele Wanderwege, zu den Gipfeln des Lattengebirges und hinüber zum Waldplateau der Moosenalm. Der Verbindungsweg zur Schlegelmulde mit der bewirtschafteten Schlegelalm (15 Min.) ist im Winter geräumt.

Tiergarten Hellbrunn

Anschrift	Tiergarten Hellbrunn Anifer Landesstr. 1 A-5081 Anif
Öffnungszeiten	Tägl. 8.30–17.30 Uhr (kein Ruhetag)
Kontakt	Tel.: +43 (662) 8 20 17 60 www.salzburg-zoo.at

Der erzbischöfliche Wildpark von 1424 mit Fischweihern und Vogelherden entwickelte sich zum international anerkannten Zoo. Südlich der Stadt Salzburg, in Anif, leben in dem großzügig in die Landschaft eingebetteten Tiergarten über 250 Säugetiere (56 Arten) und an die 350 Vögel (83 Arten) aus allen Kontinenten.

Eine besondere Attraktion sind frei fliegende Gänsegeier, die sich zum Fressen einfinden. Außerdem zu besichtigen sind ein Tropenhaus und eine Großkatzen-Freianlage. Hunde dürfen an der kurzen Leine in den Zoo.

Schloss Hellbrunn, Wasserspiele

Anschrift	Schloss Hellbrunn Fürstenweg 37 A-5020 Salzburg
Öffnungszeiten	April von 9.00–16.30 Uhr Mai bis Juni von 9.00–17.30 Uhr Juli bis August 9.00–22.00 Uhr September 9.00–17.30 Uhr Oktober 9.00–16.30 Uhr
Kontakt	Tel.: +43 (662) 82 03 72-0 www.hellbrunn.at

Vor den Toren Salzburgs ließ der 1612 ins Amt gewählte Fürstbischof Markus Sittikus vom italienischen Architekten Santino Solari ein Lustschloss erbauen. Der weitläufige Park mit frech-hinterlistigen Wasserspielen fasziniert Erwachsene und Kinder!

Abenteuer-Ferien

Outdoor Club Berchtesgaden
Am Gmundberg 7
Tel.: (0 86 52) 97 76-0
www.outdoor-club.de

Treff-Aktiv Königssee
Jennerbahnstraße 19
Schönau a. Königssee
Tel.: (0 86 52) 6 67 10
www.treffaktiv.de

Alpenverein

Vereinsstelle am Kurgarteneingang
Maximilianstraße 1
Alpine Bücherei und Auskunft
Geöffn. Di., Do. und Fr. von 15.00–17.30 Uhr
Tel.: (0 86 52) 22 07
www.dav-berchtesgaden.de

Ambulanter Pflegedienst

Pflegedienst für das Berchtesgadener Land
Tel.: (0 86 52) 95 79 70

Ärzte

Verzeichnis bei der Kurdirektion oder bei den Verkehrsbüros in den Gemeinden (Wellness-Folder anfordern).

Ärztlicher Bereitschaftsdienst
bayernweit erreichbar
Tel.: (0 18 05) 19 12 12

Ärztlicher Notdienst
Rettungsleitstelle Traunstein
Tel.: 192 22 (vom Handy mit Vorwahl: 08 61) oder internationaler Notruf: 112

Auskünfte

für den Gast (→ Fremdenverkehrsbüros)

Baden

Freibäder:

Aschauer Weiher Naturbad
Bischofswiesen
Tel.: (0 86 52) 33 66

Schornbad
Schönau am Königssee
Tel.: (0 86 52) 96 80-44

Marktschellenberger Bad
Marktschellenberg
Tel.: (0 86 50) 91 99 00

Hallenbäder:

Watzmann Therme
Kur- und Erlebnisbad, 900 m² Wasserfläche, 80-Meter-Rutsche, Außen- und Solebecken, Kinderbecken, Sauna, Solarium, Dampfbad, Massage u. a., Bergwerkstraße 54, 83471 Berchtesgaden, Öffnungszeiten: tägl. (auch Sonn- und Feiertage) 10.00–22.00 Uhr
Tel.: (0 86 52) 94 64-0
www.watzmanntherme.de

Rupertus Therme
Spa & Fitness Resort
Thermenlandschaft, 487 m² Wasserfläche, Solebewegungsbad, Solegrotte, Saunalandschaft, Health & Fitness, Beauty & Vital, Whirlpool, Außenbecken, Massage, Kinderbetreuung u. a., Friedrich-Ebert-Allee 21, 83435 Bad Reichenhall,

Öffnungszeiten: Mo.-Fr. 9.00-22.00 Uhr, Sonn-und Feiertage 9.00-22.00 Uhr; Hotline: (0 18 05) 606-706
www.rupertustherme.de

Seen

Hintersee und Königssee
Auch in heißen Sommern kaum über 18 Grad, wenig Liegeflächen

Thumsee
bei Bad Reichenhall, schöner Badesee in natürlicher Umgebung, Schwimmbad und große Liegewiese, in der Badesaison schlechte Parkmöglichkeiten, Buspendelverkehr ab Bad Reichenhall/Karlstein

Höglwörther See
bei Anger (ca. 30 km von Bgd), kleiner mooriger Badesee, warm bis in den Herbst, Schwimmbad und Liegewiese (geringe Gebühr), gleich nebenan urige Gastwirtschaft „Zum Klosterwirt" mit Biergarten

Weitsee, Mittersee
(ca. 50 km von Bgd), die Seen des Naturschutzgebietes Chiemgauer Alpen bieten im Sommer Badegelegenheit bei angenehmen Temperaturen in wundervoller Umgebung

Banken und Geldautomaten

Sparkasse Berchtesgadener Land:
Hauptstelle Maximilianstr. 6
Tel.: (0 86 52) 6 00 50
Zweigstellen:
- Bischofswiesen
- Winkl
- Strub
- Marktschellenberg
- Oberau
- Ramsau
- Schönau am Königssee
- Königssee
- Unterstein

HypoVereinsbank
Weihnachtsschützenstr. 2½
Tel.: (0 86 52) 60 07-0

Volksbank Raiffeisenbank Berchtesgadener Land e. G.
Metzgerstr. 3
Tel.: (0 86 52) 96 62-0
Zweigstellen:
- Bischofswiesen
- Schönau a. Königssee
- Ramsau
- Marktschellenberg

Bauerntheater

Berchtesgaden
Am Franziskanerplatz
Tel.: (0 86 52) 28 58
www.berchtesgadener-bauerntheater.de
Kartenreservierung ab 18.00 Uhr

Rupertibühne
Haus des Gastes
Schönau am Königssee
Tel.: (0 86 52) 17 60

Bergbahnen

Jennerbahn
Schönau am Königssee, Höhenunterschied 1170 m, Bergstation 1800 m.
Fahrplan:
Sommer von 8.00–17.20 Uhr
Winter von 9.00–16.30 Uhr
Tel.: (0 86 52) 95 81-0
www.jennerbahn.de

Obersalzbergbahn
Berchtesgaden, Höhenunterschied 450 m, Bergstation 1020 m.
Fahrplan (unverb., genaue Zeiten tel. erfragen).
Hauptsaison (Juli bis Ende Aug.): 9–17.20 Uhr
Nebensaison: (Apr. bis Ende Juni sowie Sept. bis Ende Okt.): 9.30–16.50 Uhr
Winter (25. 12. bis Ende März): 10.00–16.00 Uhr
Tel.: (0 86 52) 25 61
www.obersalzbergbahn.de

Hirscheck-Sesselbahn
Hochschwarzeck, Höhenunterschied 350 m, Bergstation 1385 m.
Betriebszeiten (witterungsabhängig):
Hauptsaison (Juli bis Ende Aug.): 9.15–17.00 Uhr (Mittagspause 12.00–12.45 Uhr)
Nebensaison: 9.15–16.30 Uhr (Mittagspause w. o.)
Winter (Dez. bis Jan.): 9.00–16.00 Uhr, ab Feb. 9.00–16.30 Uhr (keine Mittagspause)
Tel.: (0 86 57) 368
www.hochschwarzeck.info

Predigtstuhlbahn
Bad Reichenhall, Höhenunterschied 1100 m, Bergstation 1583 m.
Betrieb: 9.00–17.00 Uhr, ½-stündlich oder nach Bedarf
Tel.: (0 86 51) 21 27
www.predigtstuhl-bahn.de

Untersbergseilbahn
St. Leonhard bei Salzburg, Höhenunterschied 1300 m, Bergstation 1805 m
Fahrplan (Fahrten im Halbstundentakt zur vollen und halben Stunde):
01.07.–30.09.: 8.30–17.30 Uhr
01.10.–31.10.: 8.30–17.00 Uhr
14.12.–28.02.: 9.00–16.00 Uhr
Tel.: +43 (62 46) 7 24 77
www.untersberg.net

Bergführer

In Berchtesgaden gibt es 15 autorisierte Bergführer (staatlich geprüft). Verzeichnis bei der Kurdirektion oder bei den Verkehrsbüros in den Gemeinden (Folder Berg & Tal).

Berghütten

Verzeichnis von 30 alpinen Unterkünften → Berghütten Seite 55). Folder Berghütten und Almen, erhältlich bei der Kurdirektion oder bei den Verkehrsbüros in den Gemeinden.

Bergschulen

Bergschule Berchtesgadener Land
Leitung Heinz Zembsch (staatl. gepr. Berg- und Skiführer)
Silbergstraße 25
83489 Strub
Tel.: (0 86 52) 53 71
von Mai bis Oktober Purtschellerhaus am Hohen Göll
Tel.: (0 86 52) 24 20
www.berchtesgaden.de/bergschule

Outdoor Club Berchtesgaden
Leitung Toni Grassl (staatl. gepr. Berg- und Skiführer)
Am Gmundberg 7
83471 Berchtesgaden
Tel.: (0 86 52) 97 76-0
www.outdoor-club.de

Bergschule Watzmann
Leitung Hubert Nagl (staatl. gepr. Berg- und Skiführer)
Am Forstamt 3
83486 Ramsau
Tel.: (0 86 57) 711
www.bergschule-watzmann.de

Brauchtumsveranstaltungen

(Feste, Wallfahrten und Umritte etc., s. auch Seite 28 f.)
genaue Termine bei den Fremdenverkehrsämtern nachfragen (→ Fremdenverkehrsbüros)

Büchereien

Berchtesgaden
Am Anger 2
Tel.: (0 86 52) 6 36 88

Schönau am Königssee
Rathausplatz 1
Tel.: (0 86 52) 96 80 42

Bischofswiesen
Am Rathausplatz
Tel.: (0 86 52) 88 09 58

Ramsau
Im Tal 2
Tel.: (0 86 57) 98 89 20
Kostenlose Ausleihe gegen Vorlage der Kurkarte, die Öffnungszeiten sind telefonisch zu erfragen.

Camping

Berchtesgaden
Campingplatz Allweglehen
Tel.: (0 86 52) 23 96
www.alpen-camping-allweg.de

Schönau am Königssee
Campingplatz Grafenlehen
Tel.: (0 86 52) 41 40
www.camping-grafenlehen.de
Campingplatz Mühlleiten
Tel.: (0 86 52) 45 84
www.camping-muehlleiten.de

Bischofswiesen
Campingplatz Winkl
Tel.: (0 86 52) 81 64
www.camping-winkl.de

Ramsau
Camping Taubensee
Tel.: (0 86 57) 284
www.berchtesgaden.de/simonhof

Diskotheken – Abendcafés

Berchtesgaden
Chill out
Bahnhofsfußweg 1
Tel.: (0 86 52) 48 31
Holzkäfer
Buchenhöhe
Tel.: (0 86 52) 6 21 07
„Upstairs"
Maximilianstraße 16
Tel.: (0 86 52) 6 49 63
Sound-Café
Maximilianstraße 15
Tel.: (0 86 52) 48 11
„Zum Fassl" im Hotel Kronprinz
Am Brandholz
Tel.: (0 86 52) 60 76 16
Pilspub
Maximilianstraße 16
Tel.: (0 86 52) 6 29 67

Bischofswiesen
Viva Dance Hall
Reichenhaller Str. 18-20
Tel.: (0 86 52) 97 76 80

Schönau am Königssee

Kaserbar

Seestraße 2
Tel.: (0 86 52) 37 55

Jennerkaser

Jennerbahnstraße 14
Tel.: (0 86 52) 6 67 10

Seealm

Jennerbahnstraße 12
Tel.: (0 86 52) 97 74 42

Dokumentation Obersalzberg

Ständige Ausstellung des Instituts für Zeitgeschichte München.
Salzbergstraße 41
83471 Berchtesgaden
Öffnungszeiten: 1.04–31.10. Montag mit Sonntag 9.00–17.00 Uhr (letzter Einlass 16.00 Uhr)
1.11–30.04 Dienstag mit Sonntag 10.00–15.00 Uhr (letzter Einlass 14.00 Uhr), Montag geschlossen
Tel.: (0 86 52) 94 79 60
www.obersalzberg.de

Eishalle Berchtesgaden

Witterungsunabhängiger Eislaufsport, eingeeist auch im Sommer, Schießstättbrücke, ganzjährig geöffnet.
Auskunft Tel.: (0 86 52) 6 14 05

Eishöhle

→ Schellenberger Eishöhle im Untersberg

Enzianbrennerei Grassl

Deutschlands älteste Enzianbrennerei, Berchtesgaden Unterau (direkt an der B 305 nach Salzburg), Salzburger Straße 105
83471 Berchtesgaden;
Brennereibesichtigung, Informationsfarbfilm, Schau historischer Brenngeräte, Gratiskostproben von Spezialitäten, Parkplätze, Bus-Service.
Besichtigung: Mai–Okt.:
Mo.–Fr. 8.00–18.00 Uhr
Sa. 8.00–14.00 Uhr
Nov.–Apr.:
8.00–17.00 Uhr
Sa. 8.00–12.00 Uhr
Tel.: (0 86 52) 9 53 60
www.grassl.com

Fahrrad

→ **Radsport**

Fahrradverleih

Sport Brandner

Berchtesgaden
Tel.: (0 86 52) 14 34 und
Ramsau Tel.: (0 86 57) 7 90

Berchtesgadener Radl-Verleih

Dorf Königssee
Tel.: (0 86 52) 9 68 70
Informationen im Sommer-Folder bzw. Bike-Info, erhältlich bei der Kurdirektion oder bei den Verkehrsbüros in den Gemeinden

→ **Fremdenverkehrsbüros**

Fernsehräume

Kur- und Kongresshaus

Berchtesgaden.

Haus des Gastes

Schönau am Königssee

Fischen

Möglich für Inhaber eines deutschen, gültigen Jahresfischereischeins auf Strecken der Ramsauer und Berchtesgadener Ache sowie im Hintersee; Informationen beim Fischereiverein Berchtesgaden/Königssee e.V.
Postfach 2364
83464 Berchtesgaden

Fisch-Erlebnis-Welt Königssee

Forellen, Karpfen, Saiblinge, Delikatessen aus der Fischzucht mit Wasser aus dem saubersten See Deutschlands, Betriebsbesichtigungen, Sonnenterrasse mit Watzmannblick
Stangermühle 10–12
83471 Schönau a. Königssee
Tel.: (0 86 52) 40 09
www.fischzucht-koenigssee.de

Fremdenverkehrsbüros

Berchtesgaden Kurdirektion
Bahnhofplatz 4
83471 Berchtesgaden
Tel.: (0 86 52) 6 56 50-0
www.berchtesgadener-land.com

Verkehrsamt Berchtesgaden
Kur- und Kongresshaus
Maximilianstr. 9
83471 Berchtesgaden
Tel.: (0 86 52) 9 44 53 00

Bischofswiesen
Verkehrsamt Bischofswiesen
Hauptstraße 48
83483 Bischofswiesen
Tel.: (0 86 52) 97 72 20
www.bischofswiesen.de

Marktschellenberg
Verkehrsbüro Marktschellenberg
Salzburger Straße 2
83487 Marktschellenberg
Tel.: (0 86 50) 98 88-30
www.marktschellenberg.de

Ramsau
Kurverwaltung Ramsau
Im Tal 2
83486 Ramsau
Tel.: (0 86 57) 98 89 20
www.ramsau.de

Schönau am Königssee
Verkehrsamt der Gemeinde
Rathausplatz 1
83471 Schönau am Königssee
Tel.: (0 86 52) 17 60
www.koenigssee.com

Fundbüros

- im Rathaus Berchtesgaden
- in den Kanzleien der Gemeinden
- im Hauptbahnhof
- im Hauptpostamt
- bei der Schifffahrt Königssee
- im Salzbergwerk

Gastronomie

Sonderprospekt „Restaurants“ erhältlich bei der Kurdirektion oder bei den Verkehrsbüros in den Gemeinden (→ Fremdenverkehrsbüros)

Gästewettbewerbe/Veranstaltungen

Tennistourniere auf dem Tennisplatz Berchtesgaden
Eisstockschießen auf der Asphaltbahn

Luftgewehrschießen
Begrüßungsabende
Auskunft: Kurdirektion des Berchtesgadener Landes Tel.: (0 86 52) 96 71 50

Golfplatz

Die 9-Loch-Anlage auf einem Hochplateau am Obersalzberg (1 000 m) ist einer der höchst gelegenen Parcours in Deutschland, Schnupperkurse (1,5 Std.) jeden Dienstag von Mai bis Okt.
Golfclub Berchtesgaden e.V.
Tel.: (0 86 52) 21 00
www.golfclub-berchtesgaden.de

Hallenbäder

→ **Baden**

Heilstollen

Im Salzbergwerk Berchtesgaden. Gesundheitsförderliche Effekte (bes. bei Atemwegserkrankungen, Allergien, psychosomatischen Beschwerdebildern). Ein- und Ausfahrt mit werkseigener Elektrobahn. Ganzjährig geöffnet, um frühzeitige Anmeldung wird gebeten.
Auskunft Tel.: (0 86 52) 97 95 35
www.heilstollen-berchtesgaden.de.

Heimatabende

Ab ca. Anfang Juni bis Ende Sept., genaue Termine s. Veranstaltungskalender. Auskunft Kurdirektion Berchtesgaden
Tel.: (0 86 52) 96 70.

Heimatmuseum Berchtesgaden

Museum und Verkaufsausstellung der Berchtesgadener Handwerkskunst
Schroffenbergallee 6
83471 Berchtesgaden
geöffnet tägl. von 10.00–16.00 Uhr (Montag Ruhetag), Führung nach Vereinbarung, November geschlossen
Tel.: (0 86 52) 44 10

Höhenstraßen

Rossfeld-Höhenringstraße
(Mautstr., ganzjährig befahrbar)
Kehlsteinstraße
Nur in den Sommermonaten mit Bus, → Kehlsteinstraße
Scharitzkehlstraße
Obersalzberg – Scharitzkehl – Vorderbrand (ganzjährig befahrbar)
Ramsau – Hochschwarzeck – - Loipl – Bischofswiesen
(ganzjährig befahrbar)

Internet

Berchtesgadener Land im Internet:
www.berchtesgadener-land.com

Jennerbahn

→ **Bergbahnen**

Kegelbahnen

Berchtesgaden
Sporthotel Seimler
Tel.: (0 86 52) 60 50
Bischofswiesen
Gasthaus „Kegelbahn"
Am Rathausplatz
Tel.: (0 86 52) 74 98

Kehlsteinstraße

Spezialbusse vom Parkplatz Hintereck ab Mitte Mai in den Sommermonaten von 7.40 Uhr–16.00 Uhr alle 25 Minuten, letzte Abfahrt vom Busparkplatz Berg um 16.50 Uhr (Stand März 2006); Fahrzeit 15 Min., letzte 120 Meter Serpentinenweg oder Aufzug
Tel. Kehlsteinhaus: (0 86 52) 29 69
www.kehlsteinhaus.de
Busauskunft Tel.: (0 86 52) 96 70 oder 20 29
www.rvo-bus.de

Kinder

Abenteuerferien für Kinder
Outdoor Club Berchtesgaden

Wildwasserrafting, Hüttenübernachtungen oder im Zelt, Klettern im Hochseilgarten, Kinder von 8-14 Jahren, Termine auf Anfrage
Am Gmundberg 7
83471 Berchtesgaden
Tel.: (0 86 52) 97 76-0
www.outdoor-club.de

Nationalpark Berchtesgaden

Geführte Wanderungen für Kinder und Familien („Dem Murmeltier auf der Spur“, „Waldindianer“, „Kräuterhexen und Kobolde“ u. a.), Auskunft Nationalparkhaus Berchtesgaden.
Tel.: (0 86 52) 6 43 43

Spiel-Aktiv-Park

Jennerbahnstr. 12, 83471 Schönau a. Königssee, Riesen-Trampolin, Kindergeburtstage, Minigolf-Anlage, 1. Outdoorkartbahn im Berchtesgadener Land (batteriebetriebene Karts, 200 m-Bahn, bis 50 km/h)
Tel.: (0 86 52) 97 74 42
www.seealm.de

Streichelzoo

Triebenbachstr. 17, 83486 Ramsau, Tiere: Esel, Hasen, Ziegen, Schafe, Hühner, Enten u. a.
Tel.: (0 86 57) 12 47

Watzmannkinder-Ferienclub

in den Clubräumen der Watzmann Therme jeweils Dienstag und Donnerstag von 13.00 bis 17.00 Uhr, Programm aus Spiel, Spass und Freundschaft, Aktionsnachmittage, Kinder von 6-12 Jahren, Anmeldung und Info: Gästeservice des Berchtesgadener Landes
Tel.: (0 86 52) 96 71 62, während der Clubzeiten 94 64 63.

Kinos

Kurlichtspiele Berchtesgaden
im Kur- und Kongresshaus

Tel.: (0 86 52) 9 53 80

Schwabenlichtspiele

Berchtesgaden
Königsseer Straße 1 (gegenüber Bahnhof)
Tel.: (0 86 52) 9 53 80

Kirchen, katholisch

Berchtesgaden

Stifts-, Pfarr-, Franziskanerkirche

Maria am Berg

Maria Gern

Mariä Heimsuchung (Patrozinium)

Oberau

Hl. Familie

Bischofswiesen
Herz-Jesu-Kirche
Ortsteil Winkl: St. Johann Nepomuk
Strub
St. Michael
Schönau am Königssee
Ortsteil Unterstein: Maria Sieben Schmerzen
Ramsau
St. Sebastian, St. Fabian und Wallfahrtskirche Maria am Kunterweg
Marktschellenberg
St. Nikolaus
Ettenberg
Mariä Heimsuchung

Kirchen, evangelisch

Berchtesgaden
Christuskirche
Bischofswiesen
Schöpfungskirche
Schönau am Königssee
Hubertuskirche
Ramsau
Kirche zum guten Hirten

Kletterkurse

→ **Bergschulen**

Kneipp-Anlagen

jeweils kostenlose Benutzung
- am Aschauer Weiher
- am Königsseer Fußweg
- in Schönau-Unterstein
- im Löslerpark in Oberschönau
- in Marktschellenberg
- Ramsau im Bergkurgarten

Königliches Schloss Berchtesgaden

Kunstsammlung von Kronprinz Rupprecht von Bayern (Möbel, Waffen, Bilder, Skulpturen etc.) aus verschiedenen Jahrhunderten.
Schlossplatz 2
83471 Berchtesgaden
im Ortszentrum neben der Stiftskirche (Fußgängerzone)
Besichtigung nur mit Führung (ca. 50 Min.), Gruppenführung jederzeit nach Anmeldung
Öffnungszeiten: Pfingsten bis 15.10.: tägl. (außer Samstag) 10.00–12.00 und 14.00–16.00 Uhr; an Sonn- und Feiertagen geöffnet; 16.10. bis Pfingsten: werktags 11 und 14 Uhr, Samstag, Sonn- und Feiertag geschlossen. In der zweiten Augusthälfte sind Schloss und Kreuzgang geschlossen.
Tel.: (0 86 52) 9 47 98-0
www.haus-bayern.com

Königsseeschifffahrt

19 Boote, Abfahrt an der Seelände nach St. Bartholomä und Salet, Bedarfshaltestelle Kessel;
Schiffsverkehr in der Hauptsaison ab 8.00 Uhr, danach alle 30 Minuten
Vor- und Nachsaison ab 9.50 Uhr, danach alle 15 bis 30 Minuten, letzte Rückfahrt jeweils nach Fahrplan.
Fahrzeit Hin- und Rückfahrt 1 Stunde 50 Minuten mit Möglichkeit der Unterbrechung in St. Bartholomä und Salet in beliebiger Dauer

Tel.: (0 86 52) 96 36-18
www.bayerische-seenschifffahrt.de

Krankenhaus

Kreiskrankenhaus Berchtesgaden
mit Bäderabteilung
Locksteinstraße 16
Tel.: (0 86 52) 57-0

Kreuzgang

Der romanische Kreuzgang ist das früheste und kultur- sowie kunstgeschichtlich bemerkenswerteste Baudenkmal Berchtesgadens. Sein reicher, direkt aus dem Stein herausgeschlagener symbolträchtiger Figurenschmuck ist ein echtes Juwel romanischer Kunst. Adresse und Öffnungszeiten wie „Königliches Schloss".

Kunsteis-Bob- und Rodelbahn

Königssee
Tel.: (0 86 52) 45 56

Kuranwendungen

Vielseitige Möglichkeiten (Bäder, Massagen etc.), Verzeichnis bei der Kurdirektion oder bei den Verkehrsbüros in den Gemeinden, Wellness-Folder anfordern (→ Fremdenverkehrsbüros)

Kurgarten

Eingang von der Maximilianstraße. Eine grüne, blühende, wasserrauschende Insel im Herzen Berchtesgadens. Promenaden mit Rosenbeeten und Blumenanlagen, Wasserbecken mit Fontänen, Alpinum. In den Sommermonaten Kurkonzerte (tägl. von 10.30–12.00 Uhr und von 16.00–18.00 Uhr – bei schlechter Witterung in der Durchgangshalle)

Kurkarte

Die Kurkarte, die man vom Quartiergeber nach der Anmeldung erhält, berechtigt zum freien oder ermäßigten Eintritt zu Einrichtungen des Fremdenverkehrsverbandes und bei verschiedenen Veranstaltungen (Vergünstigungen im einzelnen s. Rückseite der Kurkarte)

Kurkonzert

Im Kur- und Kongresshaus Berchtesgaden, tägl. außer Montag
Info: (0 86 52) 9 44 53 00

Kur- und Kongresshaus Berchtesgaden

Veranstaltungszentrum des Berchtesgadener Landes, erbaut 1973, großer Saal mit über 800 Plätzen, Kongressräume, Klub- und Fernsehräume, Lesesaal, Kino, Restaurantbetrieb, Café, Parkgarage (425 Plätze, gebührenpfl.)
Maximilianstraße 9
Information Tel.: (0 86 52) 9 44 53 00
www.berchtesgaden.de/kongresshaus

Lesesaal

Berchtesgaden:
Kur- und Kongresshaus
Oberau:
Verkehrsbüro

Schönau a. Königssee:
Haus des Gastes
Marktschellenberg:
Rathaus

Minigolf

Berchtesgaden
Luitpoldpark
Tel.: (0 86 52) 83 06, geöffn. ab 1. Mai tägl. von 11.00–22.00 Uhr, bei schlechter Witterung geschlossen
Ramsau
Wimbachklamm
Tel.: (0 86 57) 524
Königssee
Spiel- und Aktivpark Königssee
Jennerbahnstr. 12
83471 Schönau a. Königssee
Tel.: (0 86 52) 97 74 42
www.seealm.de

Museen

Überblick s. Seite 218

Nationalparkhaus

Berchtesgaden
Neben der Franziskanerkirche: Umfassende Informationen über den Nationalpark: Ausstellungen, Filme, Diatonschau und Literatur. Weitere Informationsstellen befinden sich an den Haupteingängen zum Nationalpark in St. Bartholomä, an der Wimbachbrücke und im Klausbachtal am Hintersee. Im Sommer und Winter kostenlose Führungen zu zahlreichen Themen, auf Anfrage auch Fachexkursionen für Gruppen
Nationalparkhaus
Franziskanerplatz 7
83471 Berchtesgaden
geöffn. tägl. von 9.00–17.00 Uhr
Tel.: (0 86 52) 6 43 43
www.nationalpark-berchtesgaden.de
Informationsstelle St. Bartholomä
Anfang Mai bis Ende Okt. geöffn. tägl. von 9.00–17.00 Uhr
Informationsstelle Wimbachbrücke
am Parkplatz Wimbachbrücke, Wimbachweg 2, Ramsau, geöffn. tägl. von 9.00–17.00 Uhr
Informationsstelle Hintersee
(Klausbachhaus)
Tel.: (0 86 57) 14 31
geöffn. tägl. von 9.00–17.00 Uhr
Informationsstelle Engert-Holzstube im Klausbachtal
Hirschbichlstraße
geöffn. ab Mitte Mai tägl. von 9.00 bis 17.00 Uhr. Im Winter geschlossen

Obersalzbergbahn

→ Bergbahnen

Predigtstuhlbahn

→ Bergbahnen

Radsport

Folder „Bike Berchtesgaden“ und „Radtouren Berchtesgadener Land“ bei der Kurdirektion oder bei den Verkehrsbüros in den Gemeinden (→ Verkehrsbüros)

Reisebüro

DER Reisebüro
im Hauptbahnhof Berchtesgaden
Tel.: (0 86 52) 50 81

Hogger & Biller
Maximilianstr. 22½.
Im Hotel Vier Jahreszeiten
Tel.: (0 86 52) 9 69 96

Rundflüge

Helios Ges.m.b.H.
Mit dem Hubschrauber haben Sie die Möglichkeit, in kürzester Zeit einen unvergesslichen Eindruck über die einmalige Schönheit der Berchtesgadener Landschaft zu gewinnen. Erleben Sie das unvergleichliche und freie Fluggefühl, welches nur durch einen Hubschrauber vermittelt werden kann.
Bahnhofstraße 36
A-5102 Anthering (Österreich)
Tel.: +43 (62 23) 29 94
www.helios.at

RVO

(Regionalverkehr Oberbayern)
Im Stangenwald 1
83471 Berchtesgaden
Tel.: (0 86 52) 96 70 oder 20 29
www.rvo-bus.de

Salzbergwerk Berchtesgaden

Erleben Sie das Salzbergwerk und seine 480jährige Geschichte. Führung durch fachkundige Bergknappen.
Öffnungszeiten: 01.05.–15.10. und Ostern tägl. von 9.00–17.00 Uhr, 16.10.–30.04. tägl. von 11.30–15.00 Uhr
geschlossen: Karfreitag, Pfingstmontag, Heilig Abend, Faschingsdienstag
Besichtigungsdauer ca. 1 Std., einschl. Kartenkauf, Umziehen in Bergmannstracht etc. 1½–2 Std., für Kinderwagen, Hunde und Gehbehinderte etc. nicht geeignet
Salzbergwerk Berchtesgaden
Bergwerksstraße 83
Tel.: (0 86 52) 60 02-0
www.salzbergwerk-berchtesgaden.de

Sauna

Watzmann Therme
Bergwerkstraße 54,
83471 Berchtesgaden
Tel.: (0 86 52) 94 64-0
www.watzmanntherme.de

Schellenberger Eishöhle im Untersberg

Eingang (1 570 m) nahe der Toni-Lenz-Hütte in 3 Std. von Marktschellenberg oder vom Geiereck (Seilbahn) über den Thomas-Eder-Steig absteigend in 1½ Std. erreichbar
Die Eishöhle ist von Juni bis Oktober geöffnet, Führungen stündlich (Dauer 1 Std.)
Beachte warme Kleidung auch im Sommer!
Auskunft:
Verkehrsamt Marktschellenberg
Tel.: (0 86 50) 98 88-30 oder
Kurdirektion Berchtesgaden
Tel.: (0 86 52) 967-150.

Schifffahrt

→ **Königsseeschifffahrt**

Schönauer Krippenställe

Fachgeschäft für Weihnachtskrippen, Madonnen, Kruzifixe, Engel und Putten sowie eine Vielzahl weiterer religiöser und profaner Schnitzereien, Betriebsbesichtigungen.
Mo., Di., Do., Fr. 9.30–12.30 Uhr,
Mi. und Sa. 9.30–13.00 Uhr
Vorbergstr. 23
83471 Schönau a. Königssee
Tel.: (0 86 52) 53 75
www.weihnachtskrippen-online.de

Seen

→ Baden

Seilbahnen

→ Bergbahnen

Sommerrodelbahn „Hochlenzer" am Obersalzberg

600 Meter, drei Steilkurven, weitere Kurven und Wellen, Geschwindigkeit bis 40 km/h; Schleppseil zum Start, ein rasantes Vergnügen für Jung und Alt.
Tägl. von 10.00–20.00 Uhr (nicht bei Regenwetter);
Alpengasthaus Hochlenzer
Scharitzkehlstraße 6
83471 Berchtesgaden
Tel.: (0 86 52) 21 05
Internet: www.hochlenzer.de

Schloss Berchtesgaden

→ Königliches Schloss

Schwimmbäder

→ Baden

Taxi

Standplätze am Hauptbahnhof, Parkplatz Königssee und vor dem Kur- und Kongresshaus Berchtesgaden
Taxi-Zentrale Tel.: (0 86 52) 40 41

Telefonvorwahl

Berchtesgadener Land

Berchtesgaden	0 86 52
Schönau a. Königssee	0 86 52
Ramsau	0 86 57
Bischofswiesen	0 86 52
Marktschellenberg	0 86 50

Nachbarorte

Bad Reichenhall	0 86 51
Salzburg	+43 662
Hallein	+43 62 45
Anger	0 86 56
Inzell	0 86 65
Ruhpolding	0 86 63
Traunstein	08 61
Reit im Winkl	0 86 40
Lofer	+43 65 88
Vorwahl für Österreich	+43
Vorwahl für Deutschland	+49

Tennis

Berchtesgaden

Am Seimlerfeld
Tel.: (0 86 52) 38 39

Schönau a. Königssee

Alpenstadion
Schneewinkel
Tel.: (0 86 52) 17 60 und
Hotel Alpenhof
Tel.: (0 86 52) 60 20

Ramsau

Hotel Rehlegg
Tel.: (0 86 57) 12 14

Töpferei von Hoesslin Berchtesgadener Keramik

Typisch bayerisch-alpenländische Keramik sowie Kunsthandwerk aus aller Welt,
Produktion/Töpferei in der Bräuhausgasse (gegenüber der Brauerei), Betriebsbesichtigungen
Tel.: (0 86 52) 27 46
Verkaufsladen am Schlossplatz gegenüber der Stiftskirche
Tel.: (0 86 52) 6 64 10

Tourist-Information Berchtesgaden

im Kur- und Kongresshaus
Maximilianstr. 9
83471 Berchtesgaden
Tel.: (0 86 52) 94 45-300

Untersbergseilbahn

→ **Bergbahnen**

Wanderungen (geführte)

Berchtesgadener Bergschulen
→ **Bergschulen**
Nationalparkverwaltung
Wanderprogramm (kostenlose Führungen) im Sommer und Winter (auch spezielle Themenwanderungen)
Tel.: (0 86 52) 6 43 43

Watzmann Therme

→ **Baden**

Zimmernachweis

bei der Kurdirektion oder bei den Verkehrsbüros in den Gemeinden (→ Fremdenverkehrsbüros)
www.berchtesgadener-land.com

LITERATUR

Brandl, Sepp: Berchtesgadener und Chiemgauer Alpen. 50 Skitouren für Einsteiger. Bergverlag Rother, München 2002

Hirschbichler, A.: Berchtesgadener Land. Geschichte – Täler und Ortschaften – Menschen und Brauchtum – Berge und Seen. Verlag Anton Plenk, Berchtesgaden 2006

Schöner, H., Kühnhauser, B.: Alpenvereinsführer Berchtesgadener Alpen. Bergverlag Rother, München 1997 (18. Aufl.)

Berchtesgadener Alpen. Topografische Karte: 1:50000 Hrsg. Bayr. Landesvermessungsamt München 1980

Köberl, W., Stumtner W.: Radwandern und Mountainbiken – 60 Touren. Salzburger Land – Berchtesgadener Land – Chiemgau. Verlag Anton Plenk 2004

Kompass Karte 14: Berchtesgadener Land, Chiemgauer Alpen. Kompass Verlag, o.J.

Mittermeier, W., Hirschbichler A.: Glanzlichter der Alpen. 7 Bände vom Bodensee bis nach Berchtesgaden. Verlag Anton Plenk 2006

FÜR MENSCHEN MIT HANDICAP

Stufen, holperige Wege oder starke Steigungen können für Menschen, die zur Fortbewegung auf einen Rollstuhl angewiesen sind, unüberwindbare Hindernisse darstellen. Das gilt nicht nur für Gehbehinderte oder Senioren, sondern auch für Eltern, die mit dem Kinderwagen unterwegs sind. Im Folgenden finden Sie eine Auswahl von Unternehmungen, die auch für Menschen mit Handicap gut durchführbar sind.

Nationalpark

Der Nationalpark Berchtesgaden (s. Seite 58) ist Modellregion eines Projekts, das unberührte Natur für Menschen mit Behinderung, aber auch für Eltern mit Kleinkindern und Senioren erlebbar machen möchte („Projekt barrierefreie Nationalparks"). Ein wichtiger Schritt, der derzeit nicht nur im Berchtesgadener Land, sondern in vielen Nationalparks weltweit verwirklicht wird.

Am Wanderparkplatz Klausbachtal (s. Seite 74) finden sich Behindertenparkplätze und eine behindertengerechte Toilette in der nahen Nationalpark-Informationsstelle (Klausbachhaus). Der Wanderbus zum Hirschbichl ist absenkbar, die Viehroste auf den Wanderwegen im vorderen Klausbachtal wurden mit rollstuhlgerechten Übergängen versehen. Für Rollstuhlfahrer bestens geeignet ist der untere Teil des Klausbachtales bis zur Wildfütterung (s. Seite 76). Die asphaltierte Straße

Der Autor auf dem zugefrorenen Königssee, Januar 2006

weist nur eine geringe Steigung auf und bietet herrliche landschaftliche Eindrücke. Da die Straße im Winter gut geräumt wird, ist ein Besuch der Wildfütterung für Rollstuhlfahrer (mit Begleitperson) auch im Winter meistens möglich. Das hintere Klausbachtal (jenseits der Wildfütterung) zur Engert-Holzstube einschließlich des Almbodens um die Bindalm ist wegen starker Steigungen und der Unebenheit des Geländes nicht zu empfehlen. Ein Ausflug zur Passhöhe (urige Gastwirtschaft) ist mit dem Wanderbus möglich, Rückfahrt jedoch nur mit Bus (Gefällstrecke Mitterberg ca. 28 % Steigung!).

Ausflugsziele im Berchtesgadener Land

Rollstuhlfahrer können das Kehlsteinhaus (s. Seite 85) besuchen, alle Busse zum „Eagle´s Nest" sind absenkbar. Das Dokumentationszentrum Obersalzberg (s. Seite 112) und die Enzianbrennerei Grassl (s. Seite 117) sind ebenfalls behindertengerecht ausgestattet. Möglich ist auch eine Fahrt über den Königssee (s. Seite 67). Beim Ein- und Ausstieg in die Boote ist das Bootspersonal gerne behilflich. Für Rollstuhlfahrer geeignet ist der Rundwanderweg (guter Kiesweg) von St. Bartholomä zur Nationalpark-Informationsstelle (s. Seite 156). Das Ufer des Königssees bei der Seelände ist für Rollstuhlfahrer gut befahrbar, die Touristenmeile im Dorf Königssee wegen der nicht unerheblichen Steigung eher weniger (Begleitperson!).

Für geübte Rollstuhlfahrer (mit Begleitperson) durchaus zu empfehlen ist der gesamte Soleleitungsweg vom Kaltbachlehen bis Gerstreit (s. Seite 131). Das anschließende Teilstück zum Gasthaus Söldenköpfl ist gleichermaßen gut befahrbar bis auf die kurze aber starke Steigung 50 Meter vor dem Gasthaus, die wegen der Wegbeschaffenheit leider als unüberwindlich einzustufen ist.

Der Wanderweg um den Hintersee (s. Seite 73) ist für Rollstuhlfahrer empfehlenswert, nicht allerdings das Ostufer (Zauberwald) wegen der vielen Wurzeln. Rückweg wie Hinweg, evtl mit Abstecher zum historischen Gasthaus Auzinger ganz in der Nähe.

Keineswegs versäumt werden sollte ein Ausflug zur Rossfeld-Höhenringstraße (s. Seite 84). Die Scheitelstrecke (asphaltierter Fußweg neben der Straße) verläuft in über 1.500 Meter Höhe auf ca. 800 Meter eben und bietet herrliche Ausblicke ins Salzachtal und auf das Berchtesgadener Land. Eine weitere mögliche „alpine Unternehmung" für Rollstuhlfahrer ist die Auffahrt mit Seilbahn zum Predigtstuhl über Bad Reichenhall (s. Seite 228) mit grandiosem Blick von der Bergstation. In der Schlegelmulde kann man in der gleichnamigen Alm gemütlich einkehren. Die mäßige Steigung zurück zur Bergstation der Seilbahn (Fußmarsch 10–15 Minuten) sollte mit Unterstützung durch eine Begleitperson keine großen Schwierigkeiten bereiten. Nah bei Bad Reichenhall liegt auch der Thumsee (s. Seite 209). Der Rundwanderweg um den im Sommer beliebten Badesee (ca. 45 Min.) ist für Rollstuhlfahrer möglich.

Museen und Ausflugsziele in der Umgebung

Von den auf Seite 218 angeführten Museen sind für Rollstuhlfahrer gut zugänglich: Haus der Natur in Salzburg, Salzburger Freilichtmuseum in Großgmain, Keltenmuseum in Hallein, Naturkunde- und Mammutmuseum Siegsdorf, Efa Museum für Deutsche Automobilgeschichte sowie Holzknechtmuseum in Ruhpolding. Ebenfalls problemlos erreichbar sind die Ausflugsziele Herrenchiemsee und Tiergarten Hellbrunn in Salzburg.

Darüberhinaus bieten die Nachbarorte von Berchtesgaden (s. Seite 207–216), deren Zentren größtenteils in Fußgängerzonen umgewandelt wurden, auch für Rollstuhlfahrer interessante Ziele. Eine besondere Rollstuhleignung kann gerade den beiden nächsten Nachbarn Berchtesgadens, den Städten Bad Reichenhall und Salzburg zugesprochen werden. Die Innenstädte (jeweils Fußgängerzone) sind von erfreulicher Flachheit und gänzlich für den Verkehr gesperrt.

Allgemeines

Rollstuhlgeeignete Unterkünfte (Zimmer, Ferienwohnungen etc.) findet man über die Homepage des Berchtesgadener Landes (s. Seite 235: Berchtegadener Land im Internet). Nehmen Sie zur Klärung wichtiger Fragen (Breite von Badezimmertüren etc.) Kontakt mit den Vermietern auf!

In allen Gemeinden gibt es behindertengerechte Toiletten und speziell ausgewiesene Parkplätze. Die Fremdenverkehrsbüros (s. Seite 234) geben Ihnen detaillierte Auskünfte.

Herausforderung für den Handbiker: 28% Steigung auf der Straße zum Hirschbichlpass

REGISTER

A

B

C

D

I

J

K

L

M

N

Auf der Kalbrunnalm

S

T

U

V

W

Z

BILDNACHWEIS

Werner Mittermeier:
Seite 1, 45, 48, 50, 62, 76, 137, 141, 152, 153, 160 links, 174, 177, 183, 184, 190, 207

Michael Scheifler:
Seite 8/9, 19, 21, 27, 30 rechts, 31, 35, 53, 87, 97, 101, 102, 107 rechts, 113, 118, 119, 124, 128, 133, 146/147, 148, 159, 162/163, 186, 201, 202, 206 links, 209, 242/243, 254/255

Fotoverlag Zeitz, Königssee:
Seite 20, 110 rechts

Nationalparkverwaltung Berchtesgaden
Seite 16, 38, 63, 65, 73, 79, 129, 138, 150, 157, 171

Albert Hirschbichler, Autor:
Seite 41, 44, 46, 85, 121, 126, 145, 157, 166, 176, 181 rechts, 185, 189, 199, 200, 213, 244, 246

Marika Hildebrandt:
Seite 68

Guido Burkhardt:
Schlossverwaltung Berchtesgaden
Seite 90, 116

Verlag Plenk, Berchtesgaden:
Alle übrigen Bilder

Neue Bücher:

Adlerblick vom Kehlsteinhaus

Kultur • Landschaft • Die Geschichte des Obersalzberges und die Spuren zur Vergangenheit.

Der einmalige Tiefblick vom Kehlstein weckt die Frage nach den Höhepunkten des Berchtesgadener Landes und den Machenschaften der Nationalsozialisten am Obersalzberg. Zwei große, ausklappbare Panoramen in den Umschlagseiten: 1. vom Königssee bis Berchtesgaden und 2. von Berchtesgaden bis Salzburg verschaffen Ihnen einen Überblick. Farbige Markierungen stehen für landschaftliche, kulturelle und geschichtliche Orte, über die Sie im Führer nachlesen können. Format 12 x 18,5 cm, ISBN 3-927957-73-9, 7,80 €.

Wandern und Spazierengehen

50 Touren in Bad Reichenhall und Berchtesgaden *von zwei bis vier Stunden Länge. Mit Winter- und Familienwanderungen sowie Kinderwagen- und Rollstuhlausfahrten. Sehr einfach in der Handhabung; mit gutem Kartenmaterial und hervorragenden Bildern.*

Format 12,5 x 20 cm, ISBN 3-927957-81-X, 12,80 €.

„Glanzlichter der Alpen" - eine neue Serie von Werner Mittermeier - Band 5:

Chiemgau und Berchtesgadener Land

Vorgestellt werden das bayerische Meer: der Chiemsee; die Gebirgsorte Ruhpolding, Inzell, Reit im Winkl und Unterwössen, Berchtesgaden mit dem Königssee und dem Watzmann. Hervorragendes Bildmaterial und beste Ausstattung zum günstigen Preis!
Format 21x25 cm, ISBN 3-927957-86-0, 14,80 €.

Radwandern und Mountainbiken

Salzburger Land • Berchtesgadener Land • Chiemgau

60 Rad- und Mountainbiketouren für die sportliche Familie im praktischen Ringordner. Einzelne Tourenblätter sind herausnehmbar und durch die mitgelieferte Plastikhülle geschützt. Mit km-genauen Routenbeschreibungen und original Kompasskarten sowie präzisen Höhenprofilen - zusätzliche Radkarten sind überflüssig. Eine reichhaltige Bebilderung hilft bei der Tourenauswahl. 208 Seiten, ISBN 3-927957-57-7, 21 x 14,8 cm, 26,90 €.

Die angebotenen Bücher sind nur ein Teil unseres Programms. Besuchen Sie uns im Internet!

Verlag Anton Plenk • 83471 Berchtesgaden • Postfach 2147 • Tel 08652/4474 • Fax 66277

www.plenk-verlag.com • e-mail: plenk-verlag@t-online.de